# 내면이 강한 딸

앞으로의 부모 수업

# 내면이 강한 딸

앞으로의 부모 수업

케이시 에드워즈 × 크리스토퍼 스캔론
강성실 옮김

좋은생각

**Raising Girls Who Like Themselves**



First published by Penguin Random House Australia Pty Ltd.
This edition published by arrangement with Penguin Random House Australia Pty Ltd.

아이를 키우는
모든 육아 동지들에게
이 책을 바친다.

# 목차

# 서문

친애하는 육아 동지들에게

먼저 이 책에 관심을 가져주신 것에 감사드린다. 우리에게도 딸이 있는데, 큰 아이는 열 살이고 작은 아이는 미운 다섯 살이다. 이 시기의 두 딸은 서로 달라도 너무 다르다. 유럽 배낭여행을 같이 가면 큰딸은 루브르 박물관 안에서 예술 작품들을 감상하며 비평하는가 하면, 작은딸은 밖에 있는 유리 피라미드에 올라가고 싶어서 매달려 있는 식이다.

우리 이전의 모든 세대와 마찬가지로, 우리는 아이들이 더 안전하고 좋은 기회로 가득한 환경에서 살기를 원한다. 또한 대부분의 부모는 자녀가 우리보다 부자로 살기를 원하는데, 이는 단순히 물질적 부만을 뜻하지는 않을 것이다. 안전하고 독립적인 삶을 살아가는 데에는 분명 일정 수준 이상의 경제력이 중요한 것도 사실이지만, 우리는 딸들이 내적으로 더 부자가 되기를 원한다. 또한 세상에 대해 호기심을 갖고 자립적이며 야망이 있는 여성으로 성장하길 바란다.

그들이 올바른 선택을 하고, 혹여 잘못된 선택을 했더라도 그 결과로부터 쉽게 회복 가능하며 일반적인 불운을 딛고 일어서는 힘을 지니게 되기를 원한다. 그리고 무엇보다 자기 자신을 이해하고 진정으로 좋아하는 사람이 되기를 원한다. 부모로서 우리의 목적을 한마디로 요약하자면, 우리가 그들을 무조건적으로 사랑하는 것만큼이나 딸들이 자기 자신을 사랑하는 성인으로 성장하기를 바란다. 이것만 이뤄낼 수 있다면 다른 모든 일들은 저절로 따라오게 될 것이다.

내면이 강한 아이는 호랑이 부모 밑에서 엄하게 자라서가 아니라 자신이 해낼 수 있는 능력을 갖고 있다고 믿기 때문에 스스로 최고가 되기 위해 노력할 것이다. 모험을 즐기며 실패하더라도 스스로를 일으켜 세워 다시 시도할 자신감을 가지고 있다. 또한 자신이 응당 그럴 자격이 있다고 여기므로 건강한 인간관계만 이어간다.

자신이 사랑하는 대상을 보살피는 것은 자연스러운 일이므로 스스로의 육체적, 정신적 건강 또한 잘 돌볼 것이다. 그리고 타인과의 격차에 위협감을 느끼지도 않으며 자기 자존감을 높이기 위해 다른 이들을 짓밟을 필요가 없다는 것을 잘 알기 때문에 타인을 배려할 줄 알고 열린 마음으로 대할 것이다.

그러나 지금 세대의 딸들이 건강한 자의식을 가진 내면이 단단한 여성으로 성장할 수 있는 확률이 사실은 아주 낮다는 것을 부모라면 모두 알고 있을 것이다.

이 책을 집필하면서 우리는 거의 10년 동안 여성의 불평등을 주장하면서, 여성 인권을 말살하고 가치를 깎아내리는 문화를 개선하기 위해 지속적인 노력을 기울여왔다. 그러나 생각보다 진보는 더디다.

우리가 당장 할 수 있는 일은, 우리 자신의 어린 시절을 떠올려 보며 자녀 양육과 관련해 사회적으로 당연하게 받아들여지고 있는 문화적 기준과 고정관념에서 벗어나도록 끊임없이 노력하는 것이다. 그리고 너무 쉽게 우리의 딸들을 초라하게 만들어 버리는 세상에서 그들에게 가능한 한 최고의 기회를 줄 수 있는 방법을 찾는 것이다.

우리의 방식이 모든 경우에 다 성공할 수 있는 육아 처방이라는 말은 아니다. 딸을 키우는 올바른 방식이 단 하나인 것도 아니다. 가족 구성원도 다르고 아이들의 특성도 다르며 육아 역량도 하루하루 크게 달라질 수 있기 때문이다. 매시간 달라질 때도 많다. 부모라면 모두 알다시피 자녀 교육에 대해 계획하는 것과 실제 모습은 하늘과 땅 차이이다. 특히 피곤하거나 바쁠 때, 혹은 정말 혼자만의 시간을 갖고 싶을 때는 더욱 그러하다. 사실 그래도 괜찮다. **아이들에게 완벽한 부모가 필요한 것은 아니다. 충분히 좋은 부모이기만 하면 된다.**

우리는 이론적으로는 아주 훌륭하지만 현실적으로 실현 가능하지 않아 죄책감만 가중시키는 육아 규범들을 담고 있는 전문 육아 지침서를 쓰기보다는, 딸을 양육할 때 위험 요인을 줄일 수 있는 전략을 공유하고자 한다. 지금 당신처럼 육아의 어려움을 겪고 있는 엄마와 아빠 양쪽 모두의 관점에서 집필했다. 삶의 제약과 불완전한 어른이라는 한계 내에서 딸을 자기 자신을 사랑하는, 내면이 강한 아이로 키우기 위해 할 수 있는 일반적인 노력들을 담아내려고 노력했다.

이 책은 각 가정의 가치관과 가족 환경에 어울리는, 무엇보다도 당신의 딸에게 잘 맞는 접근법을 개발하도록 돕기 위한 것이다. 아울러 딸들의 미래를 위해 투쟁하고자 하는 모든 육아 동지들에게 용기와 연대감 또한 선사할 수 있기를 바란다.

케이시, 크리스토퍼

## 일러두기

이 책은 두 딸을 키운 우리의 경험과 그 아이들의 반응을 직접 관찰하면서, 육아, 교육, 문화와 관련해 10여 년 동안 진행한 폭넓은 연구를 토대로 쓰였다. 그럼에도 불구하고 우리 두 사람의 관점을 반영하고 있으므로 어쩔 수 없이 주관적일 수밖에 없다.

각 가정은 이성애 부모, 동성애 부모, 별거 가정, 재혼 가정, 법적 후견인, 조부모와 함께 사는 가정 등 다양한 형태를 띨 수 있으며, 이 모든 형태의 가정은 사랑을 기반으로 이루어져 있다.

우리는 딸을 둔 부모이므로 어떻게 하면 여자아이를, 자신을 사랑하는 사람으로 성장하게 할 수 있을 것인가에 집중하려 한다.

그러나 우리의 여러 연구 결과와 육아 전략들은 아들이나 트렌스젠더 자녀를 키우는 데에도 동일하게 적용이 가능하다.

편의상 자녀를 돌보는 이를 '부모', '엄마', '아빠'로 한정시켰다. 하지만 성별이나 가족 구성에 제약 받지 않고 아이의 삶에서 여러 사람이 이 역할을 담당할 수 있다고 생각한다.

우리가 모든 가정을 대변할 수는 없을 것이다. 그러나 자녀를 양육할 특권과 책임을 가진 누군가가 우리의 사고와 분석, 실수와 성공으로부터 많은 것을 얻게 되기를 희망한다. 당신과 당신의 가족에게 적용되지 않는 내용은 버리되 적용되는 내용은 읽고 숙지하여 자신의 것으로 받아들이길 바란다.

# 우리가 이 책을 집필하게 된 이유

우리는 연구자이자 저술가인 동시에 부모다. 2009년 첫딸이 태어난 이후 우리는 딸을 키우는 가장 좋은 방법을 찾기 위해 모든 열정을 쏟아부었다. 처음에 연구와 분석을 시작했던 건 순전히 우리의 필요를 위해서였다. 딸에게 가능한 한 최고의 부모가 되고 싶었기 때문이다. 그런데 해가 갈수록 사람들이 우리의 교육 방식을 궁금해하기 시작했다. 우리가 언론 매체에 기고한 육아 관련 기사에는 수십만 개의 댓글이 달렸고 기사는 수천만 회 이상 공유되었다. 우리는 셀 수 없이 많은 육아 관련 도서와 신뢰할 만한 학술 논문들을 읽었고 육아 세미나와 워크숍에도 참석했으며, 전 세계 육아 전문가들을 만나 인터뷰했다. 그러던 어느 날 어느 모임에서 다른 부모들과 함께 우리의 연구에 대해 이야기를 나누고 있을 때, 한 친구가 불쑥 말했다. "그걸 모두 읽어볼 시간은 없는데, 그냥 어떻게 해야 하는지만 말씀해주시면 안 될까요?"

바로 그때 책을 써야 한다는 사실을 깨달았다. 딸을, 자신을 사랑하는 사람으로 키우고자 하는 부모들이 10년 넘게 이어져 온 연구에서 우리가 깨달은 내용에 쉽게 접근할 수 있도록 말이다. 우리는 언론인이라는 흔치 않은 특권을 활용해 육아와 심리, 교육 개발 분야의 세계적인 전문가들을 섭외해 인터뷰할 수 있었다.

이 책에는 여자아이를 내면이 강한 사람으로 길러내는 데 필수라고 생각하는 정보와 조언만을 담았다. 그리고 당장 실행에 옮길 수 있는 단계들을 중점적으로 다루었다.

## 소녀들의 성적표

먼저 반가운 소식은 우리의 딸들이 그들의 어머니와 이모들보다는 더 많은 기회를 누리고 있다는 것이다. 교육만 보더라도 그들은 학교에서 높은 학업 성취도를 보여준다. 고등학교와 대학교에서는 남학생들을 훨씬 더 앞지르기도 한다.

또한 여성 청소년들은 대담하게 사회적 변화를 주도하고 있다. 전 세계의 수백만 학생들을 거리로 나서게 한 '청소년 기후 행동School Strike 4 Climate'은 스웨덴의 여학생 그레타 툰베리Greta Thunberg의 주도로 여성 청소년들이 주축이 되어 조직되었다. 호주 케언즈의 여학생 몰리 스티어Molly Steer는 그레이트 배리어 리프Great Barrier Reef: 호주 북동해안을 따라 발달한 세계 최대의 산호초로, 1981년 유네스코 세계자연유산으로 지정

됨- 역주를 보호하기 위해 투쟁하고 있으며 지방 정부가 일회용 빨대 사용을 금지하도록 설득하기도 했다. 그런가 하면 파키스탄의 여학생 말랄라 유사프자이Malala Yousafzai는 여학생들의 교육권을 주장하다가 탈레반의 총격을 받았지만 현재는 UN 평화대사로 자신의 활동을 이어 나가고 있다. 여자아이들이 본받을 만한 훌륭한 여성 롤모델은 특히 음악과 스포츠, 사회운동 등의 분야에 아주 많다. 그들은 소녀들에게 영감을 주고 힘을 주며 그들이 할 수 있는 훌륭하고 다양한 일의 본보기를 보여준다.

그러나 놀랍게도 너무나 많은 소녀들이 자신을 좋아하지 않는다. 그들은 수많은 성취를 이루고 능력을 갖췄으면서도 자신감과 회복탄력성, 감정적 안정감, 자존감 부족으로 괴로워한다. 다음은 우리 딸들이 겪고 있는 문제들에 관한 성적표이다.

### 〈호주 여성 청소년 실태〉

**우울감**

16~17세 소녀 5명 중 약 1명은 우울증 진단을 받는다.

**불안감**

4~17세 호주 소녀 14명 중 1명은 불안 장애를 경험한 적이 있는데 이는

전체의 7%에 해당한다. 호주 성인 여성 3명 중 한 명이 불안 장애를 겪는 것을 감안하면 아이들이 나이가 들수록 이 수치는 더 높아진다고 볼 수 있다.

### 자해

14~15세 소녀들 중 4분의 1은 지난 12개월 동안 자해 충동을 느껴본 적이 있으며 16~17세 소녀들 중 4분의 1은 과거 언젠가 자해를 시도해본 적이 있다고 답했다.

### 자신의 몸에 대한 이미지

전국섭식장애협의회(National Eating Disorders Collaboration)는 8~9세의 호주 소녀 중 55% 이상이 자신의 신체에 불만족스러워하고 있으며, 그에 따라 10~11세가 될 때까지 56%의 소녀들이 체중 감량을 위해 노력한다는 사실을 발견했다.

### 섭식 장애

버터플라이 재단(Butterfly Foundation)의 보고에 따르면 섭식 장애가 젊은 여성들에게 세 번째로 흔히 발생하는 만성 질환이라고 한다. 거식증을 앓고 있는 여성 10명 중 1명은 거식증 발병 후 10년 이상 살지 못하는 것으로 나타났다.

**신체적 자율성**

호주의 여성폭력방지단체인 아워워치(Our Watch)에서 진행한 여론 조사에 따르면, 젊은 여성과 소녀들 중 62%는 '남자친구나 남편과 성관계를 가져야 한다는 압박감을 자주 느낀다'라고 답했다.

한국 역시 호주와 각 항목별 수치의 차이는 있겠지만 여성 청소년 문제의 심각성에 있어서는 별반 다르지 않으리라 생각한다. 때문에 이 성적표를 본 부모들은 간담이 서늘해질 것이다. 이것이 바로 우리가 딸이 아직 어릴 때 자존감의 기반을 튼튼히 다질 수 있도록 할 수 있는 모든 일을 해야 하는 주된 이유이다.

왜 이런 일이 일어나는 것일까? 기회의 세상에서 유유히 헤엄치고 있는 듯 보이는 소녀들이 왜 불안과 자기혐오로 허우적대고 있는 것일까? 왜냐하면 세상이 여자아이들에게 나쁜 영향을 미치고 있기 때문이다.

초등학교에 다니는 여자아이가 날씬하고 예뻐야 한다는 강박이 지나쳐서 자신이 교복을 입으면 뚱뚱해 보인다는 이유로 학교 가기를 두려워한다는 이야기를 들어본 적이 있다. 여기서 말하는 여학생들은 초등학교 고학년도 아니고 초등학교에 갓 입학한 학생들이다.

여자아이들은 어려서부터 삶의 모든 것이 경쟁이라고 배운다. 그들은 그들의 가치와 아름다움, 성취가 주변의 다른 아이들과 비교해서 상대적으로 결정되는 것이라 배운다. 이러한 사고방식은 그들의 친구들과 아군을 경쟁자와 적군으로 보도록 충동질한다.

지금의 산업계 전체가, 불가능한 기대치에 맞추려 노력하며 살아야 하는 소녀들의 두려움을 기반으로 건설되어 있다. 그들의 자아존중감은 조금씩 줄어들고 불안감은 차츰 높아져 간다. 그러다가 그 불안감이 최고조에 이르게 되면 그들은 큰 대가를 치러야 하는 가짜 해결책에 넘어가고 만다.

이런 상황에서 많은 소녀들이 사람들의 기대에 부응하지 못한 것이 자신의 잘못이라 생각하는 것이 놀라운 일일까? 소녀들을 실패의 길로 이끌고 있는 장본인은 우리 어른들이다. 그리고 이 절망의 나락에서 아이들을 구할 수 있는 사람 역시 바로 부모들이다.

## 자신을 사랑하는 아이

부모의 목표가 딸이 자신을 사랑하는 내면이 강한 아이로 자라는 것이라고 할 때, 과연 어떤 것이 성공적인 모습일까? 바람직한 소녀의 모습이 하나인 것도 아니고 자신을 사랑하는 방식이 하나인 것도 아니지 않은가. 그렇다면 우리가 성취하고자 하는 것이 정확히 무엇이며, 그 목표에 도달했는지 알 수 있는 방법은 무엇일까.

다음의 리스트는 내면이 강한 여자아이들이 일반적으로 나타내는 전반적인 특성들을 나열한 것이다. 앞으로 각 장에서 각각의 특성들에 관해 다룰 예정이다. 왜 그 특성이 중요한지, 당신의 딸에게 그 특성을 키워주려면 어떻게 해야 하는지, 그리고 극복해야 할 장애물은 무엇인지에 대해서도 살펴보려 한다.

**내면이 강한 아이는 강자의 관점으로 세상을 바라본다.**

**내면이 강한 아이는 신체 자신감이 있다.**

**내면이 강한 아이는 자신의 몸을 책임질 줄 안다.**

**내면이 강한 아이는 침착하다.**

**내면이 강한 아이는 독립적이고 성취 감각이 높다.**

**내면이 강한 아이는 돈독한 인간관계를 맺는다.**

**내면이 강한 아이는 자기 자신으로 온전히 살아간다.**

## 넌 엄마랑 똑같이 말하는구나!

우리 딸들의 이야기에 들어가기에 앞서 거울을 한번 보시라.

당신이 어떻게 양육되었는지 깨닫고 싶다면 스스로 부모가 되어보는 것만큼 좋은 방법이 없을 것이다. 아기를 병원에서 집으로 데려오는 즉시 어린 시절 이후로 들어본 적 없는 말들이 당신의 입에서 튀어나오기 시작할 것이다. 예고도 없이 당신의 부모님과 똑같이 말하고 있는 자신을 발견하게 될 것이다. 부모님이 아기를 어르던 소리, 칭찬하거나 혼내던 말, 노래 등이 자신도 모르게 튀어나온다. 그리고 당신은 문득 다음의 깨달음에 이른다. '내가 우리 엄마/아빠랑 똑같이 말하고 있잖아!' 이건 아주 좋은 징조일는지도 모른다.

당신은 아마 상상할 수 있는 가장 좋은 부모를 가졌을지도 모른다. 당신의 부모님은 인생에서 필요한 사랑과 독립심, 배려심을 당신에게 심어 주었을 것이다. 그러니 당신의 자녀가 당신을 절반만 따라간다 해도 그것은 대단한 성공일 것이다.

그러나 대다수의 사람들에게 문제는 그리 간단치가 않다. 당신의 부모님이 당신을 잘 양육하지 못했다는 말을 하려는 것은 아니다. 하지만 당신 자신이 양육된 방식을 더 많이 인지할수록 딸을 키울 때 더 나은 결정을 내리게 될 가능성이 높아진다. 어떤 경우는 당신의 부모가 당신을 양육한 방식과 똑같은 방식으로 아이를 키울 수 있어 행복한 사람도 있을 것이다. 그러나 그 반대의 경우는 다른 선택을 하고 싶을 것이다. 당신의 육아 방식에 어린 시절 해소되지 못한 마음의 상처가 작동하고 있다는 사실을 이해하고 있다면 어떤 육아 방식을 채택하고 어떤 것을 버릴지에 대해 더 나은 선택을 할 수 있을 것이다.

우리 부부는 어린 시절의 응어리를 모두 없애려고 노력했다. 어떤 것들은 버릴 수 있었지만 대부분은 버릴 수 없었다. 하지만 어린 시절의 응어리를 인지하고 있을 때의 좋은 점은, 당신이 그것을 버리지 못한다 해도 아이들 앞에서는 그걸 풀어내지 않도록 주의할 수 있다는 점이다.

### 마음속 응어리 체크해보기

**당신은 어린 시절 어떤 응어리를 가지고 있는가?**

☐ 당신은 학교와 직업을 선택할 때 당신의 꿈과 열정을 따르는 선택을 했는가, 아니면 부모님이 원하는 것을 선택했는가?

☐ 당신은 인간관계를 스스로 선택했는가, 아니면 부모님을 기쁘게 해드리려고만 했는가?

☐ 당신의 부모님은 당신이 이미 충분히 훌륭하다고 여기게 해주었는가, 아니면 부모님을 기쁘게 하기 위해 더 분발하거나 달라져야 했는가?

☐ 실수가 허용되고 장려되는 분위기였는가? 아니면 부모님이 당신의 실수를 못마땅해하고 그것이 갈등의 원인이 되었는가?

☐ 당신의 부모님은 자신의 실수를 인정하고 사과하거나 용서를 구한 적이 있는가?

**당신은 부모로서 어떤 응어리를 가지고 있는가?**

□ 예쁘고 날씬한 여자아이들이 그렇지 않은 여자아이들보다 낫다고 생각하는가?

□ 여자아이들은 기본적으로 다정하고 순종적이어야 한다고 생각하는가?

□ 내심 남성이 여성보다 똑똑하고 능력 있다고 생각하는가?

□ 딸의 관심사와 가치관이 당신과 다르다면 실망할 것 같은가?

□ 가끔 자녀 양육과 관련된 결정을 내릴 때, 다른 부모들이나 배우자, 친정 부모와 시부모, 혹은 생면부지의 타인이 어떻게 생각할지 신경 쓰며 결정하는가?

□ 성에 대한 고정관념은 '자연스러운 것'이므로 바뀔 수 없다고 생각하는가?

□ 정말 '당신의 자녀가 그저 행복하기만을 바랄 뿐'인가?

□ 딸이 자랑스러운 일을 해냈을 때 더 많은 사랑과 관심으로 보상하는 편인가?

□ 딸이 지금 있는 모습 그대로 이미 충분히 훌륭하다고 생각하는가?

□ 내심 딸이 아들이었으면 좋았겠다고 생각하는가?

## 아빠들을 위한 조언

대다수의 아빠들은 자신이 얼마나 중요한 존재인지 잘 모른다. 사람들은 가족에게 필요한 것들을 공급해주는 '좋은 공급자'가 되는 것이 아빠 역할의 전부라고 생각하는 것 같다. 다시 말해서 좋은 공급자가 곧 좋은 아빠라는 등식이 성립하는 것이다. 그러나 그것은 완전히 잘못된 믿음이며 딸들은 이런 잘못된 믿음 때문에 고통받기도 한다.

역할에 충실하고 사랑이 넘치는 아빠는,

- 딸의 자존감을 높여주고 자기 자신을 믿을 수 있도록 가르칠 수 있다.
- 딸이 장래의 배우자를 선택할 때 지대한 영향을 미칠 수 있다.
- 딸이 자신의 몸을 바라보는 시각에 긍정적인 영향을 미칠 수 있다.
- 딸의 학업 성취도를 높일 수 있다.
- 딸에게 비판적 사고와 자주성을 가르칠 수 있다.
- 딸이 섭식 장애와 불안증, 우울증을 앓게 될 가능성을 낮출 수 있다.

연구 조사에 따르면 이는 의심의 여지가 없는 사실이다. 좋은 아빠가 훌륭한 딸을 만드는 것이다. 그러나 딸이었던 적이 없고 딸들이 어렸을 때 함께 놀아준 경험도 없는 일부 아빠들은 어디서부터 시작해야 할지 막막할 것이다. 이 책은 엄마들뿐만 아니라 아빠들을 위한 것이기도 하다. 그러나 우리는 여러 가지 이유로 아빠들이 엄마들보다 육아 관련 도서를 읽지 않는다는 사실을 알게 되었다. 당신의 경우 그렇지 않다면 계속해서 책을 읽어 나가면 되고, 만일 당신이 그런 경우라면 재빨리 각 장의 말미로 책장을 넘겨 '아빠들을 위한 행동 지침'만 읽어도 된다. 몇 분만 투자해 읽어보면 딸의 삶을 크게 변화시킬 유용한 정보와 전략을 얻게 될 것이다.

# 내면이 강한 딸

앞으로의 부모 수업

# 1장

# 내면이 강한 딸은 강자의 관점으로 세상을 바라본다

## 관점의 차이

인간은 자신이 집중하는 것만을 보게 된다.
무엇에 초점을 맞추는지가 상황을 바라보는 방식과 세상에 반응하는 태도를 결정짓는다는 것이다. 만약 두 사람이 완전히 똑같은 상황에 놓여 있더라도 각각 어떤 관점을 가졌는가에 따라 정반대의 반응을 나타낼 수 있다.

다음의 예를 한번 보자. 두 소녀가 처음으로 학교에서 캠프를 가게 되었다. 두 아이 모두 똑똑한 학생이고 동일한 사람들과 함께 동일한 장소로 떠난다. 그들은 동일한 활동을 하고 동일한 음식을 먹고 동일한 텐트에서 잠을 잘 것이다. 그리고 여느 아이들과 같이 취침 시간이 지나서까지 과자를 먹으며 떠들다가 교사들을 화나게 만들 것이다.

하지만 애초에 캠프를 받아들이는 두 아이의 태도는 완전히 다르다. 한 아이는 부모에게 작별 인사를 하는 것조차 잊을 정도로 신이 나서 껑충거리며 버스에 올라탄다. 반면 또 다른 아이는 집을 떠나는 상황을 두려워하고 걱정한다. 호흡곤란 증세를 겪기도 하고 울면서 엄마 치맛자락에 매달리는 탓에 억지로 떼어내어 버스에 태워야만 한다. 다른 조건이 모두 동일하다고 가정했을 때 두 소녀의 행동이 다르게 나타난 결정적 이유는 바로 이들의 관점이 다르기 때문이다.

첫 번째 소녀는 이른바 '강자의 관점'을 가지고 있다. 캠핑을 가서 무슨 일이 일어나든 대응할 수 있는 내면의 힘과 능력을 가지고 있다고 스스로 믿기 때문에 미지의 것을 두려워하지 않는다. 두 번째 소녀는 동일한 능력을 지니고 있음에도 불구하고 스스로 무력하다고 느끼며 미지의 것을 무서워하고 자신이 상황에 대처할 수 없을까봐 걱정한다.

자신을 사랑하는 딸로 키우는 데 있어 가장 중요한 것은 강자의 시각을 개발하도록 돕는 일이다. '인생 최대의 실수'를 했을 때 그것으로 인해 위축될 것인지, 아니면 실수를 불가피한 일로 받아들이고 다음에 더 잘할 수 있는 배움의 기회로 삼을 것인지에 관한 관점의 차이인 것이다. 강자의 관점, 혹은 심리학 용어로 '내적 통제 소재(internal locus of control)'를 지니고 있는 사람은 자신이 세상에 반응하는 방식에 대해 스스로에게 책임이 있다고 믿는다.

강자의 관점을 지닌 사람들은 삶에 자신감 있게 접근하고 무엇이든 시도할 수 있다고 생각한다. 여기서 '시도'라는 단어가 중요하다. 그들이라고 성공을 보장받은 것은 아니다. 인생이 반드시 계획대로 되는 것만도 아니다. 실제로 삶은 생각지도 못한 방향으로 흘러가기 십상이다. 그리고 그것은 당신 딸의 책가방 깊숙이에서 썩고 있는 어떤 관점에서 기인한 것일지도 모른다.

그러나 삶이 어쩔 수 없이 엉뚱한 방향으로 흘러갈 때조차도 강자의 관점을 지닌 이들은 상황이 나아질 것을 믿는다. 또한 그들은 자기 자신을 지지한다. 친구나 권력을 지닌 다른 이들의 의견을 따르거나 인생이 행운/불운, 또는 기회에 의해 결정된다기보다는 스스로의 판단을 믿는다. 무슨 일이 닥치든 그것을 이겨낼 내면의 힘과 능력이 자신에게 있다고 믿는다.

어린 딸들이 강자의 관점을 가지는 것이 왜 중요하고 여러 가지 면에서 이점이 많은지 앞으로 이 책에서 차차 살펴보려 한다.

하지만 중요한 점은 강자의 관점이 말 그대로 '관점'일 뿐이라는 사실일 것이다. 강자의 관점은 현실이 아니다. 그것은 우리가 스스로에게 세상을 설명해주는 방식인 것이다. 즉 우리가 어떻게 생각하는가가 중요하다. 그것은 우리가 누구의 의견을 중요하게 받아들이는지에 관한 문제이다. 우리가 경험하는 모든 일은 우리 스스로 세상을 어떻게 해석하고 설명하는가에 따라 다르게 받아들여진다.

우리의 딸들이 강자의 관점으로 세상을 바라보지 않는다면, 일상적인 좌절감으로 위축되거나 부정적인 시각으로 미래를 바라본다면 두려운 마음으로 미래를 맞이하게 될 것이다. 동일한 맥락에서 놀라운 성공을 이루었을 때에도 그 성취가 어쩌다 운이 좋아서 이루게 된 성취이거나 그들의 완벽주의적 기준에는 미처 못 미친다며 스스로 실패했다고 느낄 것이다.

이것이 바로 자신을 사랑하는 소녀로 성장시키는 데 관점이 가장 근본이 되는 이유이다. 이번 장에서는 딸이 낙관적인 시각을 기르고 용감하고 자립적인 성인으로 성장할 수 있도록 강자의 관점을 개발하는 방법을 알아본다.

## 강자의 관점이 지닌 힘

앞서 언급한 것처럼 강자의 관점은 자각과 관계가 깊다. 관점은 현실 자체가 아니다. 하지만 이러한 관점, 즉 우리의 딸들이 세상을 받아들이는 방식은 그들의 건강과 행복한 삶을 위해 아주 중요하다.

강자의 관점을 가진, 즉 내적 통제 소재 성향의 아이들은 더 행복한 유년 시절을 보낼 뿐만 아니라 성인이 되어서도 더 높은 자존감을 보일 가능성이 높다. 그리고 당연하게도 강자의 관점을 가진 이들은 삶에서 무력함을 느끼는 이들보다 더 회복 탄력성이 좋으며 성공적으로 살아간다. 또한 그들은 자신들의 노고가 보상을 받게 될 것이며 결국은 목표를 달성할 것이라 믿기 때문에 더 열심히 일한다. 비록 그 과정에서 크고 작은 좌절을 겪는다 할지라도 말이다.

강자의 관점을 갖는 것의 이점은 심리적인 영역을 훨씬 뛰어넘는다. 육체적 건강 또한 향상될 수 있다. 예를 들면, 긍정적이고 자신감 넘치는 성인은 심장 마비를 겪게 될 확률이나, 다른 여러 원인에 의한 사망률이 더 낮다. 감기나 독감에 걸리는 경우도 적고 염증도 덜 생긴다.

내적 통제 소재의 반대는 당신도 짐작했겠지만 외적 통제 소재external locus of control이다. 외적 통제 소재가 강한 사람들은 자신의 삶이 대체로 우연한 사건이나 신념, 운, 혹은 자신보다 힘 있는 사람들에 의해 결정된다고 믿는다. 여기서 자신보다 힘 있는 사람은 교사나 부모일 수도 있고, 영향력 있는 또래나 유명인, 소셜 미디어의 인플루언서나 광고주일 수도 있을 것이다.

반대로 약자의 관점에서 세상을 바라보는 사람들은 비관적이고 무력함을 느끼는 경향이 강하다. 강자의 관점을 가진 이들보다 더 쉽게 우울증에 걸리기도 한다. 학업 성적도 저조하고 직장에서의 성과도 그리 좋지 못하다. 인간관계 또한 불안정한 경우가 많다.

우리의 딸들이 외적 통제 소재가 강하다면 그들은 자신의 삶을 스스로 통제할 수 있다고 믿지 않기 때문에 공황장애나 불안 장애, 우울증을 겪게 될 가능성이 높다. 자신이 인생의 우여곡절에 대응할 수 있다는 신념이 없다면 실제로 세상은 아주 무서운 곳이 될 것이다. 약자의 관점을 가졌을 때의 비극은 그 관점으로 인해 상황을 개선하려고 노력하지 않게 된다는 것이다.

## 강자의 관점은 뉴에이지 사상의 궤변이 아니다.

단적으로 말해 강자의 관점은 오로지 당신만이 자신의 삶을 통제할 수 있다고 말하는 보통의 자기 계발서에서 하는 말을 그대로 반복하고자 하는 것이 아니다. 강자의 관점은 일부 자기 계발 코치들이 이야기하듯이 단순히 긍정적인 생각을 하면서 자연스럽게 잘되기를 기다리는 것이 아니다. 실제로 당신이 무언가를 간절히 바라면 우주가 마법과도 같이 당신이 원하는 것을 준다는 믿음은 강자의 관점과는 완전히 반대되는 생각이다. 그와 같은 생각은 여전히 외부의 힘이 당신의 삶을 통제한다는 것을 전제로 하고 있기 때문이다. 물론 강자의 관점을 취한다고 해서 성공이 보장되는 것은 아니다. 하지만 분명히 성공 가능성을 높일 수는 있다. 자신이 원하는 것을 얻을 수 있다고 생각하는 사람은 성공으로 이끄는 행동을 할 확률이 높다는 간단한 이유에서다.

## 당신의 관점은 무엇인가?

몇 가지 질문에 답해보는 시간을 가져 보자. 딸을 강자의 관점을 가진 사람으로 키우기 위한 첫 번째 단계는 당신이 세상을 어떻게 바라보는지 깨닫는 것이다. 다음의 설명 중 자신에게 해당하는 것을 최대한 정직하게 골라 보자. 당신의 딸이 어느 정도 성장했다면, 똑같이 다음의 질문에 답해보도록 하라. 아이의 세상을 보는 관점을 알 수 있다.

**시험에서 좋은 성적을 받았을 때 당신은 :**

A 그것을 당신의 능력과 노력의 결과라고 여긴다.

B 운이 좋거나 시험이 쉬웠던 탓으로 돌리거나 선생님이 당신을 예뻐해서 좋은 결과가 나왔다고 여긴다.

**누군가 당신이 한 일의 결과물을 비판할 때 당신은 :**

A 당신이 만든 결과물의 품질을 스스로 판단한다.

B 그들의 의견이 맞다고 생각해서 결과물을 어떻게 바꿀지 고민한다.

**새로운 상황에 놓여 있을 때 당신은 :**

A 새로운 세계를 경험하는 것에 흥분하고 무슨 일이 일어나도 잘할 수 있을 것이라 자신한다.

B 잘못될 모든 가능성에 대해 걱정하고 어떻게 해야 할지에 대해 스트레스를 받는다.

**실수를 했을 때 당신은 :**

A 다음에 더 잘할 수 있도록 그 실수에서 배우고 다음을 기약한다.

**B** 가망이 없다는 증거로 받아들이고 좌절한다.

위 항목의 A, B 중 모두 A를 골랐다면 당신은 강자의 관점을 가지고 있는 것이다. 당신은 삶에서 일어나는 모든 일에 영향을 미치는 힘이 당신에게 있다고 믿는다. 일부 B라고 답한 사람은 삶의 어떤 부분에서 무력함을 느낀다고 볼 수 있다. 그렇다고 A라고 답한 사람들보다 능력이나 기술이 부족하다는 뜻은 아니다. 당신이 그렇게 생각하는 것일 뿐이다.

## 타고나는 것일까?

당신과 당신의 딸이 둘 다 이미 내적 통제 소재가 강하고 낙관적인 시각을 가지고 있다면 강자의 관점이 가져다 주는 이점이 아주 많을 것이다. 하지만 그런 경우가 아니라면 어떻겠는가? 그와는 반대로 딸이 세상을 무서운 곳으로 바라보는 성향이 있다면 어떻겠는가? 그런 성향은 타고난 것이라서 영원히 무력함을 느끼며 살아가야 하는 걸까?

다행스럽게도 우리의 관점은 고정된 것이 아니다. 관점의 변화가 가능하다는 것을 보여주는 근거는 다양하다. 이는 아이들과 성인 모두에게 해당한다. 아이들은 도움이 되지 않는 사고방식을 전환하고 강자의 관점을 계발하는 데 성인보다 능숙하다. 강자의 관점은 그저 '관점'이라는 사실을 기억하라. 그러나 삶을 다르게 바라보겠노라고 결심함으로써 세상을 바라보는 시각을 바꿀 수 있다.

인정하건대 말처럼 그리 쉬운 일은 아니다. 당신의 딸이나 당신이 세상을 다른 방식으로 바라보는 데에는 그럴 만한 이유가 있을 것이다. 당신은 극심한 고통과 상실감을 느낀 적이 있을지도 모른다. 그런 경험을 극복하는 것은 그리 간단한 일이 아니다. 그리고 지금까지 그 누구도 강자의 관점을 훈련하는 법을 가르쳐 준 사람은 없었을 것이다. 강자의 관점은 다른 것들과 마찬가지로 하나의 기술이지만, 아이들 교육에서는 이것을 좀처럼 중요하게 가르치지 않는다.

## 강자의 관점 계발하기

삶에서 대부분의 것이 그렇듯이 강자의 관점은 한순간에 생겨나 인생을 뒤바꾸는 것이 아니다. 눈에 띄지 않는 일상적인 작은 사건들이 모여 인생에 큰 영향을 미치는 것이다. 부모들은 우리의 딸들이 강자의 관점을 계발하고 연습할 수 있도록 매일 주어지는 기회들에 주목해야 한다.

## 초점 선택하기

우리는 딸들에게 그들이 어디에 초점을 맞추는지에 따라 어떤 경험을 할지 선택할 수 있는 능력이 있다고 가르친다. 그들은 삶에서 긍정적인 모든 것들에 초점을 맞추고 기분 좋게 살 수도 있고, 부정적인 모든 것들에 초점을 맞춰 비관적으로 살 수도 있다. 인생에는 정말 불쾌한 일들이 많고, 이는 사람들을 비참하게 만들기도 한다. 그러나 대부분의 경우 그것은 선택의 문제이다.

예를 들어 우리 둘째 딸이 실수로 첫째 딸의 생일 선물을 망가뜨린 상황을 보자. 설상가상으로 첫째가 선물을 뜯어보자마자 그런 일이 벌어진 것이다. 짐작하듯 방 안은 울음바다가 되었다. 본능적으로 첫째 딸에게 새로운 장난감을 사주겠다는 말이 나오려고 했지만, 그렇게 하면 짧은 시간 내에 고통을 덜어줄 수는 있어도 딸아이의 강자의 관점을 약화시키는 길이 될 것이었다.

그래서 우리는 아이가 느끼는 분노와 슬픔을 표현할 기회를 주었다. 우리는 딸에게 '그래, 장남감이 망가진 건 너무 아쉽다. 하지만 이미 되돌릴 수 없는 일이야'라고 말해주었다. 딸아이가 바꿀 수 있던 것은 상황이 아니라 자신의 관점이었다. 망가진 선물에 초점을 맞추고 하루 종일 슬퍼하는 쪽을 선택할 수도 있었고, 모든 좋은 것들, 이를테면 파티와 다른 선물들, 그녀를 사랑하고 생일을 축하해주고 싶어 하는 모든 사람들을 생각하는 쪽을 선택할 수도 있었다. 딸에게는 남아 있는 생일을 행복해하고 감사하며 보낼지 슬퍼하며 보낼지 결정할 수 있는 권한이 있었다.

'가지고 있지 않은 것보다 가진 것에 집중하라'는 말이 우리 딸들에게 주는 가장 중요한 메시지일 것이다. 이 메시지는 아이들이 최신 장난감을 사 모으고 싶어 할 때 특히 유용하게 활용할 수 있다. 최신 장난감들은 아이들의 주의를 끌기 위한 것일 뿐 결국은 쓰레기가 되고 만다. 이럴 때 우리는 딸들에게 그들이 가지지 못한 장난감, 그리고 우리가 사주지도 않을 장난감에 집중하고 화내는 쪽을 택할 수도 있고, 그들이 가지고 있는 좋은 장난감들을 생각하며 감사해하고 만족하는 쪽을 택할 수도 있다고 가르친다.

더 중요한 가르침은 감정은 그냥 생겨나는 게 아니라는 것이다. 아무 이유 없이 갑자기 기분이 나빠지거나 외부 요인으로 인해 불쾌해지는 것처럼 보일 수 있다. 다른 사람의 말이나 시선 때문일 수도 있고 시험에서 안 좋은 점수를 받아서일 수도 있다. 그러나 감정을 촉발시키는 사건과 감정 사이에는 하나의 단계가 더 놓여 있다. 그 사건에 대한 느낌을 결정짓는 것은 당신이 그 사건을 어떻게 인식하는가이다.

강자의 관점을 키우는 데 가장 중요한 것은 사고와 감정의 관계를 이해하는 것이다. 우리의 감정은 사고를 좇아가기 마련이다. 우리가 딸들을 더 긍정적이고 주체적인 사고를 하도록 도울 수만 있다면 그들은 더 긍정적이고 주체적으로 감정 조절을 하게 될 것이다.

## 긍정적인 생각 먼저 하기

강자의 관점을 기르는 데 효과적인 방법 중 하나는 '좋았던 일 찾기' 훈련이다. 이 훈련은 자기 전에 10분씩 시간을 내어 하루 동안 좋았던 일 세 가지를 적어 보는 것이다. 그리고 그 일이 좋았다고 생각하는 이유도 적는다. 좋았던 일 목록에는 세상을 깜짝 놀라게 할 만한 성취만 올려야 하는 것은 아니다. 암 치료제를 발견하거나 아카데미상을 수상하거나 기후 위기 문제를 해결했어야 하는 것이 아니다. '오늘은 가족들과 함께 멋진 저녁 식사를 하는 것을 우선순위로 두고 그걸 실천했다'와 같이 간단한 내용이어도 좋다. 아이의 입장에서라면, '오늘 엄마가 저녁 식사 준비하시는 것을 도와드렸는데 아주 맛있었다'처럼 적어도 좋다.

딸에게 매일 좋았던 일 목록을 작성하라고 시킬 필요는 없다. 대신 종종 좋았던 일이 무엇인지 생각해보도록 유도하는 것만으로도 충분하다.

이를테면 방과 후 학교에 데리러 갔을 때 '오늘 있었던 일 중 가장 좋은 일은 뭐였어?'라고 물어보는 것이다. 이어서 왜 그 일이 좋았는지와 그 일을 좋은 일로 만들기 위해 자신이 어떤 역할을 했는지 물어본다. 매 학기와 학년, 주말, 휴가가 끝날 때면 우리는 딸들에게 항상 이런 질문을 던진다.

작은 것일지라도 일상적인 성취를 인정해주는 일은 딸이 끊임없이 긍정적인 일들에 집중함으로써 더 낙관적인 사고를 하도록 훈련하는 하나의 방법이 될 수 있다. 45년간의 임상 및 연구 경험을 지닌 심리학자이자 '좋았던 일 찾기' 훈련을 고안한 마틴 셀리그만Martin Seligman은 일주일 동안 이 훈련을 하면 '우울감이 덜어지고 더 행복해질 것이며, 앞으로 6개월간 이 훈련에 푹 빠지게 될 것'이라고 귀띔한다.

### 좋았던 일 찾기 훈련

나는 강자의 관점을 키우고 유지하기 위해 나만의 '좋았던 일 찾기' 훈련을 만들어 수년간 성공적으로 이어오고 있다.
그 원리는 다음과 같다. 나의 인생에서 일어나는 좋은 일들과 그 일이 내게 어떤 의미를 지니는지 작성해보는 것이다. 내가 나의 친한 친구에게 그 일들을 이야기했을 때 그 친구가 뭐라고 말할지도 함께 적어본다.

예를 들어, '오늘은 정말 글쓰기의 생산성이 좋은 하루였어. 1,000단어를 썼어'라고 적었다면, 친구는 '아주 잘했어. 넌 정말 성실하니까 책이 금방 완성될 거야'라고 대답할 것이다. 또 다른 예로는, '오늘은 정말 운동하러 가기 싫었지만 억지로 갔어', '잘했어. 난 나 자신을 잘 돌보고 있는 거야'와 같이 적는 것이다.

이런 식으로 매일 좋았던 일 목록을 추가하고 읽어본다. 기분이 안 좋거나 과거의 바람직하지 못한 무력한 사고 패턴으로 되돌아가고 있다고 느껴질 때면 나는 그 목록을 들여다본다.
나는 수년 전 나의 외적 통제 소재를 강자의 관점으로 바꾸고자 의식적으로 노력했을 때부터 이 훈련을 활용하기 시작했다. 나는 여전히 '참 잘했어요' 도장을 받고 싶어 하는, 다 큰 성인 여성의 육체 속에 살고 있는 어린 소녀였다. 나는 이제 이 목록이 내가 더 주체적인 삶을 살 수 있도록 생각을 통제하는 것을 돕고 있다고 주저 없이 말할 수 있다. 이 목록을 활용하는 법은 너무 간단하고 심지어 유치하기까지 하다. 그러나 나의 사고방식과 건강한 삶을 위해 그것이 가져다주는 혜택은 아주 크고 오래 지속된다. 이 기술을 우리 딸들에게 전수해주는 것은 그들이 살아가면서 날마다 풀어볼 수 있는 선물을 주는 것이나 마찬가지다.

### 강자의 관점을 길러 주는 칭찬

'좋았던 일 찾기 훈련'이 성공하는 데 가장 중요한 요소는 행위자이다. 다른 사람들이 한 좋은 행동이나 우연한 사건에 대해 이야기하는 것도 좋지만 그것이 강자의 관점을 길러주지는 못한다. 강자의 관점은 내부로부터 발생한다. 즉, 당신의 딸이 자기 자신을 위해 무엇을 했는지가 중요한 것이다. 딸들을 칭찬할 때에도 행위자에 집중하는 태도는 아주 중요하다. 잘만 활용한다면 칭찬은 딸들의 강자의 관점을 강화시키고 그들이 칭찬만 좇는 아이가 되지 않도록 하는 데 도움이 될 수 있다.

여자아이들이 자신의 부모님과 다른 어른들에게 칭찬을 구하는 것은 지극히 정상이다. 그들은 자신이 그린 그림, 조립한 레고, 학교 과제 등을 보여주며 '이거 어때요?'라고 물을 것이다. 속으로는 '음, 이게 뭐지?'라는 생각이 들지언정 보통 답변은솔직히 말한다면 '아주 훌륭하구나, 얘야'와 같을 것이다. 우리의 아이들과 그들이 만들어내는 것은 무엇이든 훌륭하다고 말해주고 싶은 게 부모의 마음이다.

그러나 아이의 모든 작업물에 대해 열광하며 칭찬하는 것은 강자의 관점을 길러준다는 차원에서는 그다지 도움이 되지 않을 수 있다. 이유는 다른 누군가에게서 칭찬을 얻어내려는 성향을 키울 수 있기 때문이다. 다른 사람들의 의견이 자신의 의견보다 더 중요하다는 생각이 자리잡게 되면 당신의 딸이 강자의 관점을 키우는 데 해가 될 수 있다.

그러나 강자의 관점을 키울 수 있게 장려하면서 칭찬하는 방법도 있다. 그 방법은 다음과 같다. 단순히 딸이 만든 결과물만을 칭찬하기보다는 아이 자신에게 되돌려 질문하는 것이다.

딸이 당신에게 '제 드레스/춤/재주넘기/그림이 마음에 드시나요?'라고 묻는다면 그 질문을 다시 딸에게 똑같이 던지는 것이다. '너는 너의 드레스/춤/재주넘기/그림이 마음에 드니?' 딸이 마음에 든다고 대답하면 우리는 그것이 딸의 작품이므로 자신의 의견이 가장 중요하고 스스로 자랑스럽게 생각해야 한다고 말해준다. 만약 마음에 들지 않는다고 대답한다면 다음에는 어떻게 개선하고 싶은지와 연습의 중요성에 대해 이야기를 나눈다.

큰 그림 속에서 바라보면 그런 게 그렇게 중요하냐고 물을지도 모른다. 그러나 당신의 자녀가 일주일에 몇 번이나 당신에게 칭찬해 달라고 달려오는지 한번 생각해보라. 그 횟수를 모두 합산해보면 딸에게 강자의 관점을 가르치고, 그녀가 한 일이나 행동, 외모에 대해 다른 누군가, 심지어 부모인 당신의 생각보다도 아이 자신의 생각이 더 중요하다는 사실을 간접적으로 수천 번 말해주기에 충분한 기회인 셈이다.

## 나쁜 상황을 과장하지 마라

일상 속에서 아이에게 강자의 관점을 강화시켜줄 수도 혹은 약화시킬 수도 있는 또 다른 경우가 있다. 바로 아이가 최악의 상황을 상상하는 '파국화catastrophizing'의 경향을 보일 때이다. 파국화는 작은 일을어떤 경우에는 큰일을 실제보다 훨씬 더 심각하게 과장해서 상상하는 것을 말한다. 특히 여자아이들은 안 좋은 상황을 과장함으로써 종종 보상을 받게 되기도 한다. 연약하고 부서지기 쉬워보이게 행동함으로써 많은 관심을 받을 수 있는 것이다. 놀이터에 가서 둘러보면 특별히 다친 데가 없는데도 아주 많은 관심을 받으며 울고 있는 어린 소녀들을 볼 수 있다. 그들은 위험에서 구출될 때 더 많은 관심을 받기에 두려움을 거짓 과장하는 것이다.

여성 등장인물들이 아프다고 비명을 지르거나 수동적으로 행동하는 모습은 TV와 영화에 자주 등장한다. TV를 통해서든 혹은 놀이터에서든 아픔을 과장하는 소녀들을 많이 보게 되면 여자아이들은 평상시보다 더 연약하고 무력하게 행동하게 될 가능성이 크다.

누군가가 상황을 과장하고 있는지의 여부는 그들이 사용하는 단어를 보면 쉽게 알 수 있다. '할 수 없다', '최악의', '절대로', '항상', '엄청나게 충격을 받은', '모두'와 같은 단어들을 사용하는 걸 듣게 될 것이다. 또한 그들은 '저는 토끼를 제일 못 그려요', '이 경기에서 절대 못 이길 거예요', 혹은 '모두 저보다 더 잘 뛰어넘어요/던져요/달려요'와 같이 말할 것이다. 이런 말들은 해당 사건을 다른 시각으로 보거나 해석할 여지를 확실히 봉쇄해버린다는 점에서 '절대적인' 표현들이다. '항상'은 예외가 하나도 없음을 뜻한다. '절대로'는 결코 일어날 수 없다는 뜻이며, '모두'는 지구상에 있는 모든 이들을 포함한다. '최악의'는 어떤 사람이나 사물이 지금까지 경험한 중 가장 안 좋다는 의미이다.

## 재앙적 사고 줄이기

재앙적 사고를 줄이는 좋은 방법은 딸들이 사용하는 '절대적인 단어'에 대해 의문을 제기하고 그 단어들의 사용을 자제하게 하는 것이다. 한 가지 방법은, 딸에게 그들이 경험하는 재난은 그게 무엇이 되었든 일시적일 뿐이라고 상기시켜주는 것이다. 우리의 딸들이 '지금까지' 중 '최악의' 하루를 보냈다고 말한다면 우리는 그 말을 물고 늘어진다. '정말 지금까지 중 최악의 하루였어?' '그게 아니라 그냥 보통 때와 크게 다르지 않은 하루였고 언제나 내일은 더 나아질 수 있는 거잖아?'

이와 마찬가지로 딸이 자신이 그림혹은 무엇이든 을 '제일 못' 그린다는 생각에 사로잡혀 있도록 내버려 두기보다는, 프레임을 바꾸어 딸이 시간이 지날수록 그에 대한 경험을 바꿀 수 있도록 돕는다.

예컨대, '나는 수학을 너무 못해'라는 말은 '나는 현재는 수학을 잘하지 못하지만 공부하고 있으니 나아질 거야'로 프레임을 바꿔볼 수 있다. 실제로 이 말이 아이가 사용한 절대적인 표현들보다 아이의 능력을 더 정확하게 표현한 진술이다. 이 말은 또한 재앙적 사고의 수위를 낮춰 주기도 한다. 그리고 아이가 현재 어떤 어려움에 처해 있더라도 그것은 일시적인 것이며, 문제를 해결하려고 열심히 노력한다면 상황을 바꿀 수 있음을 결정적으로 깨닫게 해준다. 처음에 시작할 때는 정말 어려웠지만 열심히 연습해서 이제는 쉽게 할 수 있게 된 일들이 많다는 사실을 짚어 주는 것이 좋다. 자신의 이름 쓰기에서부터 책 읽기, 자전거 타기, 발레나 축구 등도 이에 해당할 것이다.

또한 절대적인 표현은 범위가 무한정 넓어지는 경향이 있다. 모든 사람들과 모든 것들에 해당한다. 그와 같은 표현들은 아주 광범위하게 적용되므로 아이들이 자기 자신과 자신의 능력을 바라보는 시각을 한정시키며 삶의 모든 측면에 부정적인 영향을 미치는 파급력을 갖는다. 이를테면, '나는 내 친구만큼 책을 잘 읽지 못해. 난 멍청해'라고 말하는 딸에게 당신은 그 고난 상황의 범위를 넓히지 말고 특정 상황에만 한정지어 프레임을 바꿔 보도록 유도할 수 있다. 당신의 딸은 친구보다 아직은 책을 잘 못 읽을는지도 모른다. 그러나 열심히 노력하다 보면 친구를 따라잡게 될 것이다. 설사 못 따라잡는다 할지라도 그렇다고 다른 모든 일에서도 아이가 뒤처진다는 뜻일까?

만약 딸이 '모두가 나보다 운동을 잘해'라고 불평한다면 그 '모두'에 이 세상의 모두가 다 포함되는 것인지 물어보라. 그리고 그 '운동'에 모든 운동이 다 포함되는 것인지도 물어보라. 당연히 몇 가지 운동, 또는 운동의 어떤 측면은 잘하거나 노력 여하에 따라 잘하게 될 역량을 가지고 있을 것이다.

## 넘어지는 것보다 일어서는 것에 더 집중하라

물론 딸들이 합당한 두려움이나 상처로 인해 부모의 도움과 보살핌을 필요로 하는 경우도 있다. 그럴 때 적절한 도움을 주기 위해서는 특별한 보살핌을 받기 위해 연약함을 가장하는 경우와 진짜 문제가 있는 경우를 구분할 수 있어야만 한다. 여자아이들이 연약한 행동을 하는 것은 당연하다는 잘못된 믿음이 만연해 있기 때문이다.

우리는 우리 딸들이 약한 모습을 보였을 때보다 힘과 용기를 보였을 때 더 많은 관심을 보이며 보상하는 것을 기본 원칙으로 삼고 있다. 아이들이 어떤 것을 시도하고 끈기와 용기를 보일 때 더 인정해준다. 아이들이 넘어졌을 때는 '오 저런, 넘어졌네'라고 말하지 않고 '다시 일어났네, 잘했어'라고 말해준다.

아이들에게 운동화 끈을 묶는 법을 가르치거나 '부탁드립니다'와 '감사합니다'라고 말하는 예의를 가르치는 것처럼, 사고하는 방법 또한 가르칠 수 있다.

우리의 딸들이 강자의 관점을 개발하기를 원한다면 그들이 너무 자주 접하게 되는, 도움이 필요한 여자의 정형화된 이미지를 거부하도록 의식적인 노력을 기울여야만 한다. 우리는 딸들에게 그들이 무력하고 무능한 것처럼 행동하면 두뇌는 그들이 진짜 무력하고 무능하다고 믿기 시작한다고 설명해주어야 한다. 이처럼 부모는 딸의 관점에 엄청나게 큰 영향을 미칠 수 있다.

## 별에게 소원을 빌면… 아무 일도 일어나지 않는다

최악의 상황을 상상하는 파국화와는 완전히 반대되는 행동으로 '소원 빌기'가 있다. 여자아이들은 어려서부터 소원을 빌어 보라는 말을 많이 듣는다. 소녀들을 겨냥한 수많은 장난감과 책, TV 프로그램은 소원을 비는 행위가 성공과 행복을 가져다 주는 열쇠라는 생각을 심어 준다. '마이리틀포니My Little Pony' 시리즈에는 《소원은 이루어진다Wishes Do Come True》라는 제목의 책이 있고, 바비Barbie 시리즈에도 《발레리나가 되고 싶다는 소원Ballet Wishes》이라는 책과 생일 소원 인형이 있다. 이 밖에도 수없이 다양한 종류의 마법 같은 '소원 용품'들이 존재한다.

얼핏 보기에는 소원 빌기가 낙관주의의 극치를 보여주는 듯하다. 하지만 강자의 관점을 키우는 관점에서 보자면 소원을 비는 것은 파국화만큼이나 해롭다. 양쪽 모두 소녀들이 통제할 수 없는 외부적 힘의 처분에 따르게 만들고 있기 때문이다. 한 가지 다른 점이 있다면 재앙적 사고는 외부적 힘이 악의적인 것에 반해 소원의 경우는 상상이든 실제든 외부적 힘이 당신의 딸을 호의적으로 바라본다는 것이다. 소원을 비는 행위는 소녀들에게 스스로 주도권을 쥐고 통제하며 책임지라고 하는 대신 조용히 앉아 다른 누군가가 그들의 요구를 들어주길 기다리기만 하면 된다고 말한다.

그와 반대로 우리가 남자아이들을 대하는 방식을 한번 생각해보자. 예를 들면 남자아이들에게 들이미는 장난감은 대부분 액션 어드벤처물이다. 남자아이들의 놀이 시간은 다른 누군가가 끼어들어 그들의 욕구를 충족시켜주기를 수동적으로 기다리기보다는 그들의 세계에서 적극적인 행위자의 역할을 해볼 기회들로 가득 채워져 있다.

소원 빌기가 바람직하지 않다는 말이 수긍하기 어려운가? 그렇다면 어른들의 소원 빌기를 한번 생각해보라.
직장에서 급여를 인상해주기를 바라는 여성은 급여 인상이 가능한 결정적인 성과를 상사에게 직접 들이밀며 인상을 요구하기보다는 상사가 자신의 기여도와 재능을 스스로 알아봐주기를 바라는 경우가 많다.

또 다른 어른들의 소원 빌기 사례로는, 살고 싶은 이상적인 집의 사진을 비전 보드에 붙여 놓고 그것으로 그 꿈을 현실화시키는 데 필요한 모든 일을 했다고 생각하는 것이다. 저축과 투자 계획에 전념하기 위해 시간과 노력을 들이는 대신 말이다. 전자는 '우주에 소원하기'이고, 후자는 자신을 믿고 원하는 것을 얻기 위해 스스로 노력하기에 해당한다.

물론 소원을 빌고 마법같이 그 소원이 이루어지기를 바라는 것 자체가 잘못이라는 말은 아니다. 우리도 다른 부모들과 마찬가지로 딸들에게 생일 케이크를 자를 때 소원을 빌라고 말한다. 하지만 소원 빌기가 딸이 삶을 대하는 기본 방식이 될 때는 문제가 된다. 딸들이 소원을 빌 때 우리는 그 소원을 이루기 위해 노력한다면 반드시 이루어질 것이라 말해 준다. 또한 그 소원을 이루려면 무슨 일을 해야 하는지 생각해보라고 말한다.

## 넌지시 표현하기와 요구하기

딸들을 무력하게 만드는 또 하나의 요인은 직접적으로 요구하지 않고 의중을 넌지시 표현하는 성향이다. 물론 그렇게 말하는 것이 이득이 되는 경우도 있다. 그들은 나서서 자신이 원하는 것을 요구하기보다는 '배가 고파요', '목이 말라요', '이게 고장 났어요', '그걸 잃어버렸어요'와 같이 말할 것이다. 이는 세상과 관계를 맺는 수동적인 방식이다. 이 경우 딸들은 그저 사실을 말해놓고 누군가가 나서서 해결책을 찾아주고 그 해결책을 실행에 옮겨주기를 바라거나 기대하는 것이다. 이는 삶에 임하는 수동적인 태도로, 우리가 딸들에게 심어 주고자 하는 강자의 관점과는 거리가 멀다. **당신의 딸이 원하는 것을 정확히 말하지 않고 넌지시 표현하는 습관이 있다면 문제가 아닌 해결책을 고민하는 방향으로 사고 프레임을 전환하도록 유도하라.**

예를 들면, 딸들이 '저는 배고파요'라고 말하면 우리는 말장난으로 대꾸한다. '안녕, '배고파'야! 만나서 반가워.' 그러면 아이들은 약이 올라서 '아니오! 저 배고프다구요!'라고 말한다. 우리는 '그게 바로 문제야. 그래서 뭘 원하는 거야?'라고 묻는다. 그러면 아이들은 이제야 우리의 말뜻을 알아채고는 '먹을 것 좀 주세요'라고 요청한다.

강자의 관점을 가진 여자아이들의 희망과 낙관주의는 마법의 가루를 뿌리며 소원을 빌거나 원하는 것을 에둘러 말하는 방식이 아닌 그들의 자신감에서 기인한다. 자신의 능력에 대한 자신감과 그들이 원하는 것과 필요한 것이 무엇인지 말할 수 있는 자신감, 그들의 투지와 노력이 원하는 결과를 가져다 줄 것이라는 자신감 말이다.

## 타인의 판단에서 자유로워지기

우리의 삶에서 반드시 일어나는 두 가지 일이 있는데, 그건 바로 '죽음'과 '세금 징수'라고 한다. 그러나 또 한 가지 확실한 것이 있다. 바로 '판단'이다. 당신이 무슨 일을 하든 그 일을 얼마나 열심히 하든, 혹은 얼마나 잘하든, 어떤 판단이 뒤따르기 마련이다. 이제 막 당신의 딸에게 강자의 관점을 길러주기 위해 노력하기 시작했다면 타인의 판단과 관련해 당신의 양육 방식을 재고해야 할 필요가 있을 것이다. '창피한 줄 알아야지', '바보처럼 보일 거야', '잘난 척 좀 그만해라'와 같은 말들을 자라면서 몇 번이나 들어봤는가? 그리고 부모가 되어 이와 똑같은 말을 자녀에게 몇 번이나 했는가?

일례로, 한번은 두 살 정도로 보이는 손녀를 데리고 공원에 나온 할머니를 본 적이 있었다. 어린아이는 요거트 한 통을 다 먹고 난 후 짐작하듯 온 얼굴이 요거트투성이가 되어 있었다. 아이는 다시 모래밭에서 놀고 싶어 했지만 할머니는 먼저 얼굴부터 닦아야 한다면서 이렇게 말했다. '사람들이 어떻게 생각하겠니?'

우리는 모든 육아는 사랑과 가장 선한 의도에서 나오는 것이라 믿는다. 남의 시선을 의식하게 만듦으로써 아이의 행동을 통제하는 것 또한 예외는 아닐 것이다. 하지만 '사람들이 어떻게 생각하겠니?'와 같은 말은 강자의 관점을 기를 수 있는 기회를 아이에게서 박탈할 수 있다. 이런 종류의 발언들은 딸들이 타인의 판단에 끊임없이 예민하게 신경 쓰도록 훈련시킨다.

아이를 키우면서 흔히 하는 말 중 타인의 시선을 의식하게 만드는 또 다른 예로는 '떼 그만 부려. 사람들이 흉본다'이다. 부모들은 보통 주변 사람들을 배려하려는 마음에서 이런 말을 한다. 그러나 아이들은 부모가 지적하는 주요 내용얼굴이 더러우면 안 돼 만 받아들이는 것이 아니라 주변 내용사람들이 그것에 대해 판단할 것이고 그건 중요하단다 도 함께 받아들인다. 이런 말을 반복적으로 여러 번 듣게 되면 아이들은 사람들이 항상 자신을 관찰하면서 판단하고 있다고 생각하기 시작한다. 그러지 않을 때조차도 말이다. 그리고 다른 사람들이 어떻게 생각하는지에 대해 끊임없이 신경 쓰다 보면 그것이 지나쳐 아이가 세상과 주고받는 모든 상호 작용에 커다란 걸림돌로 작용할 수 있다.

다른 사람들이 자신에 대해 어떻게 생각하는가가 자신의 생각보다 더 중요하다고 믿도록 교육받은 아이가 진정으로 만족감과 안정감을 느끼기란 불가능하다. 타인들은 무감각하고 노골적으로 잔인해질 수도 있다. 개인적으로 문제가 있는 사람들일 수도 있으며, 무엇보다도 중요한 사실은 그들의 의견이 일관적이지 않다는 것이다.

당신은 사람들에게서 어떤 반응을 얻게 될지 전혀 예상할 수 없다. 그래서 다른 사람들의 반응이 자신의 가치를 결정짓는다고 믿으며 자란 아이는 결국 끊임없이 불안한 상태로 살아가게 될 것이다.

딸들에게 강자의 관점을 키워주는 것은 탄탄한 자기정체성을 심어 주는 것에서 시작한다. 그러기 위해서는 우리 자신이 양육된 방식들 중 일부는 버려야 할 필요가 있다. 부모가 다른 이들의 판단에 민감하게 신경 쓰고 두려워한다면 어떻게 그들의 아이가 탄탄한 자아 정체성과 자신감을 가질 수 있겠는가? 우리가 딸들에게 힘을 실어 줄 수 있는 가장 좋은 선물 중 하나는 '타인에게 판단할 권한을 넘겨주지 말고 자기 자신의 판단을 신뢰하라'는 가르침이다.

혹시 모를 오해를 방지하기 위해 분명히 말해두자면 딸들을 무례하고 배려심 없게 키워야 한다는 뜻이 아니다. 또한 무조건 일반적인 사회적 규범에 반해서 키워야 한다는 뜻도 아니다. 아이들이 카페에서 소리를 지르게 내버려 둬야 한다는 말도 아니다.모든 부모가 알고 있겠지만, 우리가 아무리 신경 써도 이런 건 막기 힘든 경우가 있다. 우리는 아이들을 다른 이들을 배려하는 사람으로 키우기 위해 많은 노력을 기울이지만 타인을 배려하는 것과 자신의 행동이나 가치를 판단할 때 타인의 의견을 따르는 것에는 큰 차이가 있다. 자신을 사랑하는 소녀들은 친절하고 남을 배려할 줄 안다. 타인에게 비난받을 것이 두려워서가 아니라 그들 스스로 그것이 가치 있는 행동이라고 생각하기 때문이다.

## 비판에 대처하기

**딸아이에게 강자의 관점을 길러주는 가장 핵심적인 방법 중 하나는 다른 사람들의 판단, 특히 비판에 대처하는 법을 가르치는 것이다.**

당신 딸의 성향과 상관없이 모든 아이들은 비난에 대처하는 기술을 배울 수 있다. 다른 기술들과 마찬가지로 연습하는 만큼 우리의 딸들은 비난에 더 잘 대처하게 될 것이다. 우리가 사용하고 있는 접근법은 미국의 사회과학자이자 수치심 및 취약성과 관련된 책의 저자이기도 한 브레네 브라운Brené Brown의 연구 결과에 기반을 두고 있다. 브라운의 가장 중요한 통찰 중 하나는 비판은 필연적이라는 사실이다. 당연한 말로 들리겠지만 우리는 이 사실을 자주 간과한다. 당신이 얼마나 선량하고 열심히 노력하는지 여부와 상관없이 비판은 삶에 존재하는 사실이다.

삶에서 어떤 사람들이 비판에 시달리는지 생각해보라. 운동선수, 정치인, 예술가, 연예인 등이 비판을 많이 받는 사람들 목록의 상위에 올라가 있을 것이다. 하지만 대중의 주목을 받는 위치에서만 비난을 받는 것은 아니다. 학교 모금 행사를 기획한다고 해도 분명 누군가는 자신이 했다면 그보다 나았을 거라고 말할 것이다. 딸의 축구 팀 주장, 학교 공연의 리더, 조례에서 발표한 아이는 모두 누군가로부터 비난을 받는다. 사실 색다른 무언가를 하거나 사람들 앞에 나서는 사람이라면 누군가의 비난을 받을 수밖에 없다.

이렇게 이야기하니 절망적이고 우울하게 들릴 것이다. 딸을 보호막으로 둘러싸서 세상의 고통이 얼씬도 하지 못하도록 감춰두고 싶은 마음이 드는 부모도 있을 것이다. 하지만 딸에게 비판도 피할 수 없는 삶의 일부임을 가르쳐 주는 것도 하나의 선물이 될 수 있다. 시간이 흐르면 결국 개인적인 문제로 비판을 받는 게 아니라는 사실을 딸도 깨닫게 될 것이기 때문이다. **비판은 아이 자신이나 아이가 한 일에 잘못이 있어서 받는 것이 아니다. 누군가 크고 용감한 삶을 살기로 마음먹거나 창조적인 일을 하거나 규범을 벗어난 일을 하면 비판을 받기 마련이다. 우리는 딸들에게 비판은 그들이 원하는 삶을 살기 위해 지불해야 하는 입장료라고 가르쳐야 한다.**

다른 사람들이 어떻게 생각하는지에 대해 전혀 신경 쓰지 않아도 된다는 말은 아니다. 건설적인 비판, 즉 우리의 발전에 도움이 되는 종류의 피드백은 예외다. 그러나 당신에게 그저 타격을 주기 위해 비난하는 사람들의 말을 듣는 것은 아무런 도움도 되지 않는다. 삶의 주변부에 앉아서 남을 비방하기는 쉽다. **소셜 미디어의 발달로 우리의 딸들은 24시간 자신을 증오하는 사람들에게 노출될 가능성이 있는 세상에서 자라고 있다. 따라서 비판에 귀 기울여야 할 사람들과 무시하는 것이 상책인 사람들을 구분하는 법을 가르치는 것이 부모가 해야 하는 일이다.**

이를 구분하는 두 가지 간단한 기술이 있다. 한 가지는 어린 여자아이들을 위한 기술이고 다른 하나는 더 연령이 높은 여자아이들을 위한 기술이다.

## 어린 소녀들을 위한 기술

딸들이 우리에게 와서 누군가가 그들에게 나쁜 말을 했다고, '○○가 저한테 멍청하다고 했어요' 혹은 '○○가 제게 뚱뚱하다고 했어요'와 같이 이른다. 그러면 우리는 '그 아이들이 네가 기린이라고 말했다고 해서 네가 기린이 되는 걸까?'라고 말해준다.
이 질문은 아이들에게 웃음을 자아낸다. 최소한 미소라도 지을 것이다. 그렇게 해서 감정을 완화시켜주는 것이 좋다. 어린아이들조차 이 말을 이해한다. 그들은 누가 뭐래도 기린이 될 수 없다.

딸들이 기린 농담으로 웃으며 감정이 진정되었을 때 우리는 그들의 말은 중요하지 않으며 사실이 아니라고 말해준다. 그리고서 강자의 관점 기르기 수업을 되풀이한다. 내가 누구이며 어떤 모습인지는 나 자신이 결정해야 하는 것이며, 나 스스로를 바라보는 나의 의견이 가장 중요하다고 주지시킨다.

## 더 높은 연령의 소녀들을 위한 기술

우리는 브레네 브라운의 책에서 카드 트릭 기술을 배웠다. 그녀는 비판의 중요성을 기억하기 위해 지갑에 다음과 같은 카드를 지니고 다닌다고 한다. 주머니에 들어갈 정도로 작은 카드 한 장을 준비한다. 명함 크기의 두꺼운 종이 1장이 가장 좋다. 그 카드에 당신이 기꺼이 평가를 듣고 싶은 사람 6명의 이름을 적어 보라. 누구의 이름을 카드에 적을지 결정할 때 브라운은 다음의 기준을 적용해볼 것을 제안한다.

1. 그들은 앞장서는가? 그들 역시 대중 앞에 잘 나서는 용감한 사람이 아니라면 그들의 말을 들을 필요가 없다.
2. 그들은 진정으로 당신의 발전을 원하는가? 당신이 더 잘하길 바라는 마음으로 비판하는가? 아니면 당신에게 상처 주고 조롱하고 기를 죽이기 위해 비판하는가?
3. 당신은 그들을 존경하는가? 그들은 제대로 된 지식과 경험을 기반으로 옳은 이야기를 하는가?

카드 트릭의 최대 장점은 당신의 딸이 삶에서 누구의 말을 들어야 하는지에 대해 생각해보게 한다는 점이다.

당신의 카드에 적혀 있지 않은 누군가로부터 비판을 받게 된다면, 그리고 그 누군가가 카드에 추가될 자격이 없는 사람이라면 그 사람의 피드백은 무시하라. 물론 강철로 만들어진 사람은 없으니 누군가의 비판이 우리의 방어벽을 뚫는 경우도 있다. 이럴 때는 당신의 딸에게 카드에 적혀 있는 누군가에게 이야기하고 그들의 의견을 들어보라고 조언하라.

### 아빠들을 위한 행동 지침

당신의 딸은 아빠가 자신을 어떻게 생각하는지에 아주 관심이 많다. 그 영향력을 이용해 딸에게 자기 스스로 어떻게 생각하는지를 더 중요하게 생각해야 한다고 가르침으로써 딸이 강자의 관점을 키울 수 있도록 도울 수 있다.

딸이 자신의 그림이나 춤, 원피스에 대해 당신의 의견을 물으러 오면 그 질문을 되돌려서 딸아이의 생각은 어떤지 물어본다.

딸이 당신의 조언이나 지원을 요구해오면 도와주기에 앞서 잠시 시간을 주고 아이가 먼저 스스로 시도해볼 수 있도록 유도한다.

요약

- 강자의 관점은 하나의 '관점'이다. 이것은 당신의 딸이 세상을 바라보는 방식이자 세상과의 관계이다. 당신의 딸은 문제를 보는가, 기회를 보는가? 한 번의 실수로 의기소침해지는가, 아니면 더 강해져서 집요하게 다시 시도하는가?
당신의 딸은 자신의 삶에서 일어나는 일에 자신이 영향을 미칠 수 있다고 생각하는가, 아니면 운명이나 기회, 운 혹은 부모, 교사, 친구와 같은 힘 있는 사람들에 의해 모든 것이 결정된다고 생각하는가?

- 강자의 관점을 지닌 사람들은 더 용감하며 두려워하지 않는다. 벌어지는 일들에 대처할 내면의 힘과 능력이 자신에게 있다고 믿기 때문이다. 그들은 또한 노력을 통해 자신이 원하는 것을 성취할 수 있다고 믿기 때문에 더 열심히 일한다. 육체적, 감정적으로도 더 건강하다.

- 강자의 관점은 훈련을 통해 습득할 수 있다. 당신의 딸이 현재 강자의 관점을 가지고 있지 못하다면 다음과 같은 일상적인 훈련들로 강자의 관점을 키워줄 수 있다. 자신의 의견이 다른 누군가의 의견보다도 심지어 부모의 의견보다도 더 중요하다는 것을 인식시키고, '넘어진 사실'보다는 '다시 일어선 사실'에 초점을 맞추게 하며, 재앙적 사고와 소원 빌기를 줄이고, 일상적인 대화 속에서 '좋았던 일 찾기' 훈련을 정착시키게 하는 것이다.

# 2장

# 내면이 강한 아이는 신체 자신감을 가지고 있다

## 내면이 강한 아이는 신체 자신감을 가지고 있다

엄마들의 소그룹 모임 때의 풍경이다. 18개월 된 아기가 기어 다니고 있는 바닥에는 장난감이 여기저기 흩어져 있고 다른 아기들은 걸음마를 연습하고 있다. 모임을 주관한 엄마가 컵케이크가 담겨 있는 낡은 플라스틱 접시를 돌리고 있다. 그 엄마는 모두의 생일을 기억하고 모임을 주관하고 음식도 가져온다.

한 엄마는 "저는 못 먹겠어요"라고 말하며 컵케이크 접시를 슬며시 사양한다. 그녀는 체중 관리를 하고 있다. 그러자 또 다른 엄마도 이렇게 말한다. "저도 못 먹어요. 오늘 너무 돼지같이 많이 먹었거든요."

그러자 체중에 대한 언급은 외모 비하 발언보다 더 급속도로 온 방 안으로 퍼져 나간다. 대부분의 엄마가 컵케이크를 먹지 말아야 할 이유를 찾아낸다. 몇 사람은 자신의 통제력 부족에 대해 스스로를 자책하는 발언을 하거나 '다이어트는 내일부터'라는 농담을 덧붙이기도 한다. 화제가 요즘 몸 상태와 체중 감량으로 옮아가자 컵케이크 접시는 식탁으로 되돌아가고 만다.

이런 종류의 대화를 '팻챗fat chat'이라고 부른다. 팻챗은 몸무게에 대한 수다로, 체중을 감량한 여성들을 축하하거나 체중이 늘거나 그대로인 여성들을 위로하는 것이다. 이는 여성들이 배워온, 유대를 다지는 하나의 방식이다. 여성들은 체중 이야기로 대화를 시작하고 관계를 돈독히 한다. 그리고 대화 내용은 거의 항상 똑같다. 여성들은 서로 걱정할 것 없다고 위로한다. 사실 그들은 몇 킬로그램씩 살을 빼야 할 필요가 있는 사람들인데도 말이다. 그들은 서로 용기를 북돋워 주고 있다고 생각하지만 연구 결과에 따르면 실제로는 더 비참한 기분을 느끼는 것으로 나타났다. 이런 팻챗을 자주 나누는 여성들은 자신의 몸에 대해 더욱 만족하지 못한다.

하지만 엄마들의 모임에서 팻챗을 한 여성들만 그로 인해 상처를 받는 것이 아니다. 그들의 자녀들도 상처받는다. 특히 딸들은 엄마를 보면서 배운다. 어린아이들은 자기 혼자 어딘가에 갈 정도로 성장할 때까지, 그리고 그 모든 대화의 무모함에 의문을 제기할 수 있을 때까지 엄마들이 체중을 줄인 것을 서로 축하하거나 체중이 그대로인 것을 비난하는 말을 들으면서 자란다. 이 아이들은 말 그대로 엄마의 무릎 위에서 엄마가 너무 뚱뚱해서 다이어트를 해야 하며 그것이 중요하다고 배우고 있는 것이다.

그리고 무언가가 바뀌지 않는 한 딸들은 그들의 엄마가 신체에 불만을 품었던 것만큼 자신의 신체에 불만을 품으며 자라게 될 가능성이 높다. 이 아이들이 성인이 되면 자신의 신체와 다른 이들이 그들을 얼마나 아름답게 평가하는가가 세상에서 자신의 가치를 결정할 것이라고 믿게 될 것이다.

## 신체에 대한 불안은 자연스러운 것이 아니다

대부분의 여성들이 그들의 신체에 불만족하고 있으나 어릴 때부터 그렇게 생각했던 것은 아니라는 연구 결과는 수도 없이 많다. 어린 아이들은 태어나면서부터 그들의 몸을 싫어하지는 않는다. 어린아이들이 노는 모습이나 거울 속 자신의 모습을 바라보는 것을 지켜보라. 그러면 그들이 자신의 신체를 경이감을 가지고 바라본다는 사실을 알게 될 것이다.

자신의 몸을 혐오하는 마음은 태생적이지 않다. 이는 집에서, 학교에서, 또래 그룹에서, TV를 켤 때마다, 혹은 소셜 미디어에 들어가거나 집을 나설 때마다 어린 소녀들에게 주입되는 것이다. 아침에 눈을 떴을 때부터 밤에 잠자리에 들 때까지 어린 소녀들은 그들의 신체에 결점이 있다는 사실을 학습한다. 어른들이 끼어들지 않는 한 말이다.

여성들이 끊임없이 자신의 신체에 불만을 품고 사고력이 마비되어 스스로를 끌어내리지 않고 살 수 있다면 당신 자신을 포함한 여성들의 삶이 얼마나 더 나아질 수 있을지 한번 상상해보라. 이번에는 당신이 딸에게 그런 자유를 줄 수 있다고 상상해보라. 많은 경우 그것은 삶 전체를 바꾸게 될 것이다.

우리는 딸들이 자신의 신체를 싫어하고 신뢰하지 않도록 학습되는 것을 막을 수 있도록 의식적인 결정을 내릴 필요가 있다. 우리가 아이들 옆에서 보호해줄 수 없을 때 아이들이 지속적인 신체 혐오 메시지를 거부할 수 있는 기반과 기술을 개발하도록 도와야 한다. 이번 장에서는 우리 딸들이 신체를 혐오하도록 가르치는 환경에 대항해 면역력을 키워줄 수 있는 전략들을 살펴본다.

## 왜 신체 자신감이 중요한가

신체와 관련된 주제는 인스타그램 세대의 또 다른 강박 증세로 치부해버리고 싶다. 소녀들의 허영심이나 속된 마음으로 여겨지기도 한다. 세월이 지나도 변함없이 몸매와 체중에 집착하는 여성들을 보면서 그런 것은 그저 여자들의 관심사라고 합리화할 수도 있다. 여자들이 좋아하는 일이자 부모들이 어떻게 참견할 수 없는 일로 여겨지기도 한다.

그러나 신체 혐오는 사소한 문제가 아니다. 섭식 장애 협회는 '다이어트의 시작이 '그 종류를 막론하고' 섭식 장애를 유발할 가능성을 높인다'고 조언하고 있다. 하지만 애석하게도 섭식 장애에 대한 이해는 그다지 높지 못하다. 거식증과 같은 질병을 극단적인 다이어트에 의한 것으로만 여기고 그 심각성을 과소평가하는 경우가 많다. 결론적으로 말하자면 섭식 장애는 생명을 위협하는 질병이다. 사실 당신의 딸은 거리에서 괴한에게 납치당할 가능성보다 섭식 장애로 생명을 잃게 될 가능성이 훨씬 더 높다. 그럼에도 불구하고 우리는 가능성이 큰 섭식 장애의 위협보다 가능성이 아주 작은 괴한의 위협을 훨씬 더 걱정하고 아이들에게 주의를 준다.

## 신체에 대한 안 좋은 이미지는 삶의 질에 영향을 미친다

당신의 딸이 자신의 신체에 대해 느끼는 이미지는 자신을 사랑하는지 여부와 행복한 삶을 살 것인지의 여부를 결정하는 가장 중요한 요소 중 하나이다. 심각한 경우에는 신체에 대한 이미지가 생사를 가르는 중요한 의미를 지니기도 한다. 딸이 자신의 신체에 안 좋은 이미지를 가지고 있다면 그것은 삶의 모든 측면, 즉 정신 건강과 육체 건강, 자존감, 인간관계, 직업적 야망, 그리고 심지어 재정 상황에까지 영향을 미칠 수 있다.

많은 젊은 여성이 이 사회에 받아들여지기 위해 '미용'에 얼마간의 비용을 투자해야 한다고 느끼고 있다. 그리고 그 비용은 그들을 가난하게 만들 가능성이 크다. 재무 전문가 피트 워젠트Pete Wargent는 젊은 여성들이 '기본적인 미용 서비스'에 지불하는 금액이 연간 1만 4천 달러한화 약 1,570만 원에 달하는 것으로 추산하고 있다. 워젠트는 '그 돈을 주식에 투자해서 시간이 흘러 약 7~8%의 순수익을 올렸다고 가정해보라'라고 말한다. 또한 '그 돈은 약 10년이 지나면 25만 달러한화 약 2억 8천만 원에 가깝게 불어나 있을 것이다. 젊은 여성들이 보통 가짜 속눈썹이나 태닝, 레이저 또는 주사 시술 등에 지출하는 돈을 예금만 했더라도 6년 후에는 10만 달러한화 약 1억 1,200만 원 이상의 저축액을 보유할 수 있을 것이라고 지적한다. 여기에는 심지어 화장품 값이나 성형 수술 비용은 포함되어 있지 않다. 여성들의 신체 혐오는 목숨을 위태롭게 하면서까지 꼭 필요하지도 않은 의료 시술을 받게 만든다.

나이가 어린 소녀들도 점점 더 그들의 몸매에 신경을 쓴다. 자신의 신체에 대한 좋지 못한 이미지는 더 이상 10대 청소년들만의 문제가 아니다. 보고에 따르면 다섯 살 소녀도 몸무게와 외모에 대해 고민하는 것으로 나타났다.

## 날씬하고 예쁜 것이 보호막이 될 수는 없다

많은 사람들은 우리가 정말 날씬하고 예쁘다면 인생이 완벽할 것이라 착각한다. 딸의 몸무게가 '날씬하다'고 인정되는 범위 내에 있다면 딸이 자신의 신체에 대해 좋은 이미지를 가지고 있을 것이라 예상할 것이다.

그러나 날씬하고 예쁘다고 해서 자신의 몸에 대해 부정적인 이미지를 갖지 않는다는 보장은 없다. 그것은 인스타그램과 TV와 같은 대중 매체의 영향이 크다. 하지만 딸의 몸매와 신체 사이즈가 딸을 보호해줄 수 없는 더 큰 이유는 신체에 대한 자신감이 실제 생김새와 비례하지 않기 때문이다. 그것은 딸아이가 스스로 자기 몸을 어떻게 인식하고 있는가에 달려 있다. 날씬하다고 해서 당신의 딸이 자신의 몸을 사랑할 것이라는 보장은 없다.

외모가 아주 비슷한 두 소녀가 있는데 한 명은 자신의 몸을 좋아하지 않아 불만족스럽고 그것으로 인해 모든 것이 불안정한 반면, 다른 한 소녀는 자신의 몸매를 걱정하지 않고 삶을 행복하게 살아가는 경우도 있을 수 있다. **그 이유는 신체에 대한 자신감은 여자아이들이 자신의 몸에 대해 스스로 어떻게 생각하고 느끼는가가 실제로 보이는 모습보다 훨씬 더 중요하기 때문이다.**

## 신체 자신감이 있다고 해서 당신의 딸이 안일해지는 것은 아니다

다른 부모들과 대화할 때 대화의 주제가 신체 자신감으로 전환될 때면 이 문제가 '지나치게 멀리 간다'라는 생각이 들어 걱정되기도 한다. 많은 부모들은 그들의 딸이 이론상으로는 자신의 몸에 대해 자신감을 가지도록 격려하는 것은 좋은 일이라고 생각하는 반면 딸이 자신의 몸매 관리에 대해 긴장을 풀기를 원하지는 않는다.

부모들의 논리는 자신의 딸이 자기 몸에 대해 긴장을 풀고 편안해지면 살이 찌고 건강을 해치게 될 것이라는 것이다. 우리는 날씬한 것은 행복과 동일시하고 뚱뚱한 것은 불행과 동일시하기 때문에 이 부모들은 몸에 대한 지나친 자신감이 오히려 딸을 불행의 나락으로 떨어뜨릴까 봐 걱정한다. 그래서 그들은 딸이 스스로를 관리할 수 있을 때까지 딸의 몸과 식욕을 관리하는 것이 부모로서의 책무라고 결론짓는다.

## 딸의 식욕과 신체 사이즈를 감시하는 것은 바람직하지 않다

자신의 몸에 대해 긍정적인 이미지를 갖고 있다고 해서 살이 찐다는 증거는 없다. 한편 자신의 몸에 대해 좋지 않은 이미지를 갖고 있으면 행복과 건강에 도움이 되지 않는다는 연구 결과는 아주 많다. 그런 경우 심지어 체중 증가로 이어지기도 한다. 실례로, BMC 의학 저널에 게재된 2018년의 한 연구에서는 살이 쪘다는 낙인이 오히려 더 심한 체중 증가를 야기한다는 사실을 발견했다. 살이 찐 것을 부끄럽게 여기거나 그것에 대해 놀림을 받는 사람들은 운동을 안 하려는 경향을 많이 보인다는 것이다. 이 부분은 직관적으로 이해가 가능한 부분이다. 자신의 신체에 대해 좋지 않은 이미지를 가지고 있다면 어떻게 자신의 신체를 관리할 수 있겠는가?

그러나 이 연구에서 더 놀랍고도 충격적인 발견은 살이 쪘다는 낙인이 찍힌 사람들은 체중 조절을 더 어렵게 만드는 코르티솔 수치 증가 등 신체적 변화들을 겪게 될 수 있다는 사실이다. 우리 몸은 스트레스를 받으면 코르티솔을 분비하는데, 몸에 코르티솔 수치가 높아지면 체중 증가가 촉진된다.

《다이어트가 아니라면 무얼 해야 할까?If Not Dieting, Then What?》의 저자인 릭 카우스만Rick Kausman 박사는 25년 이상 체중 관리 및 섭식 장애 클리닉을 운영해온 경험을 가지고 있으며 호주 정신의학회의 회원이다. 그는 우리가 불만을 품고 있는 대상을 관리할 수 있을 것이라 생각하는 것은 논리적으로 맞지 않다고 말한다.

'우리의 몸이 자동차라고 생각해보라. 당신이 싫어하고 소중하게 생각하지 않는 자동차를 당신은 어떻게 대우하겠는가? 함부로 다룰 것이고 정기 점검도 받지 않을 것이며 세차도 거의 하지 않을 것이다'라고 카우스만 박사는 말한다. '이번에는 당신이 아끼는 자동차를 한번 생각해보라. 그 차를 관리하는 데 얼마나 더 많은 시간과 노력을 쏟을지 생각해보라.'

요약하자면 부모는 딸들의 몸무게에 신경 써줄 필요가 없다. 당신의 딸이 무엇을 얼만큼 먹어야 하는지를 정해둔다는 것은 식욕과 신체의 자연스러운 상태와 끊임없는 전쟁을 치러야만 한다는 메시지를 전하는 것이다. 무심코 자신의 타고난 본연의 모습을 신뢰하지 않도록 가르치는 것이다. 딸이 자신의 몸을 신뢰하지 않게 되면 몸을 관리하고 싶은 마음도 별로 안 들 가능성이 크다.

우리의 딸들이 무엇보다도 부모로부터 들어야 할 말은 세상이 그들에게 끊임없이 신체적 약점을 지적하더라도, 그들은 있는 그대로 충분히 아름답다는 말이다. 부모는 다이어트 업체들이나 미용 산업의 편이 아닌 딸들의 편에 서야 할 필요가 있다.

## 신체 자신감은 신체를 사랑하는 것과는 다르다

신체 자신감을 주입하는 전략으로 들어가기에 앞서 이 부분부터 확실히 해두는 편이 좋겠다. 당신의 딸이 신체 자신감을 갖기 위해 자신의 몸을 '사랑'해야 할 필요는 없다는 것이다. 사실 자신의 몸을 사랑하지 않는 편이 더 좋을 수도 있다.

최근 몇 년 동안 여성들은 '당신의 몸을 사랑하라'는 캠페인을 무수히 봐왔기 때문에 나의 말이 이상하게 들릴 것이다. 몸을 사랑하라는 캠페인은 아름다움이 무엇인지에 대한 정의를 약간 넓히고 있는지는 몰라도 여전히 어린 소녀들과 여성들에게 그들의 몸에 시간과 에너지를 쏟아부을 것을 주문하고 있다. 그렇게 하는 과정에서 그들은 소녀와 여성들의 외모가 그들의 가치를 결정한다는 생각을 강화시키고 있다. 화장품 회사들이 이러한 캠페인을 주관하는 경우가 많다는 걸 감안하면 놀랄 일이 아니다. 결과적으로 자신의 외모에 집착하는 이들에게 화장품과 비누, 크림을 판매하는 일은 더 쉬워진다.

어린 소녀들과 여성들이 그들의 몸을 사랑하느라 바쁜 사이 그들은 잠재적으로 삶에 진정한 행복과 의미를 가져다 줄 수 있는 다른 활동들과 인간관계, 시도들은 등한시하게 된다. 우리의 젊은 여성들은 세상에 변화를 가져오는 꿈을 꾸기보다는 비키니 수영복을 입은 그들의 몸매를 완벽하게 만드는 데 온 관심을 집중하고 있다. 18~35세 사이의 여성 중 25%가 노벨 평화상을 받기보다 슈퍼모델 대회에서 모델로 선발되는 것을 더 원한다고 답했다고 한다.

## 미의 경쟁에서 승리하는 유일한 길은 경쟁에 참여하지 않는 것이다

부모들이 딸들의 신체 자신감을 키워주려는 선의에서 자주 사용하지만 잠재적으로 역효과를 낳는 전략으로는, 그들에게 '예쁘다'고 말해주는 것이 있다. 당신이 딸에게 아주 어릴 적부터 끊임없이 예쁘고 아름답다고 말해준다면 딸은 그 말을 믿고 신체 자신감을 가질까? 실제로는 그 반대일 가능성이 크다.

신체 자신감에서와 마찬가지로 사람들이 항상 어떤 여성이 얼마나 예쁜지에 대해서만 이야기한다면 그 여성은 당연히 자신의 아름다움이 가장 중요하다고 생각하게 될 것이다. 실제로 그런 이야기를 너무 자주 하다 보면 그녀는 자신의 미모가 자신에게서 가장 중요한 자질이라고 생각하기 시작할 것이다.

심리학자이자 《미모 집착증Beauty Sick》의 저자인 르네 엔겔른Renee Engeln 박사는 "여성의 외모에 대해 이야기할 때마다 우리는 외모가 중요하다는 메시지를 전달하고 있습니다. 우리가 여자아이들을 예쁘다고 칭찬할 때 그들은 '나는 특정한 모습으로 보일 때에만 다른 이들에게 소중한 존재야'라는 말로 받아들입니다"라고 말한다.

심리학자이자 섭식 장애 전문가인 사라 맥마흔Sarah McMahon은 '아름다움은 결국 다른 사람들이 우리에게 부여하는 판단일 뿐이에요. 그리고 그런 판단은 재빨리 거두어질 수 있죠. 여성의 정체성이 외적 아름다움에 기반을 두고 있다면 그녀의 운명은 자기 자신이 아니라 다른 이들의 손에 달린 것이나 마찬가지입니다'라고 말한다.

외모에 너무 중점을 두는 일은 우리의 딸들을 실패의 길로 이끌 수 있다. 당신의 딸이 아무리 아름답다 하더라도 이런 문화 속에서는 어떤 여성도 항상 만족할 만큼 아름다울 수 없기 때문이다. 포토샵과 인스타그램, 미용 및 다이어트, 성형 산업의 영향력을 모두 합친 덕분에 아름다움의 기준은 끊임없이 바뀌고 있다. 따라서 모든 여성이 어떤 면에서는 뒤처지고 있는 것이다.

모순적인 말로 들리겠지만 당신의 딸에게 신체 자신감을 키워줄 수 있는 가장 좋은 방법 중 하나는 딸에게 예쁘다는 말을 그만하는 것이다.

## 진정한 신체 자신감이란 무엇인가?

신체 자신감은 딸들이, 그리고 그들의 몸이 원하는 삶을 살 수 있도록 필요한 모든 일을 할 수 있다고 믿는 것을 말한다. 우리의 딸들이 자신의 몸을 잘 보살피고 싶을 정도로 좋아하고 존중하며, 자신의 몸에 관한 부정적인 영향력과 느낌이 삶에 방해가 되지 못하도록 하는 것이다.

신체 자신감의 핵심은 예뻐지려고 노력하거나 자신이 예쁘다고 믿는 것이 아니다. 그것은 자신이 예쁘든 예쁘지 않든 그다지 신경 쓰지 않는 것이다.

아주 어린 소녀들이 어떻게 행동하는지 한번 생각해보라. 아주 어린 소녀들은 아름다움에 대한 감각이 없다. 그들은 자신을 다른 이들이 관찰하거나 평가하거나 칭찬하는 대상으로 바라보지 않는다. 그들의 신체는 그들을 위해 존재할 뿐 다른 이들에게 얼마나 즐거움을 주는지 혹은 그렇지 않은지에 대해 아무런 개념이 없다. 오히려 그들은 자신의 신체가 빨리 달릴 수 있는지 혹은 등산은 할 수 있는지의 여부에 훨씬 더 관심이 많다.

여자아이들이 외모가 그들에게 가장 중요한 것이라고 믿게 만드는 것은 어른들이다. 우리의 목표는 우리의 딸들이 이러한 해로운 메시지에 대항할 수 있도록 가능한 최선의 노력을 다하는 것이다. 아이들이 가급적 외모에 대해 생각하는 데 시간을 덜 소모하도록 말이다.

우리 딸들의 삶에서 육체적 아름다움의 중요성을 낮추기 위해서는 아주 커다란 저항에 맞서 싸워야 할 것임이 분명하다. 여자아이들은 매일 언론 매체와 친구들, 가족과 심지어 모르는 사람들에게서도 아름다움이 다른 무엇보다도 중요하다는 메시지를 수도 없이 많이 받고 있다. 많은 소녀들은 자신이 아름답지 못하면 가치가 없는 존재라고 생각한다.

그러나 사실은 이렇다. 우리는 이처럼 해로운 믿음을 강화함으로써 문제를 키우는 데 동참할 수도 있고, 아니면 우리의 딸들을 자기 혐오와 불안을 조장하는 아름다움을 좇는 문화에서 보호하는 데 동참할 수도 있다. 이 투쟁은 앞으로 계속될 것이며 전혀 예상치 못한

곳에서 당신에게 도전하는 상대가 나타날 수도 있다. 이를테면 그것이 산타클로스일 수도 있다.

## 가끔은 산타도 틀릴 때가 있다

우리는 크리스마스 가족사진을 찍기 위해 백화점에 갔다. 당시 네 살이었던 딸은 빨간 옷을 입은 거대한 산타 할아버지를 볼 수 있다는 생각에 신이 나 있었다. 그런데 그곳에서 벌어진 상황은 다소 당황스러웠다.

산타는 딸이 신은 양말을 포함해 아이의 모든 옷차림에 대해 하나씩 언급했다. 그리고는 이 백화점에서 가장 예쁘고 옷을 잘 입은 아이라면서 칭찬해주었다. 거기까지만 했다면 좋았을 것이다. 그 쾌활한 빨간 산타 복장의 남성은 아직 초등학교도 입학하지 않은 우리 딸아이에게 커서 모델이 되어도 되겠다는 말까지 해버렸다.

똑같은 산타에게 네 살 난 아들을 데리고 갔던 한 친구와 상황을 비교해보니 그 산타가 대화를 부드럽게 이어가기 위해 남자아이의 외모에 초점을 맞추지는 않았다는 사실을 알게 되었다. 대신 소년에게는 빨간 코를 가진 순록 루돌프 이야기를 꺼냈다. 우리 딸도 남자아이들 못지않게 루돌프를 열성적으로 좋아하는 데 말이다.

하지만 산타는 아이에게 ① 예쁘다고 말해주고 ② 백화점의 다른 소녀 및 여성들과 비교했으며 ③ 아이가 외모로 평가받고 가치를 인정받는 직업을 가질 마음이 있는지 관심을 보였을 뿐이었다.

## 우리는 여자아이들을 인형처럼 대한다

아마도 그 쾌활한 산타 할아버지는 선의로 그렇게 말했을 것이다. 그리고 여자아이들에게 언급할 만한 유일한 주제가 외모인 양 이야기하는 것이 크리스마스처럼 1년에 한 번밖에 없는 일이라면 산타의 발언은 그리 중요하지 않았을 것이다.

하지만 사람들은 1년 내내 소녀들의 외모에 집중한다. 딸들은 집을 나설 때마다 거의 항상 '그 옷 예쁘네', 혹은 '오늘 헤어스타일 멋지다', '역시 너는 속눈썹이 정말 예술이야', '구두에 달린 리본 정말 예쁘다', '오늘 귀엽네'와 같은 말들을 듣는다.

이처럼 소녀들에게 하는 일상적인 외모 언급은 그들을 사랑하는 사람들이 선의로 하는 말이다. 그들은 자신이 남자아이들은 사람으로 대우하면서 여자아이들은 인형으로 대우한다는 사실조차 깨닫지 못한 채 그런 말을 하는 것이다.

**여자아이들의 외모에 관해 절대로 언급해서는 안 된다는 말은 아니다. 문제는 여자아이들이 자신에 관해 듣는 이야기의 대부분이 외모와 관련된 말이 될 때 발생한다.** 당신의 딸이 태어난 순간부터 지금까지 전체 인생에서 들었던 모든 말을 한번 생각해보라. 그 말들을 모두 녹음해서 수를 세어본다면 장담하건대 다른 모든 주제들을 합친 것보다 외모에 관한 언급이 더 많을 것이다.

가족들, 친구들, 교사들, 점원들, 행인들, 그리고 심지어 산타에 이르기까지 여자아이들이 무슨 생각을 하고 무슨 행동을 하는지보다 그들의 외모에 대해서만 언급한다면 어떻게 딸들이 그들의 미모 말고도 세상에 줄 것이 많다고 믿기를 기대할 수 있겠는가? 그와 마찬가지로, 어떻게 그들이 세상의 기준만큼 아름답지 않다고 생각하게 될 때 의기소침해지지 않기를 기대할 수 있단 말인가? 사람들이 중요시하는 유일한 기준에 자신이 미치지 못한다고 느낄 때 자신을 사랑하기란 쉽지 않다.

## 딸들과 대화를 시작하는 법

여자아이들의 외모에 대한 언급은 우리 부모들에게도 책임이 있다. 우리의 딸들과 어린 여자아이들을 볼 때 머릿속에 가장 먼저 떠오르는 생각은 너무 귀엽고 사랑스럽다는 것이다. 다른 이야기는 접어두고 여자아이들의 외모에만 집중하는 것은 많은 이들에게 이것이 습관처럼 몸에 배어 있어, 해야 할 다른 말은 생각해내지 못하기 때문이다. 우리의 선의에도 불구하고 우리들 중 대다수는 딸들과 피상적인 소통 이상의 더 깊은 소통을 경험해본 적이 없다.

남자아이들 또한 멋진 외모를 가지고 있지만, 그것이 우리가 그들에게 가장 중요하게 혹은 유일하게 언급하는 말은 아니다. 우리가 남자아이들을 인형이 아닌 사람으로 대우한다면, 여자아이들 또한 그렇게 대할 수 있을 것이다. 여자아이들과의 대화를 어떻게 부드럽게 이끌어가야 할지 모르겠다면 다음의 질문 목록을 참고하면 도움이 될 것이다.

- 오늘 어디 갔었니? 또는 오늘 어디 갈 거니?
- 몇 살이니?
- 커서 뭐가 되고 싶니?
- 가장 좋아하는 장난감(책/스포츠/동물/음식/노래)은 뭐니?
- 아는 크리스마스 캐럴 있니?
- 오늘 점심 때 뭐 먹었니?
- 어젯밤에 잘 잤니?
- (주변을 살펴보고) 이 화초(트럭/벽에 걸려 있는 그림/날씨 등) 어떻게 생각하니?

그 순간에 아이가 하고 있던 일에 관해 언급하거나 질문해본다. 이를테면, '너 그때 아주 빨리 달리더라'라고 말을 건네거나 아니면 '아주 큰 탑을 만들고 있구나' 또는 '네 장난감 강아지의 이름이 뭐니?'와 같은 말들을 건넬 수 있을 것이다.

적당한 주제가 아무것도 없거나 대화가 원활히 이어지지 않는다면 똑같은 상황에서 남자아이에게 무슨 말을 할지 한번 상상해보라. 아마 그 주제를 여자아이들에게도 동일하게 적용될 수 있을 것이다.

## 희석하기, 방향 전환하기, 본보기가 되기

우리에게는 사람들이 딸들에게 건네는 모든 외모 중심적 발언을 차단할 용기가 있다고 말하고 싶다. 하지만 진실을 말하자면 이는 정말 어려운 일이다. 사람들이 선의로 말하는 것임을 알기에 더욱 그러하다. 외모와 관련된 칭찬을 들을 때마다 이의를 제기하기란 어색하고 무례할 것이다. 하지만 우리는 여전히 딸들이 그런 말을 듣기 원하지 않는다. 우리가 생각해낸 해결책은 그런 발언들을 희석하고 방향을 전환해, 딸들이 외모와 관련된 말을 들을 때마다 그에 대한 균형추로서 다른 이야기도 듣게 하는 것이다. 또한 외모를 언급하지 않고도 소녀들 및 여성들과 대화할 수 있는 다른 방법들을 본보기로 보여주기도 한다.

### 1. 희석하기(Dilution)

우리는 딸들의 외모와 상관 없는 다른 자질들을 언급해서 대화의 내용을 희석한다. 예를 들어, 이웃이 우리의 딸들에게 나날이 더 예뻐진다고 말하면 우리는 독서 능력이나 발레 동작이나 끈기, 유머 감각, 친절함 등 크게 성장하고 있는 다른 자질도 언급한다.

**2. 방향 전환하기(Redirection)**

방향 전환하기는 '화제 전환하기'라고도 부른다. 예를 들면, 누군가가 딸들의 옷에 대해 언급한다면 아이들이 그 옷을 입고 무슨 일을 할 수 있고 어떤 목표를 달성할 수 있는지에 대한 이야기로 확장할 수 있다. 이를테면 '그 옷 정말 예쁘구나'라는 말은 그 옷이 나무에 오르기에 얼마나 좋은지 알려주는 기회로 삼을 수 있다. 재킷에 대한 언급은 '공원에 나가 놀려면 따뜻하게 입어야 되죠'라고 말하는 식으로 날씨에 대한 대화로 화제를 전환할 수 있다.

방향 전환하기를 통해 딸들의 행동 능력을 강조할수록 더 좋다. 우리는 딸들이 자신을 귀여움 받는 수동적인 대상으로만 여기기를 원치 않는다.

**3. 본보기가 되기(Modelling)**

우리는 딸들 앞에서 그들의 외모에 대해 이야기하는 경우가 거의 없다. 가끔 우리가 아이들이 예쁘지 않아서 아무말도 하지 않는 것이라고 생각할까 봐 예쁘다고 말할 때는 있다. 하지만 아이들의 외모에 대한 언급을 최소한으로 제한한다. 아이들의 외모가 어떠해 보이는가는 우리에게 중요한 것이 아님을 알아주길 바라기 때문이다. 또한 다른 사람들이 어떻게 보는가도 중요하지 않다는 것을 아이들이 알기를 바란다. 그래서 우리는 딸들 앞에서 좋건 나쁘건 그 누구의 외모에 대해서도 언급하지 않는다. 외모가 우리의 대화 주제가 되지 않을 뿐이다. 당신의 딸들이나 다른 사람들의 신체에 대한 부정적인 언급만 해로운 것이 아니라는 사실을 기억해야 한다. 체중 관리 심리학자인 글렌 맥킨토시Glenn Mackintosh는 그의 책《신새니티Thinsanity》에서 '어떤 이야기가 되었든 신체와 외모, 생김새에 대해 너무 많이 언급하게 되면 점점 자신의 몸을 있는 그대로 받아들이는 것이 힘들어질 수 있다'라고 언급한 바 있다.

## 몸무게는 잊어라

우리는 딸들이 건강하기를 바란다. 건강에서 중요한 것은 '체중'이 아니라 '건강한 삶'이다. 체중은 체중계에 찍혀 나오는 숫자, 즉 결과이다. 반면 건강한 삶은 하나의 과정이다. 건강한 삶은 건강하고 균형 잡힌 생활 방식을 말한다. 항상 건강한 식생활을 하고, 즐겁게 몸을 움직이고, 우리를 행복하게 하는 방식으로 삶을 살아가는 것이 그것이다.

**'하지만 우리 딸이 뚱뚱하다면 그걸 이야기해줘야 하는 게 제 역할 아닌가요?'**

아이들의 신체 이미지에 관한 우리의 기사를 읽고 한 아빠가 우리에게 보내온 질문이다. 보통 부모들이 이렇게 직접적으로 물어보지는 않더라도 이런 종류의 질문을 받은 게 처음은 아니었다.

분명히 말하건대 이 아빠는 딸의 건강을 아주 걱정하는 분이다. 소아 비만에 대한 온갖 무서운 이야기를 들어온 터라 만약 딸에게 몇 킬로그램을 감량하라는 말을 하지 않는다면 아빠로서의 역할을 다하지 못하는 것이라고 생각한 것이다. 그러나 그 아빠 역시 자신의 신체를 부끄러워하는 접근법을 취하는 것이 옳은 일인지 궁금해 했다. 그런 부분이 고민이 되는 것은 당연하다. 우리는 그의 딸을 모르긴 하지만 분명 아이는 이미 자신의 몸무게를 인식하고 있을 것이다. 이 아빠가 체중 걱정을 하도록 만든 사람들은 아마 아래와 같은 부류였을 것이다.

- 친구를 가장한 적들
- 학교 폭력 가해자들
- 전문 의료진
- 그의 딸이 생일 케이크를 한 조각 더 달라고 했을 때 티 나게 놀라움을 표시한 어떤 아주머니
- 아이가 사람들이 많은 곳에서 뭔가를 먹을 때마다 눈살을 찌푸린 낯선 사람들
- 모든 TV 프로그램, 잡지, 신문, 영화

이 분야의 전문가인 카우스만 박사의 조언은 다음과 같다.

'체중에 집중해서 이로울 건 아무것도 없습니다. 그것이 자녀의 체중이든 당신 자신의 체중이든 다른 누군가의 체중이든 말이죠', '연구 결과에 따르면 체중에 집중한다고 해서 체중이 감량되는 것은 아닙니다. 오히려 체중이 증가할 가능성이 높습니다. 특히 아이들은 그게 섭식 장애로 이어지는 경우도 흔하죠.'

심리학자 사라 맥마흔 또한 이미 보호받지 못하고 상처받은 소녀들은 체중 조절식을 먹이면 더 비참함을 느낄 뿐이라면서 그에 동의한다. '아이들에게 체중 조절식을 먹이는 부모들은 사회적 함의를 따르고 있는 셈이죠.'라고 맥마흔은 말한다. '그들에게 뭔가 고쳐야 할 약점이 있다는 메시지를 전달하고 있는 거죠.'

미국의 의사이자 아동 섭식 문제 전문가인 카챠 로웰Katja Rowell은 아동 비만에 대한 우려가 많긴 하지만 아이들에게 식이요법을 적용하는 것의 위험성을 무시해서는 안 된다고 말한다. 그는 '아이들에게 식이요법을 적용하는 것은 우울증을 증가시키는 요인이 될 수 있으며, 큰 대가가 따르고 엄청난 고통을 수반하는 섭식 장애로 발전하게 될 위험성을 안고 있다'고 지적한다.

만약 당신이 아직도 딸에게 살을 빼라는 말을 해야 할지 말아야 할지 고민이라면 이것을 생각해보라. 당신은 대다수의 성인이 해낼 수 없는 일을 딸에게 요구하고 있는 것이다. 2015년 99,791명의 비만 여성들과 76,704명의 비만 남성들을 대상으로 한 연구에서 비만

환자들 중 1년 동안 일반적인 몸무게를 회복한 환자의 수는 여성의 경우 124명 중 한 명, 남성의 경우 210명 중 한 명꼴인 것으로 나타났다. 체중 감량 실패는 당신의 자녀를 평생 패배감과 수치심에 휩싸여 살아가게 만드는 결정타가 될 수도 있다.

이것이 딸에게 뚱뚱하다는 말을 해야 하는지 궁금해하는 아버지에게 드리는 우리의 답변이다. 딸이 부모에게서, 특히 아빠에게서 정말 원하는 것은 수치심과 평가가 아니다. 무조건적인 사랑과 성장을 위한 안전한 공간이다. 아빠는 딸을 사랑하는 첫 번째 남자이자 딸이 미래에 만나는 남자들이 그녀를 어떻게 대할 것인지 그 기준을 정하는 사람이기 때문이다.

## 아이가 자신의 신체를 받아들이도록 돕는 방법

당신의 딸이 '뚱뚱하다'는 놀림을 받는다면 어떻게 하는 게 좋을까? 한 친구의 딸이 최근 유치원에서 울면서 돌아왔다. 다른 아이가 자기를 뚱보라고 불렀다는 것이다. 그 아이는 네 살이다.

당신의 아이가 살이 쪘다고 놀림을 받는 것을 바라보는 일은 부모로서 정말 가슴 아픈 일이다. 어떻게 말해주고 행동해야 할지 정말 어렵다. 우리는 '지방 공포증'의 세상에서 소녀들을 어떻게 키울지에 대한 조언을 얻기 위해 세 명의 전문가를 만나봤다.

**사라 맥마흔, 심리학자, 바디매터스 오스트랄라시아BodyMatters Australasia 이사**

**해야 할 일: 자녀의 고민을 심각하게 받아들이는 것**

당신의 자녀가 자신의 신체에 대해 어떻게 느끼고 있는지 알아보라. 친구들과는 사이좋게 지내는지 공부는 어떤지 등 그들의 다른 고민을 알아보기 위해 시간을 할애하는 것과 똑같은 방식으로 해보라. 부모들은 딸의 신체 자신감과 몸에 대한 신뢰감을 키워주는 강력한 조력자가 될 수 있다. 당신의 신체와 자녀들의 신체, 그리고 다른 사람들의 신체에 대해 말하는 방식에 주의를 기울여라. 사람들은 자신의 신체에 대해 절대로 부끄럽게 생각해서는 안 된다. 그것은 당신도 마찬가지다. 스스로에게 더 관대해져라. 당신의 삶과 다른 이들의 삶에서 '살 빼기'나 '다이어트'에 관한 대화를 지양하라.

**하지 말아야 할 일: 다이어트 권장**

체중 감량을 권장하는 것은 신체 특징을 놀림의 대상으로 삼는 가해자들의 의견에 동조하는 꼴이 될 수 있다. 우리 아이의 몸은 사실 결함이 있고 못생겼으며 건강하지 못하고 과체중이고 다이어트를 해야 한다는 메시지를 전달하게 되는 것이다.
부모 스스로 다이어트를 지양하라. 부모의 다이어트는 건강에 해로운 행동을 보여주면서 그것을 정상적인 것으로 인식시켜 자녀에게 신체에 대한 불안감을 조성할 수 있다.

릭 카우스만, 의사, 《다이어트가 아니라면 그럼 무얼 해야 할까?If Not Dieting, Then What?》의 저자

**해야 할 일: 체중만으로 건강한 삶의 여부를 판단할 수 없음을 이해할 것**

일반적인 인식과는 반대로 체격만 보거나 체지방량만 계산해보고 어떤 사람의 건강을 판단할 수는 없다. 아이들은 성장 속도가 제각각이며, 시간이 흐르면서 신체도 변한다. 그리고 신체는 사람마다 다르다. 자녀의 몸매와 신체 사이즈에 대해 걱정하는 대신 자녀가 최대한 건강한 생활을 할 수 있도록 최상의 환경을 제공하는 데 에너지를 쏟으라. 체중 감량을 목표로 삼기보다는 건강한 삶을 살아가는 과정에 집중하라.

**하지 말아야 할 일: 아이에게 다이어트를 시키는 일**

다이어트는 이로울 것이 전혀 없다. 연구 결과가 이를 매우 확실히 뒷받침해준다. 어떤 사람이 체중 감량에 집중한다면 그것은 오래 가지 못한다. 오히려 스트레스로 인해 체중이 더 증가하는 경우가 빈번히 발생한다. 자녀들을 몸무게에 따라 차별 대우하지 말아야 한다. 덩치가 큰 아이에게는 초콜릿을 못 먹게 하고, 날씬한 아이에게는 더 먹어도 된다고 허락해서는 안 된다. 아이들은 그에 대해 반감을 갖고 몰래 숨어서 먹는 '도둑먹보'가 되어 수치심을 느끼게 될지도 모른다.

**데이나 커포드**Dana Kerford**, 교우 관계 전문가, '유아스트롱**URSTRONG**' 창립자**

**해야 할 일: 자녀가 상처가 되는 말과 행동에 당당히 맞서게 하라.**

상처 주는 말을 던지고 도망치는 아이들은 그런 행동을 계속할 것이다. 당신의 자녀가 그것에 맞서도록 지도하는 것은 그들이 함부로 대우받아서는 안 된다는 인식을 강화시킴과 동시에 자존감을 키우는 데에도 도움이 된다. 당신의 자녀가 상처 주는 말의 표적이 되었다면 그들을 사랑과 보살핌, 긍정 확언으로 감싸 안아줘라. 그들이 얼마나 훌륭한 존재인지 상기시켜주고 그들에게 상처를 주지 않는 좋은 친구들과 어울려 놀도록 격려하라.

**하지 말아야 할 일: 아이에게 '그냥 무시해'라고 말하는 것**

상처 주는 말을 한 아이는 자신의 행동에 아무 제재가 없으면 암암리에 그 행동을 더 강화한다. 결과적으로 그들이 똑같은 행동을 다시 하게 만들 가능성이 커지는 것이다. 아이가 역경에 당당히 맞서 싸울 수 있도록 회복탄력성과 자신감을 키워주기 위한 핵심은, 스스로를 보호하도록 가르치는 것이다. 자신을 존중하는 사람들과 어울릴 것을 상기시키며 누군가가 그들에게 욕을 하면 그 욕은 결국 욕을 한 사람에게로 돌아간다는 사실을 이해시켜라.

## 사춘기 직전 불어나는 체중에 대비하라

여자아이들은 보통 사춘기를 앞두고 체중이 증가한다. 생리를 준비하기 위해 소녀들의 신체에 변화가 생기는 것이다. 무슨 문제가 있다거나 교정하기 위해 노력해야 하는 것이 아니다.
그보다 여자아이들은 사랑하는 사람들에게서 이러한 변화가 정상이며 자신의 몸을 믿어야 한다는 확인을 받고 싶어 한다. 그러나 이럴 때 선의로 가족들과 친구들은 딸의 왕성해진 식욕이나 불어난 몸무게에 대해 언급하기 시작한다. 이러한 언급은 아이가 이미 자신의 신체 변화에 대해 예민해져 있을 시기에 치명적일 수 있다.

가족 식사 때 신체에 대해 수치심을 느끼게 할 수 있는 대화를 차단하는 확실한 방법은 '사춘기'라는 단어를 언급하는 것이다. 다음과 같이 말해보라. '너의 몸은 지금 사춘기를 맞이할 준비를 하고 있어. 혹시 저장 지방과 생리의 연관성에 대해 얘기하고 싶니? 아니면 계속 점심을 먹을까?'

이런 말이 너무 공격적으로 느껴진다면혹은 딸을 당황스럽게 할 것 같다면 화제를 날씨로 바꾸거나 소금을 건네 달라는 말로 대체할 수도 있다. 그러고 난 뒤 딸에게'강자의 관점' 장에서 언급했던 타인의 비판에 관한 이야기를 꺼내 본다. 어떤 사람들의 말은 들어야 하지만 어떤 사람들의 말은 들을 가치가 없다는 사실을 상기시켜라.

## 유해한 메시지에 대한 노출을 최소화하라

여자아이들은 소셜 미디어나 잡지, 옥외 광고판, 제품 포장지, 인형 등에 등장하는 소녀들과 여성들의 이미지가 사실이 아니라는 점을 알아야 한다. 딸에게 신체에 대한 교육을 할 때 미디어에 등장하는 이미지를 활용하면 좋다. 예를 들면 바비 인형의 비율이 얼마나 비현실적인지에 대해 대화를 해보는 것이다. 여성들의 다리가 실제로 바비의 다리처럼 길고 바비의 허리처럼 가늘면 서 있을 수가 없다는 점을 지적하라.

여자아이들은 대체로 광고에서 전달하고 있는 수많은 부정적인 메시지에 대해 무방비 상태이다. 그런 메시지는 그들의 신체 이미지와 생활방식 선택, 그리고 자존심에 해를 입힐 수 있다. 이 말을 가볍게 받아들이지 말길 바란다.

스스로를 세계적인 진보 비즈니스 미디어 브랜드로 소개하는 패스트 컴퍼니Fast Company는 독자들에게 효과적인 광고 기법을 공유하면서 자신들의 비밀을 공개했다. '두려움fear과 불확실성uncertainty, 의심doubt을 조장하라.' 이 광고 기법은 업계에 이미 확립되어 있어 이것을 칭하는 FUD라는 약어까지 존재할 정도다.

소아 불안 장애를 앓고 있는 환자 수가 사상 최고치를 기록하고 섭식 장애가 증가하고 있으며, 여덟 살 난 딸이 거식증에 걸려 병원에 입원하는 세상에서 우리 아이들의 삶에는 더 이상의 두려움과 불확실성, 의심을 촉발하는 것들이 필요치 않다. 올바른 인식과 미디어 정보 해독력을 갖추고 있다면 덜 걱정스럽겠지만 그것만으로는 부족하다. 연구 결과에 따르면 모델의 사진이 포토샵으로 수정되었다는 사실을 알고 있다고 해서 자신의 외모에 대해 부정적인 이미지를 갖지 않게 되는 것은 아니라고 한다. 이 비현실적인 미의 기준으로부터 딸들을 보호하기 위해 우리는 딸들이 그런 메시지에 노출되는 기회를 최소화하려고 노력한다. 광고를 적게 볼수록 아이들에게는 이롭다.

사실 아이들이 섭식 장애를 겪고 잘못된 신체 이미지로 고통받고 불안증을 겪도록 만드는 요인에는 여러 가지가 있다. 그러나 그들 중 광고는 아주 큰 요인에 속한다.

광고가 정말 감정 조작보다는 정보 제공을 위주로 하는 것이라면 코카콜라는 광고와 마케팅에 연간 58억 달러라는 큰돈을 들이지 않을 것이다. 우리가 코카콜라의 존재를 몰라서 광고를 하는 것이 아니다. 그래서 우리는 우리 집을 광고 없는 공간으로 만들기 위해 노력한다. 신체에 대한 불만을 유발시키는 연예인 뒷이야기를 담고 있는 잡지나 패션 잡지는 집에 둘 수 없다. 심지어 미용용품과 체중 감량 제품 광고 전단 또한 우편함과 현관 사이에 있는 재활용 박스에 버려진다. 다행히도 우리가 자랄 때와는 다르게 이제는 아이들을 TV 광고에서 떼어 놓는 일은 정말 쉽다.

광고가 없는 TV 대체 채널들도 있다. 우리 집에서는 딸들에게 넷

플릭스Netflix와 같은 광고 없는 스트리밍 서비스를 이용하게 한다. 가끔 유튜브YouTube에서 영상을 보기도 한다. 하지만 영상이 끝나고 사이트를 닫을 때 주의할 필요가 있다. 말 그대로 한두 번만 클릭하면 어떤 영상이 튀어나올지 알 수 없기 때문이다.

오해는 하지 마시라. 다른 바쁜 부모들이 자녀들의 TV 시청 시간을 줄여야 한다고 생각하듯이 우리 딸들도 TV를 많이 봐서 줄여야 하는 상황이다. 하지만 우리 딸들이 광고의 유해한 메시지에 노출되는 경우는 제작자가 프로그램 안에 끼워 넣을 수 있는 간접 광고들에 한정되어 있다.

딸이 자신이나 부모의 소셜 미디어에서 보게 되는 정보에도 주의를 기울일 필요가 있다. 소셜 미디어 속 이미지들은 설사 화려한 잡지의 표지만큼 주의 깊게 편집되고 배치된 것들이라 할지라도 자연스럽고 현실 생활에 밀접해 있는 것처럼 비치기 때문에 더 유해한 영향을 미칠 수 있다.

## 신체 자신감의 핵심은 신뢰다

아기들은 자신의 식욕을 아는 상태에서 태어난다. 그들은 언제 배가 부르고 언제 배가 고픈지 알고 있다. 아기들이 먹는 것을 중단하고 체중을 줄이겠다고 나서지 않는 한 우리는 대부분의 경우 아기들이 자신의 먹는 양을 스스로 조절해줄 것을 믿는다. 그러나 아기가 자라면서 우리는 갑자기 그들 스스로 식욕을 조절한다는 사실을 더 이상 믿지 않게 된다. 우리는 아이들에게 언제 배가 고프고 언제 배가 부른지에 대해 몸이 보내는 자연스러운 신호를 무시해야 하며 이런 신호는 부끄러운 것이라고 여러 방식으로 가르친다.

카챠 로웰은 아이가 일반식을 먹기 시작하면 많은 부모들이 딸의 식욕을 통제하려고 한다고 말한다. '제가 가장 자주 보는 광경은 부모가 아이에게 조금만 먹이려고 노력하는 모습이에요. 부모들은 아이가 비만이 될까 봐 걱정이 되어 아이에게 그만 먹이려고 노력하고 아이들이 더 먹고 싶다고 울어도 내버려 둔다고 제게 말씀하세요. 이렇게 되면 음식에 집착하는 아이가 될 수 있고, 제 의견으로는 그것이 폭식으로 이어질 수도 있습니다.'

특히 소녀와 여성들에게는 날마다 요청한 적도 없는 다이어트 조언이 수도 없이 쏟아진다. 그리고 이 모든 메시지들은 여성들에게 그들의 신체는 싸워서 억제해야 하는 기만적인 적이라고 말해준다.

공인 영양사인 레이첼 제라티Rachel Geraghty는 딸들의 몸은 아기였을 때와 마찬가지로 식욕과 몸무게를 스스로 조절하는 법을 알고 있다고 말한다. '우리는 아이들에게 균형 잡힌 영양을 고려하여 다양한 맛과 식감의 건강한 음식을 먹이면서 배가 고픈지 배가 부른지에 대해 그들의 몸 내부에서 들려오는 통제 신호에 귀를 기울이도록 권장해야 한다'라고 제라티는 강조한다. 이는 딸들이 먹고 싶은 만큼 먹게 하라는 뜻이다. 진심이다.

아기들과 어린아이들이 자신의 몸의 신호를 읽는다는 사실을 믿는다면 더 큰 아이들도 그렇게 할 수 있다는 것을 믿어야 한다. 여자아이들이 매일 치킨 너깃과 아이스크림을 먹어도 되는 자유를 맘껏 누려도 된다는 말은 아니다. 부모는 어쨌든 대체로 건강한 음식을 제공하여 그들의 딸이 영양가 높은 음식을 먹도록 해줘야 한다. 하지만 얼마큼의 음식을 먹을지는 딸이 결정하는 것이다. 식사나 디저트를 더 먹고 싶어 한다면 당연히 허락해야 한다.

'부모는 음식을 제공하고 결정은 아이들이 한다'는 규칙은 아이들이 부모가 생각하는 것만큼 많이 먹지 않을 때에도 적용되는 규칙이다. 아이들에게 접시에 담겨 있는 음식을 다 먹어야 한다고 강요하는 것 또한 소녀들에게 몸이 말하는 바를 무시하라고 가르치는 것이나 마찬가지이다.

우리 집에서 식사 시간에 비교적 잘 지켜지고 있는 한 가지 규칙은 성장과 건강에 필요한 다양한 영양소를 섭취할 수 있도록 접시에 담겨 있는 음식들을 종류별로 조금씩은 먹어야 한다는 것이다. 그래서 어떨 때는 완두콩 한 알이나 콩 반쪽만 먹고 말 때도 있지만 또 딸들이 급성장하는 시기이거나 특별히 활동량이 많았던 날은 우리보다 더 많이 먹기도 한다. 우리는 딸들의 식욕이 하루하루 아주 크게 달라진다는 사실을 알게 되었고 그건 전혀 문제가 되지 않았다. 얼마나 많이 먹는지보다 식욕을 스스로 통제하고 자신의 몸이 보내는 신호를 신뢰하는 것이 더 중요하다. 또한 음식을 둘러싼 기 싸움이나 의지력 시험도 할 필요가 없다.

### 좋은 음식이나 나쁜 음식은 없다.
### 그냥 음식이 있을 뿐이다

음식과 식습관의 문제가 어쩌다가 요즘에는 좋고 나쁨을 논하는 주제가 되었을까?

로웰은 일부 부모들이 '건강하지 않은' 음식이나 '나쁜' 음식을 금지하는 것을 건강한 식생활을 가르치는 것이라 생각하지만 사실은 정반대의 일을 하고 있는지도 모른다고 말한다. '부모들이 가공 식품과 설탕, 정제 밀가루를 엄격히 제한하고 그 음식들을 '유독하다'거나 '독'이라고 부를 때 아이들은 정말 힘들어한다'라고 로웰은 말한다. '음식과 식사 시간은 두려움과 회피의 대상이 되고 어떤 아이들은 불안해하며 음식을 기피하게 되고 또 어떤 아이들은 금지된 음식을 갈망하고 추구하게 됩니다.'

다행스럽게도, 식습관을 관리할 수 있는 또 다른 방식도 있다. 매일 먹는 음식과 가끔 먹는 음식을 구분하는 것이다.

어떤 음식도 금지하지 마라. 특정 음식을 금지하면 음식과 관련해 '좋다/나쁘다'라는 인식이 생기게 된다. 우리의 딸들은 가끔 가공식품도 먹는다. 맛

있기도 하고 생일 케이크처럼 사회적 관례상 먹어야 하는 경우가 있기 때문이다. 하지만 가공식품은 신체 성장에 도움이 되지는 않는다. 우리는 딸들에게 케이크를 너무 많이 먹으면 몸이 필요로 하는 다른 음식들을 받아들이기 힘들어진다고 말한다.

아이들이 자신의 식욕과 식습관에 대해 부끄럽게 여기도록 만드는 것은 자기 자신을 사랑하는 아이로 키우는 데 도움이 되지 않을 뿐더러 딸을 숨어서 몰래 폭식하는 아이로 만들 수 있다. 아이들과 함께 간 소풍에서 간식 시간에 솜사탕이 등장하면 아이의 음식에 대한 수치심이 어떤 영향을 미치는지 확인할 수 있다. 모든 아이들이 솜사탕을 먹으려고 달려드는 데 반해 한 소녀는 대신 당근을 먹겠다면서 사양한다. 아이는 당근은 건강한 음식이지만 솜사탕은 그렇지 않다고 말한다. 그 말이 맞다. 당근 자체만 놓고 보면 당근이 솜사탕보다 더 건강한 음식이다. 하지만 앞으로 일어날 일을 고려해본다면 이 소녀의 선택과 행동은 절대로 건강하다고 볼 수 없다.

행복하게 솜사탕을 먹어 치운 아이들은 잠시 후 가서 놀 것이다. 하지만 설탕 덩어리보다 당근을 먹겠다고 말했던 아이는 혼자 테이블 주변을 어슬렁거리다 아무도 보지 않을 때를 틈타 솜사탕을 재빨리 입안에 욱여넣을 것이다. 결과적으로 이 아이는 솜사탕만 많이 먹게 되는 것이 아니라 그것을 갈망하는 당혹감에 고통받아야 하고 그것에 저항할 만큼 강한 의지력을 지니지 못한 것에 대해 부끄러움을 느끼게 될 것이다. 어린아이가 그들 앞에 놓여 있는 달콤한 간식을 사양하기를 기대하는 것은 지나친 요구이다. 다른 아이들에게는 솜사탕이 그냥 음식이지만 이 아이에게는 솜사탕이 자신의 성품을 시험하는 잣대가 된다. 아이는 그 시험에서 스스로 실패했다고 느끼는 것이다. 음식에 아무런 제한을 두지 않는다면 어떻게 딸들이 매일 밤 케이크와 사탕을 먹는 것을 막을 수 있을까?
'부모는 음식을 제공하고 결정은 아이들이 한다'는 규칙에 따라 우리는 대체로 '매일 먹는 음식들'만 집에 두어 딸들이 무엇을 먹을지 결정할 때 건강하고 영양가가 높은 음식 중에 선택하게 만든다.

### 음식과 감정

여자아이들은 정말 배가 고픈 게 아니어도 먹고 싶어 할 때가 있다. 딸이 음식을 요구할 때 배가 고프지 않은 것 같다면 딸에게 배가 고픈 건지 아니면 그저 심심해서인지 스스로에게 물어볼 것을 권하라. 배가 고픈 것이라고 답하면 아이의 말을 믿고 아이가 원하는 '매일 먹는 음식'을 마음껏 먹을 수 있도록 제공하라. 그리고 심심한 것이라고 답한다면 먹는 것 말고 다른 무슨 일을 할 수 있을지 생각해보라고 조언하라.

당신의 딸이 배가 고픈 것도 심심한 것도 아니라면 다른 문제가 일어나고 있는 것일 수도 있다. 딸에게 다른 문제가 있는지 물어보고, 있다면 다른 방법으로 문제를 해결하도록 도울 수 있을지 살펴보라. 슬퍼하거나 스트레스로 힘들어한다면 안아주거나 아이를 괴롭히는 것이 무엇인지에 관해 이야기를 나누어 보는 것이 더 좋다.

이 접근법은 딸들에게 그들의 몸과 식욕을 스스로 책임져야 한다는 사실을 명확히 가르쳐 준다. 또한 딸이 옳은 결정을 내릴 것임을 당신이 믿고 있다는 것을 딸에게 보여주며 두 사람 사이에 신뢰를 쌓는 일이기도 하다. 이뿐만 아니라 그저 음식에 대한 나쁜 감정만 가중시키는 식습관과 관련된 충돌과 대치 상황을 방지해준다. 딸들이 음식과 관련해 느꼈으면 하는 유일한 감정은 그들이 스스로 통제하고 있다는 느낌에서 오는 기쁨일 것이다.

만약 우리 딸들이 힘든 시기를 보내고 있다면 우리는 그들의 기분을 북돋워주기 위해 음식을 이용하지 않는다. 이를테면 '오늘 학교에서 무슨 안 좋은 일 있었어? 이 아이스크림 먹고 기분 풀어'와 같이 말이다. 아이들이 마음의 상처를 입었을 때 우리는 과자를 주면서 고통에서 그들의 주의를 돌리지 않는다. 무엇을 먹기보다는 딸들에게 기분을 표현해보라고 한다. 그리고 그 감정을 해소할 수 있는 더 생산적인 방법을 찾아볼 것을 권한다.

우리는 또한 딸들의 행동을 통제하기 위해 음식을 이용하지 않으려고도 노력한다. 항상 그럴 수 있는 것은 아니었지만 말이다. 업무상 전화 회의를 할 때 딸들을 조용히 시킬 수 있었던 유일한 방법이 그들 앞에 사탕 한 봉지를 놓아두는 것이었을 때도 있었다. 가끔은 무엇이 되었든 효과가 있는 방법을 쓰면 된다. 하지만 대체로 음식을 보상으로 주거나, 또는 벌칙으로 음식을 주지 않는 행동은 하지 않으려 노력한다. 행동을 통제하기 위해 음식을 이용하는 것은 음식에 감정적 요소를 가미하는 것이고 그것은 결코 바람직하지 못하다. 우리는 딸들이 음식을 그저 음식으로만 여기길 바란다.

## 운동은 재미있어야 한다

운동은 여성들에게 몸매 관리를 위해 해야 하는 것으로 인식되는 경우가 많다. 운동에 대한 이와 같은 접근법은 당신의 딸이 운동을 좋아할 가능성을 줄이는 것은 물론 딸이 자신의 몸을 싫어하게 만드는 빠른 방법이기도 하다. 자신의 몸을 보살펴야 할 대상이 아니라 싸워서 이겨야 할 적으로 보기 때문이다.

딸에게 운동이 재미있으니 해보라고 권장해보라. 영양학자인 저스티나 칼카Justyna Kalka는 '활동적인 가족이 되세요. 몸을 움직이는 것에서 얻을 수 있는 건강상의 큰 혜택에 대해 아이들에게 가르쳐야 합니다. 그리고 운동이 몸을 얼마나 건강하게 강화시키는지 이야기해주어야 해요'라고 말한다. '그렇게 하면 아이들이 신체 사이즈나 몸매에 자신이 없을 때 어느 잡지에서 보고 배운 속성 다이어트나 현란한 문구의 디톡스 광고보다는 공원 산책에 더 의존하게 될 것입

니다.'

당신의 딸에게 운동은 신체의 건강과 기능을 향상시키며 두뇌에도 필수적이라는 사실을 강조하라. 하지만 운동의 필요성을 몸매나 외모 관리의 차원에서만 언급하지 않도록 주의하라. 아이들이 몸을 움직일 수 있는 방법은 아주 다양하다. 딸이 운동을 싫어한다고 말한다면 아마도 자신에게 맞는 운동을 아직 찾지 못해서일 것이다.

몸무게 기록란에 특정 수치를 적어 넣기 위해서가 아니라 성장기에 있는 아이들의 몸과 뼈와 두뇌에 좋다는 이유로 아이들에게 활동량을 늘리고 건강한 식습관을 갖도록 유도한다면 우리는 우리의 역할을 제대로 한 것이다. 상업적으로 주입된 미의 기준을 충족시키는 것이 목표가 아니라 건강한 삶을 사는 과정이 목표가 되어야 한다는 것을 우리의 딸들에게 가르쳐야 할 필요가 있다.

## 신체 자신감과 가족 건강에 관한 체크 리스트

다음은 신체 자신감에 도움을 주거나 그것을 저해하는 요인을 알아보는 체크 리스트이다. 이것은 테스트는 아니지만, 가정 내의 어른들 사이에서 당신의 집이 어린 딸이 신체 자신감을 키울 수 있는 안전한 피난처인지에 대해 대화해볼 수 있는 계기가 될 것이다.

## 보호 요인

1. 당신은 몸매보다 신체가 하는 역할에 더 초점을 맞추는가?
2. 당신은 음식에 대해 이야기할 때 ('매일 먹는 음식'과 '가끔 먹는 음식'과 같이) 도덕적으로 중립적인 언어를 사용하는가?
3. 당신은 운동이 재미있어서, 그리고 당신의 몸을 관리하기 위해 규칙적으로 운동하는 모습을 보여주고 있는가?
4. 당신은 딸에게 자신의 몸을 신뢰하고 몸이 배가 고프거나 배가 부르다고 말할 때 귀 기울이라고 가르치는가?
5. 당신은 대중 매체와 일상 속에서 여성과 여성의 몸을 부정적이고 비현실적으로 보여주는 것에 대해 딸에게 가르치는가?
6. 당신은 딸의 몸을 감시하려고 하는 사람들로부터 딸을 보호하는가? 혹은 그런 일이 발생하면 딸을 지지해주는가?
7. 당신은 딸 앞에서 다이어트, 외모 이야기를 삼가는가?
8. 당신은 사람들이 각자 다르며, 피부색과 몸매, 사이즈가 모두 다르고 다른 자질과 재능을 지니고 있다는 것을 이야기하려고 노력하는가?
9. 당신은 당신의 몸에 대해 가지고 있는 부정적인 생각을 혼자만 알고 있으려고 노력하는가?
10. 당신은 소녀들의 외모보다 그들이 무슨 일을 하는지에 초점을 맞추고 칭찬해주는 책이나 잡지, TV 프로그램을 골라서 보는가?

## 위험 요인

1. 당신은 다이어트를 하고 있는가?
2. 당신의 자녀는 다이어트를 하고 있는가?
3. 당신은 평소 자신의 신체 사이즈와 몸매에 대해 부정적으로 이야기하는가?
4. 당신은 다른 이들의 몸매에 대해 부정적으로 이야기하는가? 이를테면 '저 여자가 돼지가 됐네' 혹은 '다이어트를 포기했나 봐' 혹은 '저 여자도 이제 늙었네'와 같이 말하는가?
5. 당신은 '정말 멋있어졌네요, 살을 빼셨나요?'와 같이 사람들의 몸무게에 관해 주목하는가?
6. 당신은 딸의 어떤 다른 자질이나 성취보다도 외모를 가장 먼저 언급하는가? 예를 들면, 딸의 발레 발표회에 가서 당신은 딸이 춤을 잘 추거나 스텝을 잘 기억한 것을 칭찬하기보다는 예뻤다는 말을 더 많이 하는가?
7. 당신은 딸이 적량보다 더 많이 먹는 것 같으면 딸에게 언질을 주거나 창피를 주는가? 당신은 딸에게 '식탐이 많다'거나 '돼지 같다'고 말하거나 '뚱뚱해질지도 모른다'라고 주의를 주는가?
8. 당신은 딸에게 접시에 담긴 음식을 모두 먹으라고 강요하는가?
9. 당신은 딸의 식사량이나 운동, 외모를 감시하거나 아들이었다면 별로 하지 않았을 잔소리를 하는가?
10. 당신은 음식을 보상이나 처벌의 수단으로 이용하는가? (예: '방 청소

하면 막대 사탕 하나 줄게.')

11. 당신은 딸이 자신의 감정을 통제하는 것을 돕기 위해 음식을 이용하는가? (예: '그만 울고 이 과자 먹어 봐.')
12. 당신은 음식에 대해 이야기할 때 도덕적인 언어를 사용하거나 음식에 '좋다', '나쁘다'라는 꼬리표를 붙이는가?
13. 당신은 열량을 계산하고 살을 찌우는 음식과 그렇지 않은 음식을 구분해서 말하는가?
14. 당신은 과식한 것에 대한 처벌, 또는 망가진 몸매를 개선하기 위한 대책과 같이 부정적인 이유에서 운동을 언급하는가?
15. 당신은 '토실이', '말라깽이', '왕코', '롱다리', '빨강머리' 등 딸의 신체적 특징과 관련해 딸을 놀리거나 아이에게 별명을 지어주는가?
16. 당신은 여성의 신체에 대해 부정적인 메시지를 담고 있는 매체를 집에서 보는가? (예: 패션 잡지, 〈도전! 수퍼모델 코리아〉와 같은 TV 쇼, 다이어트 관련 도서)

### 아빠들을 위한 행동 지침

딸의 신체에 대해 언급할 때 외모적인 관점에서만 언급하지 않도록 주의하는 것이 좋다. (또한 당신의 딸 앞에서 다른 누군가의 몸매에 대해서도 언급하지 말 것.)

여자아이들뿐만 아니라 남자아이들조차도 몸매를 관리해야 한다는 압박감을 느끼는 분위기가 문제가 되고 있는 반면, 수많은 아빠들은 운 좋게도 복근이 있어야 한다는 기대에 부응하지 않아도 되는 시대에 성장했다.

그 결과 아빠들은 딸들이 자신의 몸매에 대해 더욱 더 불안해한다는 사실을 전혀 모르고 있으며 아빠들이 아무 생각 없이 불쑥 내뱉는 말이 얼마나 큰 상처가 될 수 있는지 깨닫지 못한다.

심리학자 사라 맥마흔은 아빠들이 다른 이들의 신체에 대해 언급할 때 특히 주의해야 한다고 귀띔한다.

"저는 많은 아빠들이 다른 여성들의 매력에 대해 언급하는 것을 들었어요. 아이들 입장에서는 당연히 아빠가 엄마가 아닌 다른 여성의 매력에 대해 언급하는 건 아주 불편한 일이죠. 마찬가지로 어떤 사람들이 '너무 뚱뚱해서' 특정 음식을 먹지 말아야 한다거나 그들의 식습관과 몸매에 대해 도덕적인 판단을 내리는 발언을 딸들 앞에서 하는 것 또한 딸들에게 악영향을 줄 수 있어요."

## 삼가야 할 신체와 관련된 말들

맥마흔의 도움으로 아빠들이 하는 신체 관련 발언 중 딸들에게 상처를 주는 말들의 실제 사례들을 모아 보았다.

**'저 풍선 같은 다리 좀 봐'**

이 말은 아장아장 걸어 다니는 아기들의 통통한 다리에 대해 언급한 것이었다. 칭찬으로 한 말이었겠지만 여자아이들은 자신의 다리가 살이 쪘다는 메시지를 내면화하게 되고 이런 믿음을 성인이 될 때까지 간직하게 될지도 모른다.

**'뚱보맨'**

이 말은 배트맨을 아주 좋아하는 오빠가 어린 여동생에게 붙여준 별명이었다. 신체적 특징을 가지고 누군가에게 별명을 붙여 부르는 것은 특히 그것이 신체 사이즈인 경우 도덕적으로 잘못된 행동이며, 그 아이가 자신을 완전히 그 신체적 특징으로만 인식하게 만든다.

**'저 알바 미인이네'**

이것은 엄마와 아빠 사이의 대화에서 나온 말이었다. 이 말은 외모는 중요한 것이고 매력은 보상받으며, 다른 이들의 외모를 엿보는 것은 정상적인 행동이라는 메시지를 내포하고 있다.

**'넌 환자/난민 같아 보이는구나'**

이것은 체중을 감량한 여자아이에게 한 말이다. 이 발언이 외국인이나 장애인 비하 발언이 될 수 있다는 점은 논외로 하더라도 딸이 신체에 대해 갖게 되는 이미지에 안 좋은 영향을 미칠 수도 있다. 우리가 누군가에게 뚱뚱하다고 핀잔을 주지 말아야 하는 것처럼 마른 사람에게 말랐다고 지적해서도 안 되는 것이다. 만약 누군가가 태생적으로 말랐다면 그것으로 질책받아서는 안 된다. 만약 누군가가 살을 뺐다면, 특히나 섭식 장애와 같은 문제 행동으로 인해 체중이 감량된 것이라면 그것에 주목하는 것은 결코 도움이 되지 않는다.

**'살만 좀 빼면 예쁠 텐데'**

이런 발언은 여성은 날씬하지 않고는 예쁠 수 없다는 관념을 암시하고 있으며 매력적인 외모가 여성에게 가장 중요하다는 생각을 영속화한다.

딸이 신체 자신감을 키우는 데 방해가 될 수 있는 말을 삼가는 것과 별개로, 아빠들은 딸의 신체 자신감에 긍정적인 영향을 미칠 수 있다. 딸과 함께 즐거운 시간을 보내고 공통 관심사에 대해 이야기하는 것만으로도 딸이 외모와 상관없이 자존감을 키우는 데 도움이 된다. 딸의 엄마아내 와의 관계를 통해서도 여성이 외모 이외의 자질로도 가치를 인정받을 수 있다는 사실을 보여줄 수 있다.

요약

- 딸에게 끊임없이 예쁘다고 말해준다고 해서 딸이 신체 자신감을 가질 수 있는 것은 아니다. 오히려 문제를 키우는 격이 되어 미모가 자신에게 가장 중요한 자질이라고 생각하게 한다. 자신이 어쩔 수 없이 사회적 기준에 못 미친다고 느낄 때 아이는 자신이 무가치하다고 느끼게 된다.

- 딸에게 신체 자신감을 키워주기 위한 핵심은 그녀가 자신이 '아름다워' 보이는지의 여부에 대해 관심을 줄이도록 돕는 것이다.

- 딸의 몸매나 당신의 몸매, 혹은 다른 누군가의 몸매에 대해 언급하지 마라. 당신의 딸이 몸매가 어떻게 보이는가보다 무엇을 하는가에 더 가치를 두게 될수록 딸은 신체 자신감을 더욱 높일 수 있게 될 것이다.

- 딸들은 부모가 그들의 신체적인 '흠'을 지적해주기를 바라지 않는다. 이미 온 세상이 그것을 지적하고 있기 때문이다. 부모로부터 그들이 듣고 싶은 말은 무엇보다도 그들이 있는 그대로 충분히 훌륭하다는 말이다. 우리의 딸들은 부모가 미용 관리 팁이나 체중 감량 팁의 편이 아니라 그들의 편이 되어 주길 바란다.

# 3장

# 내면이 강한 아이는 자신의 몸을 책임질 줄 안다

# 내면이 강한 아이는 자신의 몸을 책임질 줄 안다

2018년 크리스마스 당시, 아홉 살과 네 살이었던 우리 딸들은 크리스마스 때 받은 용돈으로 화장품 키트를 사고 싶다고 선언했다. 이 화장품 키트는 블러셔와 선탠용 크림, 아이섀도가 모두 80여 가지의 다양한 색상으로 나와 있는 것이었다. 그리고 립스틱 또한 포함되어 있었다. 일부는 빨간색 계열이었다.

우리 딸들이 화장품을 사겠다고 선언했을 때 처음 든 생각은, '오 이런, 절대 허락해선 안 돼'였다. 우리는 육아 도서에서 여자아이들이 화장을 하는 것이 사회적으로 몇 살 정도부터 용인되는지에 대해 찾아보았고 어찌 되었든 네 살에서 아홉 살 구간이라고 결론지었다.

우리는 딸들이 얼굴에 화장품을 아무렇게나 바르고 거리를 활보할 때 사람들이 이상한 눈초리로 쳐다보는 모습을 상상해보았다. 그리고 아이들이 그렇게 주장할 때 다른 부모들의 반응은 어떨지에 대해서도 생각해보았다. 하지만 그때 다른 부모들의 반응을 떠올리며 우리는 섬광 같은 깨달음을 얻었다.

완전히 솔직해지자면 화장품에 대한 우리의 걱정은 딸들에 관한 것이 아니었다. 우리는 우리 자신에 대해 걱정하고 있었다. 우리가 느끼는 불편한 감정은 우리가 딸들이 화장을 하도록 허락한 결정에 대해 다른 사람들이 어떻게 반응할 것인지에 대한 걱정이었다. 다른 사람들의 시선을 두려워한 나머지 딸들의 몸과 외모를 우리의 편의에 따라 통제하려고 했던 것이다.

## 신체 자율성

딸들의 화장품 구입을 허락하지 못하고 망설인 이유가 무엇이었는지 깨닫게 되자 그것을 사지 못하게 하는 우리의 결정이, 딸들에게 가르치려고 노력하는 신체 자율성에 어긋나는 일이라는 불편한 자각도 함께 찾아왔다.

신체 자율성이란 아이들을 포함해 우리 모두는 신체를 소유하고 있고 신체에 대해 스스로 결정할 권리를 갖고 있다는 생각이다. 이 생각은 특히 여성들에게 중요하다.

여성들은 종종 그들의 신체가 다른 이들의 즐거움을 위해 존재하며 다른 이들이 예쁘다고 생각하는 기준에 맞추기 위해 신체나 외모를 바꾸어야 한다는 메시지를 수천 개의 다양한 채널을 통해 교육받고 있다.

여자아이들은 몸집이 너무 크거나 너무 작아도, 바비 인형처럼 생겼어도, 혹은 외모에 노력을 기울이지 않아도 비판의 대상이 된다. 사람들은 여성에 대해 이 정도의 판단은 해도 된다고 느끼는 것이다. 이렇게 곳곳에 확산되어 있는 메시지에 부모가 신중히 맞대응하지 않는 한 어린 소녀들은 자신의 신체가 자기 자신이 아니라 타인을 위해 존재한다고 믿으며 자랄 것이다.

## 신체 소유권의 지도 원칙

여성이 자신의 신체를 소유하고 있다는 말은 논란의 여지가 없는 분명한 사실로 들린다. 하지만 현실에서는 부모가 딸들에게 그들의 신체에 대한 소유권을 잘 인정하지 못한다. 우리는 수십 년간 세뇌되어 온 가치관과 사람들이 여전히 아이와 부모의 역할에 대해 갖고 있는 많은 기대에 맞서 싸워야 할 때가 많다.

우리는 딸들에게 화장에 대해서만 엇갈린 메시지를 준 것이 아니었다. 옷과 장신구, 그리고 조금 뒤 살펴보겠지만 심지어 다른 이들이 사랑을 요구할 때 어떻게 반응해야 하는지에 대해서도 그렇다.

예를 들면 귀를 뚫는 일을 한번 생각해보라. 첫째 딸이 귀를 뚫어도 되는지 물어왔을 때 우리 머릿속에 반사적으로 떠오른 생각은 '귀를 뚫기엔 너무 어린데…'와 '너무 빨리 커버렸구나'였다. 이어서 '또래 집단에서 가장 먼저 귀를 뚫어서 다른 부모들을 신경 쓰이게 하는 거 아니야?'라는 생각이 들었다. 이번에도 그것은 우리 딸과 관련된 걱정이 아니었다. 우리가 판단하는 적합성과 다른 사람들이 우리의 결정에 어떻게 반응할지에 대한 생각 때문에 반대했던 것이다.

옷의 경우도 마찬가지다. 몇 년 전 큰딸이 할아버지 할머니를 뵈러 가기 위해 가장 좋아하는 스커트를 입겠다고 했다. 그 스커트는 얼룩투성이인데다 찢어지고 너덜너덜한 스커트였다. 고무밴드는 닳아서 엉겨 붙어 있었다. 하지만 딸은 그 옷을 아주 좋아했다. 마찬가지로 둘째 딸은 으레 그러듯이 검정색 바탕에 반짝이는 보석이 박혀 있고 핑크색 프릴이 달려 있는 스커트를 입겠다고 했다. 어린이 미인 선발대회에 나가는 것도 아닌데 말이다. 하지만 아이가 원하니 그걸 입는 것이다.

아이들이 가끔 다른 옷을 고르기를 원하느냐고? 물론이다. 딸들의 패션에 관한 선택을 우리가 무시할 수 있을까? 절대로 그럴 수 없다. 친구들은 부모가 아이들에게 상황에 따라 어떤 옷을 입는 것이 적합한지 가르치기 위해 개입할 책임이 있다고 조언해주기도 했다. 옷을 '잘' 갖춰 입는 것은 존경의 표시라고도 할 수 있다. 아이들이 할아버지 할머니를 뵈러 갈 때나 격식 있는 모임에 참석할 때는 특히 그렇다.

그 친구들의 말에도 일리는 있지만 우리는 여기서 더 중요하게 고려해야 할 사항이 있다고 생각한다. 바로 아이들이, 특히 여자아이들이 자신의 외모에 책임을 지도록 도와주는 것이다. 딸들에게 그들의 옷 선택이 잘못되었다고 말해줄 때마다 우리는 딸들이 스스로 내린 판단의 중요성을 희석시키고 있는 셈이다. 아이들의 외모에 대한 우리의 의견이 그들 자신의 의견보다 더 중요하다고 강요하고 있는 것이다.

## 신체 소유권의 지도 원칙의 요점

그렇다면 경계선은 도대체 어디일까? 외모와 관련한 딸의 선택 중 어떤 것이 수용 가능하고 어떤 것은 수용 불가한 것일까? 딸이 외모와 관련해 스스로 결정을 내릴 수 있는 시기, 혹은 부모가 결정을 내려줘야 하는 시기는 어떻게 결정하면 좋을까?

우리가 따르는 지도 원칙은 '만약 그것이 해로운 것이 아니고 영구적이지 않다면 딸이 결정하고 우리는 아이의 결정을 지지해준다'이다. 그게 전부이다. 간단한 원칙이지만 결정하기 곤란한 상황에서 명료한 판단을 내릴 수 있게 해준다.

해로운 것의 조건은 아주 분명하다. 우리는 딸들이 다치기를 원치 않는다. 그래서 우리가 너무 위험하다고 생각하는 것을 그들이 하고 싶어 한다면 우리의 대답은 '안 된다'이다. 우리는 쉽게 번복할 수 없는 행동을 할 경우 더 나이가 들었을 때 후회할지도 모른다고 설득하여 딸들이 섣부른 결정을 내리지 않게 하려고 노력하고 있다.

딸들이 위험하지 않고 영구적이지 않은 조건에서 그들의 신체와 관련해 어떤 일을 하고 싶어 한다면 설사 그것이 우리의 취향에 맞지 않더라도 우리는 그들을 지지해준다. 얼굴에 일회용 문신을 한다든지 머리를 염색하는 것 등이 모두 포함된다. 물론 영구적인 문신은 허용해줄 수 없다. 지금으로서는 시기상조다.

다시 귀 뚫기의 상황으로 돌아가서 자문해보라. '귀를 뚫는 일은 해로운 것인가? 혹은 영구적인 것인가?' 답은 확실한 '아니오'이다. 시간이 지나서 뚫은 귀를 원치 않게 되면 더 이상 귀걸이를 하지 않으면 된다. 그렇게 해도 귓불에 아주 작은 흔적이 남을 뿐이다.
우리는 첫째 딸의 귀를 뚫겠다는 요구를 신체 자율성에 대한 메시지를 재확인시켜주는 기회로 활용하기로 했다. 그래서 '네 몸이니까 네가 선택해'라고 말해주었다.

물론 다음 날 딸은 학교에 가서 친구들에게 귀를 뚫게 되었다고 말했다. 그리고 그것은 몇몇 다른 부모들의 눈살을 찌푸리게 만들었다. 하지만 우리가 귀를 뚫지 말라고 말했다면 그것은 아이가 자신의 몸에 대해 책임질 권리가 없으며 아이의 몸이 자신을 기쁘게 해주기보다는 우리를 기쁘게 해주는 것이 더 중요하다고 가르치는 꼴이 되었을 것이다.

우리는 가끔 딸들의 옷 선택이 놀이에 제약이 될 수 있을 것 같을 때도 아이들에게 조언해준다. 네 살 난 아이가 뻣뻣한 망사로 만들어져 바깥으로 튕겨 올라오는 발레복을 입고 A자형 놀이기구를 기어오르는 모습을 본 적이 있는지 모르겠지만, 힘들어 보인다. 또 인

어공주 드레스를 입고 그네에 앉는 데에는 문제가 없지만 그리 편하지 않다. 하지만 딸들이 그렇게 거추장스러운 옷을 입는 것을 고집한다면 어쩔 수 없이 그들 스스로 그 불편함을 직접 깨닫게 하는 수밖에 없다. 그리고 많은 경우항상 그런 것은 아니지만 일단 교훈을 얻게 되면 다음부터 더 활동하기 편한 옷을 고르게 된다.

## '해로운 것'은 육체적인 유해성만을 말하는 것이 아니다

신체 소유권 원칙에서 한 가지 염두에 둬야 할 사항이 있다. 그것은 '해로운 것'이 항상 육체적인 유해성만을 말하는 것은 아니라는 점이다. 정신적인 해로움이나 사회적인 해로움도 포함된다. 그래서 어떤 상황인지 정확히 파악하는 것이 가장 중요하다.

일례로, 한 친구의 일곱 살 난 딸은 다리에 난 털을 제거하고 싶어 했다. 반 친구가 그 아이에게 털이 많다고 말한 것이 원인이었다. 실제로는 그보다 더 심한 말을 들었다. 이 어린 소녀는 털이 너무 많아서 원숭이 같다는 말을 들은 것이었다.

아이의 엄마는 당연히 고민스러워했다. 일곱 살짜리 아이가 다리털을 제모하기에는 너무 어리다고 생각했지만 딸이 스트레스 받는 모습을 보고 싶지 않았고 딸의 자존감을 높여주고 싶었다. 또한 자신은 제모를 하면서 딸에게는 안 된다고 말하기도 어려워했다.

아이의 엄마는 그와 같은 상황에서 어떻게 하면 좋을지 우리에게 상담해왔다. 우리는 만약 우리 딸이었다면 제모를 못 하게 할 것이라고 말했다. 물론 다리를 제모하는 과정에서 딸이 다칠 염려는 없었지만 영구적이지도 않고 딸이 다른 누군가의 의견에 대한 반응으로 자신의 신체 일부를 바꾸는 것을 부추기는 행동은 신체 자율성을 키우는 데 아무런 도움이 되지 않는다.

이 아이의 경우 장기적인 관점에서 봤을 때 다리 제모가 자존감을 높여 주지는 못할 것이다. 자신의 신체에 하자가 있어 엄마조차도 그걸 고쳐야 한다는 데 동의했다는 부정적인 생각만 더해줄 뿐이다.

친구가 아이에게 그녀의 입술이 너무 얇다고 말했다면 아이의 엄마는 아이의 입술에 콜라겐을 주입하는 걸 고민했을까? 또, 아이가 가무잡잡한 피부를 가져서 친구가 너무 까맣다고 말했다면 어땠을까? 피부 미백을 고려했을까? 혹은 친구가 뚱뚱하다고 얘기했다면 일곱 살 난 딸에게 고구마와 다이어트 셰이크만 먹였을까?

우리가 여성을 대상화하고 외모를 개선해야 한다고 끊임없이 주입시키는 세상에 살지 않았다면 이런 것들은 그렇게 큰 문제가 아니었을 것이다. 그러나 여성들은 그들의 외모가 어떻게 보여야 되고 어떻게 보이면 안 되는지에 대한 말들로 날마다 집중 포화를 받고 있다. 무엇이 용인되고 무엇이 용인되지 않는지에 대한 기준이 끊임없이 바뀌는 것뿐만 아니라 그 기준의 출처도 항상 바뀌고 있다. 외모에 대한 외부의 판단을 맹목적으로 따르게 되는 것은 여성들이 자신의 신체에 대해 통제권을 갖고 있지 못하다는 뜻이다.

일곱 살 난 아이가 깨닫기에는 어려운 내용이다. 하지만 당신의 딸에게 학교에서 심술궂게 말하는 친구 때문에 자기 몸을 받아들이는 자세가 좌우되어서는 안 된다는 사실을 깨닫게 해주는 것만큼 좋은 선물이 있을지 한번 생각해보라. 아울러 TV 광고 문구나 아이가 좋아하는 남자아이의 말, 잡지에 나오는 내용은 그녀의 몸에 맞지 않다는 사실도 깨닫게 해줄 필요가 있다.

다음은 이와 비슷한 상황에서 우리가 딸들에게 해주는 말이다.

1. 너에게 무슨 문제가 있는 것처럼 말하는 사람들은 항상 있을 거야. 어떤 사람들은 심술궂어서 네게 상처를 주고 싶어 하기도 하지. 또 네게 '문제'를 고치라고 하면서 뭔가를 팔아먹으려고 하는 사람들도 있어. 그리고 또 다른 경우에는 아무것도 모르면서 그들이 들어온 멍청한 말들을 아무 생각 없이 반복하기도 한단다. 그 친구가 진심으로 너를 위하는 마음에서 해주는 말이 아니라면, 그리고 네가 그 친구의 의견을 존중하지 않는다면 그 친구의 말은 들을 가치가 없는 거야.
2. 너의 가치를 결정할 권한을 다른 누군가에게 주지 말렴. 그건 너의 권한이고 너의 능력이야. 포기해선 안 돼.
3. 사람들은 모두 다른 신체를 가지고 있어. 어떤 사람은 키가 크고 어떤 사람은 키가 작아. 어떤 사람은 살이 쪘고 어떤 사람은 날씬해. 우리는 모두 피부색도 달라. 그리고 어떤 사람들은 다른 사람들보다 몸에 털

이 더 많기도 해. 이렇게 신체의 특징은 다 다른 것이고, 좋은 몸과 나쁜 몸이 있는 게 아니라 네 몸이 있을 뿐이야. 몸은 네가 생명을 유지하게 해주고 정글짐에 매달릴 수도 있게 해주고 친구와 웃으며 놀 수 있게 해주고 포옹도 할 수 있게 해줘. 그러니까 네 몸에서 고쳐야 할 것은 아무것도 없는 거야.

## 하지만 요즘은 아이들이 너무 빨리 성숙해지지 않나요?

당신은 아무래도 괜찮다고 생각할지도 모른다. 하지만 우리가 딸들의 순수함은 보호해야 하지 않을까? 딸들이 점점 더 어린 나이에 성적 대상이 되고 있는 것은 아닐까?

분명히 말하지만 우리는 어린 소녀들이 자주 성적으로 대상화되는 현상을 부정하려는 것이 아니다. 그러한 우려가 잘못되었다는 것도 아니다. 실제로 아직 성적 정체성이 제대로 형성되지도 않은 소녀들에게 그들의 여성성을 과시하도록 부추기는 기업이 너무 많다.

하지만 대중적으로 생산되고 마케팅되어 소녀들에게 억지로 강요되는 정체성과 아이들이 스스로 좋아서 신체에 어떤 변화를 주려고 하는 행동 사이에는 간극이 존재한다. 한쪽은 아이들을 먹잇감으로 생각하는 기업들이고 다른 한쪽은 아이들이 정말 즐기는 행동인 것이다. 물론 그 간극은 상황에 따라 달라질 것이다. 우리 모두와 마찬가지로 어린 소녀들도 홀로 동떨어져 어떤 선택을 하는 것이 아니다. 광고와 미디어, 소셜 미디어가 소녀들의 태도를 형성하는 것이다. 우리 모두가 그런 것처럼 말이다.

어린 소녀가 자신이 재미있거나 궁금하거나 역할극을 위해서가 아니라 다른 사람들이 하기를 원한다고 생각해서 어떤 행위를 할 때 그것이 문제가 되는 것이다. 예컨대, 우리 딸들의 친구들 중 한 명은 배꼽이 드러나는 티셔츠를 입고 학교에 왔다고 한다. 그 소녀는 당시 여섯 살이었다. '완전히 말도 안 된다'라고 당신은 혀를 차며 이렇게 말할 것이다. '어린아이들이 너무 조숙하네요. 그 아이는 벌써 성적 대상이 되어가고 있어요.' 하지만 스스로 자문해보라. 이 어린 소녀를 성적 대상으로 변화시키고 있는 당사자가 누군지.

여섯 살짜리 소녀는 섹시하기 위해 배꼽티를 입지 않는다. 여섯 살 때에는 아마 그 의미를 이해하는 것은 고사하고 그 단어조차 들어보지 못했을 것이다. 그 아이는 단순히 엄마가 그걸 입기 때문에 입고 싶어 한 것이다. 어린 딸이 엄마처럼 되고 싶어서, 혹은 어른 흉내를 내려고 뭔가를 하는 것은 순수한 행동이다. 우리 딸들이 숙녀복을 입고 하이힐을 신고 핸드백을 메고 다니고 싶어 하는 것과 마찬가지다. 이 소녀가 엄마와 똑같이 노출이 있는 옷을 입고 싶어 하는 것은 전혀 놀랄 일이 아니다. 하지만 우리의 가치 판단을 아이에게 투사함으로써 우리는 아이의 옷 한 벌을 가지고 도덕적 공황 사태로까지 몰고 간다.

어린 딸에게 이런 옷을 입지 못하게 하면 우리는 아이에게 자신의 신체를 통제할 권한이 없다는 메시지를 또 한 번 전달하는 셈이 된다. 다른 사람들이 아이의 신체에 대해 주입시킨 생각이 아이 자신이 자신의 신체에 대해 원하는 일을 하는 것보다 더 중요하다고 가르치는 모양새다. 그리고 우리는 은연중에 입는 옷으로 여성의 성격을 판단해도 된다는 메시지를 전달하고 있다. 정말 우리 딸들의 순수함을 보호하고 싶다면 이런 태도를 주입시키는 것이 아니라 이런 태도로부터 그들을 보호해야 한다.

메이크업 키트를 가지고 신나게 놀고 있는 우리의 딸들을 보면서 어린아이들이 화장을 하기에 적합한 나이가 몇 살인지에 대한 논의는 잘못된 것임을 깨달았다. 중요한 것은 '언제'가 아니라 '왜'이다. 배꼽티의 경우도 마찬가지다.

여자아이들은 왜 배꼽티를 입고 싶어 하는가? 여자아이들은 왜 화장품을 가지고 놀고 싶어 하는가? 그들은 스스로를 성애화하거나 대상화하려는 것이 아니다. 자신의 '오점'을 가리려고 하거나 누군가에게 잘 보이기 위해서 그러는 것이 아니다. 그들에게 화장은 놀이이며 재미있는 형태의 창조적인 자기표현인 것이다. 여기서 빨간 립스틱도 예외는 아니다.

## 어린 소녀들과 스킨십

지금까지 우리는 여자아이들이 자신의 외모를 스스로 통제하는 것에 초점을 맞추어 살펴보았다. 하지만 신체 자율성은 단순히 여자아이가 어떤 옷을 입을지, 혹은 화장을 할지 말지에 관한 것만이 아니다. 그보다 훨씬 더 중요한, 아이가 애정과 친밀감을 표시할지 말지를 스스로 결정하는지 여부도 이와 관련되어 있다.

이것이 많은 부모에게 신체 자율성이 훨씬 더 어려운 문제가 되는 이유이다. 그렇다면 구체적으로 무엇이 그렇게 어려운 걸까? 다음의 예를 살펴보자.

### 뽀뽀 이야기

몇 년 전 단골로 드나들던 카페에서 남자 점원이 내게 커피를 가져다주고는 첫째 딸에게 이렇게 말하는 것이었다. '삼촌한테 뽀뽀해주세요.' 속으로 나는 비명을 질렀다. '맙소사, 우리 딸한테 뽀뽀를 해달라니! 징그러워!'

나는 어릴 때 볼을 내밀며 뽀뽀를 요구했던 어른들을 기억하고 있다. 그리고 그때 느꼈던 친밀감 표시를 강요하는 듯한 불편한 느낌도 기억하고 있다. 나는 어린 시절의 안 좋은 경험에도 불구하고 굳이 끼어들지 않았다. 옆에서 딸이 머뭇거리다가 마지못해 뽀뽀해주는 모습을 지켜보고 있었다.

그 남자는 나쁜 의도로 접근한 사람이 아니었다. 그래서 공격적으로 반응하거나 얼굴 붉힐 일을 만들고 싶지 않았다. 나는 사람들을 즐겁게 해주는 '착한 아이'로 자랐고, 우리 딸들에게는 그래서는 안 된다고 가르치고 있다. 그런데도 이 순간, 나는 내 딸이 원하는 것보다 사회적 조화와 타인을 배려하는 태도를 우선시했다.

내가 잘못 생각한 것이다. 모르는 사람이 바이올렛에게 뽀뽀해달라고 요구하는 것을 보고도 아무 말도 안 하고 묵인함으로써 나는 딸에게 사실상 '상대를 어색하거나 당황스럽게 만들지 않는 선에서는 싫다고 말해도 괜찮아. 그런데 상대가 당황스러워할 것 같다면 거절하면 안 돼'라고 말한 것이나 다름없었다.

이런 가르침은 어른에게도 혼란스럽다. 하물며 아이에게는 더없이 갈피를 잡기 어려운 가르침이다. 특히 어린아이들은 애매한 입장을 취하지 않는다. 대부분의 경우 아이들은 모 아니면 도를 선택한다. 오히려 성장해나가면서 애매한 행동을 하기 시작한다.

애정 표현 문제와 관련해 어린 소녀들은 누군가에게 뽀뽀하기를 원치 않는다면, 혹은 누군가가 그들에게 뽀뽀하는 것이 싫다면 안 해도 된다는 것을 알아 둬야 한다. 우리의 딸들이 그들의 몸에 대해 소유권을 자신 있게 주장하고 다른 이의 요구를 거절하기 위해서는 우리가 부모로서 항상 변함없이 그들을 지지해줄 것이라는 사실을 알아야 한다. 우리 혹은 뽀뽀를 요구한 사람에게 그것이 얼마나 당혹스러운 일이 되었든 말이다.

카페에서 있었던 일과 이전에 겪었던 일들 모두를 비추어 보았을 때 설사 그것이 어색한 분위기를 연출하게 된다 할지라도 나는 진작 개입해서 우리 딸에게 '싫다'라고 말해도 된다고 가르쳤어야 했다.

## 하이파이브 정책

우리는 카페에서 있었던 뽀뽀 사건의 의미를 여러 번 되새겼고, 그것은 우리 딸에게 자기 신체의 진짜 주인이 누구인지 가르쳐 주는 계기가 되었다. 그때부터 우리는 딸들에게 그들이 원하지 않는 사람에게는 뽀뽀하지 않아도 된다고 알려주었고, 이러한 상황을 예의 바르게 모면할 사회적으로 수용 가능한 전략을 개발하도록 적극적으로 돕게 되었다. **이제 누군가 우리 딸들에게 뽀뽀를 요구하면 우리는 그 사람에게 뽀뽀 대신 하이파이브나 악수를 해줄 것을 제안한다.**

영국의 성교육 포럼Sex Education Forum의 사무국장인 루시 에머슨Lucy Emmerson 또한 부모들이 자녀들에게 선택할 수 있는 대안을 제시할 것을 권장한다. '개입하는 것은 어색할 수 있어요. 하지만 아이들에게 그들의 신체가 자신의 것이고 직감을 따라야 한다는 걸 가르치기 원한다면 개입이 필요합니다'라고 말한다.

**'아이에게 하이파이브나 포옹, 허공에 키스 날리기, 손 흔들기와 같은 다른 대안을 제시하는 것은 아이가 스스로 행동을 통제할 수 있게 만드는 것입니다.'**

호주 성 교육 전문가 마지 버트리스Marge Buttriss는 특별한 지도 없이 아이들이 원치 않는 애정 표시 요구에 대처하는 방법을 알기란 어렵다고 지적한다. 이를테면 할머니가 강한 입맞춤을 하려고 달려들 때 아이가 원치 않는다면 어떻게 하면 좋을까? 공손하게 '좋아요, 할머니, 대신 껴안아 드릴게요'라고 말할 수 있다고 그녀는 말한다.

이러한 선택지들은 아이들에게 타인의 친밀감 표시에 어떻게 반응할지에 대한 더 다양한 선택권을 제공한다. 아이들은 타인을 인식하고 인정하면서 사회적 품위를 배워 나가며 동시에 자신의 경계선도 만들어 간다. 여자아이들은 설사 그것이 반감을 사게 된다 하더라도 자신에게 '아니오'라고 말할 권리가 있다는 것을 당연하게 받아들여야 한다. 자기 경계선에 대해서는 일찍부터 지속적인 교육이 필요하다.

## 너무 지나친 것일까?

우리의 하이파이브 정책이 너무 지나치다고 생각하는 사람들도 분명 있을 것이다. 딸들에게 무례하게 행동하도록 가르친다는 비난도 받은 적이 있다. 다른 사람에게 뽀뽀하는 것을 딸들에게 강요하지 않는다는 우리 가족의 원칙은 국제 뉴스 헤드라인에 등장할 정도였다. 한 여성은 우리의 기준에 따르자면 손주에게 뽀뽀도 할 수 없을 것이며 그건 정말 가슴 아플 거라고 말하기도 했다.

분명히 말하건대 우리는 조부모의 스킨십이 나쁘다는 뜻으로 하는 말이 아니다. 아이들이 할아버지 할머니나 친척들, 가족들의 친구들에게 친밀감을 표시해서는 안 된다는 말도 아니다. 우리 딸들은 할아버지 할머니, 그리고 그들의 인생에서 중요한 어른들에게 다가가 포옹하는 것을 아주 좋아한다. 우리는 그런 행동을 권장한다. 스킨십은 사랑스럽고 따뜻하고 긍정적인 감정을 불러 온다고 생각한다. 하지만 이것은 애정의 문제가 아니다. 이는 선택의 문제이며 그 선택을 누가 하는가에 대한 문제이다. 만약 아이가 할머니와 뽀뽀하고 껴안고 싶어 한다면 당연히 그것은 좋은 일이다. 하지만 만약 그러고 싶어 하지 않는다면 아이에게 강요해서는 안 된다고 생각한다. 다행히도 우리 아이들의 할머니는 스킨십을 하고 싶은 당신의혹은 다른 누군가의 열망보다 손녀가 자신의 몸에 대해 소유권을 행사할 권리가 더 중요하다고 생각하신다.

더구나 몇 년 뒤 당신의 딸이 누군가로부터 스킨십을 요구받을 때, 그것은 할머니의 경우처럼 그리 순수하고 선한 의도가 아닐지도 모른다. 당신의 딸이 식당이나 호프집에서 아르바이트를 할 때 어느 추잡한 손님이 스킨십을 시도한다면 어떻겠는가? 무례하게 행동하거나 반감을 사고 싶지 않다는 이유로 그냥 참아야 할까? 딸의 남자친구가 섹스를 강요하는 경우는 어떤가? 아니면 학교에서 멋있는 남학생이 딸에게 누드 사진을 보내달라고 요구하는 경우는 어떤가? 연구 결과에 따르면 대다수의 여자아이는 이러한 상황에 대해 전혀 준비가 되어 있지 않은 것으로 나타났다.

〈성 연구와 사회 정책Sexuality Research and Social Policy〉 저널에 '어떻게 하면 좋을까요?: 여성 청소년들의 누드 사진에 대한 딜레마'라는 제목으로 발표된 연구에 따르면, 자신의 노골적인 누드 사진을 보내본 적이 있고 응답한 12~18세 사이의 약 500명의 여성들 중 단 8%만이 사진을 보내고 싶어서 보낸 것이라고 답했다. 나머지 92%의 여성들은 남자친구를 즐겁게 해주고 싶어서 혹은 그저 순순히 따라준 것이었거나 충돌을 피하기 위해서 보냈다고 답한 것으로 나타났다.

어떤 이들은 할머니의 뽀뽀가 남자친구의 누드 사진을 보내라는 강요로까지 연결되는 것은 지나친 비약이라고 할 것이다. 하지만 거듭 말하지만 이것은 애정에 관한 이야기가 아니다. 신체 자율성에 관한 이야기이다. 여자아이가 자신의 몸을 통제할 수 있는 능력에 관한 이야기이다. 설사 그것이 상대방의 기분을 상하게 할 때조차도 말이다.

## 신체 소유권 행사에도 연습이 필요하다

당신은 아이가 열여섯 살이 되면 자동차 운전법을 저절로 터득하게 될 것이라 생각하는가? 물론 아니다. 가르쳐야 한다. 우리는 아이들이 경험 많은 운전사와 노련한 선생님으로부터 안전한 상황에서 새로운 기술을 연습할 기회를 만들어 주기 위해 노력한다. 아이들이 혼자 도로 주행에 나서기 전에 여러 시간의 운전 연습을 달성하도록 시킨다.

그에 반해 신체 소유권에 관해서는 아이들이 열여섯 살이나 열여덟 살이 되면 어느 날 갑자기 그에 대한 개념을 가지고 행동하리라 생각한다. 하지만 더 심각한 문제는 가족들이 여자아이들에게 태어난 순간부터 신체 자율성과 반대되는 생각을 주입하고 있는지도 모른다는 사실이다. 그것은 바로 '여자아이들은 스킨십으로 다른 이들을 즐겁게 해주어야 한다'라는 생각이다. 상황의 위험성이 높아질 때 여자아이들이 이 생각을 어떻게 갑자기 벗어던지리라 기대할 수 있겠는가?

요컨대, 우리는 사회적으로 인정받고 심지어 친밀감을 표시하기 위해서는 딸들이 다른 이들의 바람을 들어주어야 한다고 생각하는 경향이 있다. 그들의 의사와는 상관없이 말이다.

여자아이가 가족 관계와 친구 관계의 안전한 범위 내에서 신체 소유권을 행사해본 적이 없다면, 항상 사람들을 즐겁게 해줘야 하고 문제를 일으켜선 안 된다는 말을 들었다면, 그 아이는 다른 관계에서도, 특히 로맨틱한 관계와 성적인 관계에서 남성에게 선을 지켜달라 요구하기 힘들 것이다.

여자아이들이 남자친구에게서 성관계와 친밀감의 표시를 강요받는다고 했을 때 그들 대다수는 자신은 선택권이 없다고 느낄 것이다. 앞서 언급한 '어떻게 하면 좋을까요?: 여성 청소년들의 누드 사진에 대한 딜레마' 연구에 참여한 열네 살 여자아이는 다음과 같이 말했다. "남자친구는 제 나체 사진들을 보내 달라고 몇 시간 동안이나 졸랐어요. 이제 그는 더 적나라한 사진을 보내주지 않으면 그 사진들을 퍼뜨리겠다고 협박까지 해요. 제가 해야 했던 일들을 생각하면 정말 끔찍해요."

이 여자아이가 '제가 해야 했던 일들'이라고 말한 것에 주목해보자. 그녀는 자신의 나체 사진을 보내지 않으면 남자친구의 보복이 뒤따를 것이라 생각했으므로 어쩔 수 없다고 느꼈다. 이것이 바로 전형적인 학대 관계이다. 그러한 학대가 시작되고 수위를 더해가는 이유는 많은 여성이 스스로 신체 자율성을 가지고 있다고 생각하지 않기 때문이다. 만약 자신의 신체에 대한 소유권을 의식하고 있었다면 아이는 애초에 사진들을 보내지 않았을 테고 남자친구가 협박할 빌미를 제공하지 않았을 것이다. 물론 여기서 가장 큰 문제는 아이의 남자친구가 여자친구를 자신을 즐겁게 해주기 위한 존재로 생각한다는 것이다. 하지만 여자아이가 그 압력에 굴복하는 것 외에 다른 선택지는 없다고 느낀 것 또한 큰 문제였다.

이 상황에서 또 다른 놀라운 사실은 그 여자아이가 가족에게 도움을 요청하지 않았다는 점이다. 가정에서 신체 자율성의 본보기를 보여준 적이 없다면 아이는 부모님이 자신을 도울 수 없을 것이라 판단했을 가능성이 크다.

## 세 명 중 한 명은 딸이 신체 소유권을 행사해서는 안 된다고 생각한다

2017년 미국 걸스카우트 연맹에서는 딸에게 스킨십을 강요하지 말 것을 부모들에게 당부했다. "당신은 아이에게 이렇게 말한 적이 있나요? '삼촌 오셨다. 가서 안아 드려!', '이모가 좋은 장난감 사주셨잖아. 가서 뽀뽀해드려'라고 말이다."

만일 그렇게 말한 적이 있다면, 앞으로는 의식적으로 자제하도록 노력해야 한다. 이렇게 생각해보라. 이 사람을 오랜만에 만났기 때문에, 혹은 선물을 사주었기 때문에 아이에게 그 사람을 포옹해주어야 한다고 말하는 것은 아이가 다음과 같은 의문을 품도록 만들 수 있다. 나중에 누군가가 아이에게 저녁을 사주거나 선물을 줬을 때 어떤 스킨십의 형태로 보상을 해주어야 하는 것인지 말이다.

우리도 경험한 것처럼 걸스카우트 연맹은 이 권고문을 게시한 이후 상당한 비난을 받았다. 미국의 TV 쇼 〈투데이〉는 걸스카우트 연맹의 권고문에 동의하는지에 관한 여론 조사를 진행했고, 3분의 1의 응답자는 '아니오'라고 응답했다.

**이는 여자아이들의 경우 여전히 신체 자율성의 문제가 의견이 분분한 사안이라는 의미다. 딸들에게 그들의 신체의 주인은 자기 자신이라는 사실을 가르치기를 원한다면 이 믿음을 심어 주기 위해 확실하고도 의도적인 단계를 밟아나갈 필요가 있다.**

## 딸의 신체 소유권이 당신의 평안보다 중요하다

항상 불편함과 당혹스러움을 느낄 준비를 하고 있어야 한다. 처음으로 누군가가 부끄러워하는 딸에게 뽀뽀를 요구했을 때, 당신이 끼어들어 '하이파이브를 해보는 건 어때?'라고 말하면 불편한 상황이 연출될 수도 있고 의외로 기분 좋게 넘어갈 수도 있다. 강심장이 되지 않고는 수 세대 동안 반복되어온 관습을 깨기 힘들다.

이 문제로 인해 가족 및 친구들과 어색한 분위기를 연출하게 되었다면 한 가지 극복 방안은 당신의 새로운 하이파이브 정책에 대해 그들에게 솔직히 말하고 그렇게 결정하게 된 이유를 설명하는 것이다. 딸이 스킨십을 하고 싶어 하는 경우라면 상관없지만 그렇지 않은 경우에는 딸의 신체 자율성을 인정하고 북돋워 주는 것이 당신과 딸의 현재와 앞으로의 건강한 삶을 위해 중요하다고 그들에게 설명하라. 어떤 이들은 반론을 제기할 것이다. 하지만 수십 년 혹은 수세기 동안 이어져 온 소녀들과 여성들에게 기대되는 행동 및 반응과 관련된 문화적 조건화에 맞서려고 하면서 사람들과 아무런 갈등이 없다면 그것이야말로 놀랄 일이다. 그러니 괜찮다.

**당신이 딸을 키우는 방식에 사람들이 동의해야 할 필요는 없다. 그들의 승인은 필요치 않다. 하지만 그들이 당신의 결정과 당신 딸의 결정을 존중해줄 필요는 있다. 이 이야기는 친구들과 가족들에게만 해당하는 것이 아니다. 우리 또한 부모로서 딸의 결정에 동의할 수 없을 때조차 그 결정을 존중하고 따라줘**

야 한다. 실제로 딸들이 신체 자율권을 행사할 때 그들의 선택이 부모의 생각과 다르더라도 부모가 그 결정에 따라주는 일이 무엇보다 중요하다.

## 신체의 각 부분을 정확한 명칭으로 불러줘라

중국의 철학자인 공자에게 새로운 통치자가 가장 우선적으로 해야 할 일이 무엇인지 묻자 그는 '이름을 바로 잡는 것'이라고 대답했다고 한다. 오늘날의 용어로 말하자면 '적절한 이름으로 불러 주기'가 될 것이다.

통치자에게 적용되는 이 말은 자기 신체의 통치자가 되어야 하는 우리에게도 동일하게 적용될 수 있다. 대다수의 사람은 신체 부분, 특히 생식기는 지칭할 이름조차 없는 가정에서 자랐다. 생식기에 대해 이야기할 때는 '거기 아래'나 '은밀한 부분' 또는 기껏해야 '아랫도리'나 '튀어나온 부분'이라고 부를 뿐이다. 마치 팔을 '흔들거리는 부분'이라고 부르고, 다리를 '걸어다니는 부분'이라고 부르는 것과 다를 바 없는 표현이다.

당신이 생식기라는 주제를 다룰 때 정확한 용어로 부를 수 없다면 아이들도 당신의 속마음을 간파할 것이다. 딸이 음부와 질을 가지고 있는 것을 팔과 다리를 가지고 있는 것과 마찬가지로 편안하게 느끼기를 원한다면 가장 먼저 해야 할 일은 그 신체 부분들을 정확한 이름으로 불러 주는 것이다.

딸의 생식기를 정확한 이름으로 불러 주는 것은 단지 자존심이나 해부학적인 정확성 때문만은 아니다. 딸의 안전과 보호를 위한 것이기도 하다. 아이가 어른이나 다른 아이에게 성폭력을 당했을 때 무슨 일이 일어났는지 어른들이 쉽고 명확하게 이해할 수 있는 언어로 아이가 말할 수 있어야 한다. 딸의 성기에 대해 언급한 적이 한 번도 없다면 '그 부분'에 '나쁜 일이 발생했을 때'에도 그것을 표현할 언어도 자신감도 없을 것이기 때문이다.

성 교육 전문가인 라이바 스프링Lyba Spring 은 불명확한 용어가 어떻게 학대를 지속시키는 결과를 가져오는지 연구했다. "여자아이들이 외음부를 가리키는 단어로 알고 있는 단어는 '쿠키' 밖에 없었어요. 아이가 선생님에게 누가 자신의 쿠키를 원한다는 사실을 말하면 선생님은 아이에게 나눠 먹으라고 말하는 거죠. 당연히 그 결과 성폭력은 지속됩니다. 어린아이들은 성폭력 사실을 알릴 도구가 없는 거예요."

신체 기관을 지칭하는 올바른 용어를 알고 있는 것만으로도 성폭력이 발생하는 것을 미연에 방지할 수 있다. 연구에 따르면 일부 성 범죄자들은 자신의 생식 기관의 이름을 정확히 알고 있는 아이들은 범행 대상에서 제외한다고 한다. 이런 아이들은 성에 대한 교육을 받았으며 신체 안전에 대한 인식을 갖고 있다는 뜻이기 때문이다.

## 실제로 생식 기관이 어떻게 생겼는지 알려 줘라

우리 집 책장에는 요정과 동물 책들 사이에 인체와 사춘기의 신체 변화에 관한 책들이 꽂혀 있다. 이 책들 속에는 성기와 생식 기관들을 그려 놓은 삽화가 담겨 있다. 이것을 보고 눈살을 찌푸리는 부모들도 있을 것이다. '다른 아이들이 그걸 보면 어떡하나요? 아이가 그런 그래픽 이미지를 보면 충격받지 않을까요?' 명확히 해두자면 여기서 우리는 음란물을 이야기하고 있는 것이 아니다. 신체 기관을 해부학적으로 정밀하게 그려놓은 삽화를 말하는 것이다.

어린 소녀가 음부와 질의 그림을 보고 엄청나게 충격을 받을 것이라는 발상은 1960년대 여성 해방 운동 시절을 떠오르게 한다. 당시에는 여성이 거울을 가지고 자신의 성기를 살펴보는 것은 급진적인 행동으로 간주되었다. 지금은 여성이 자신의 신체 일부를 한 번도 본 적 없이 성인이 된다는 사실이 더 충격적인 일이다.

하지만 지난 50년간 여러 가지 면에서 그렇게 많은 변화가 있었던 것은 아니다. 여성의 질은 여전히 비밀과 수치심과 미지의 근원이다. 포르노물이 난무하고 여성의 성기를 포토샵 처리하는 세계에서 소녀들은 음부가 드러나지 않는 바비 인형이 해부학적으로 맞는 것이며 진짜 사람의 음부는 역겹다는 생각을 가지고 성장하고 있다. 이 소녀들은 자신을 바비 인형의 기준에 맞추지 못하게 되면 스스로 비정상이라고 느끼고 신체적 흠이라고 생각하는 문제를 점점 더 극단적인 방식으로 해결하려고 한다. 소녀들이 비대한 소음순을 절제하는 소음순 수술을 하려고 하는 것이 바로 그 예이다.

가정의학회의 전 세계 소녀들을 대상으로 한 연구에 따르면 소음순 성형 수술을 하고자 하는 18세 이하 여자아이들의 수는 점점 늘어나고 있다고 한다. 대부분의 경우 이 소녀들의 외음부는 완전히 발달하지 않은 상태라서 실제로 그들의 성기에는 아무런 문제가 없다.

여자아이들이 자신에게 세 개의 구멍이 있다는 사실을 이해하는 것도 중요하다. 세 개의 구멍은 소변을 보기 위한 요도, 아기를 낳는 질 아기가 생기는 원리는 나중에 설명해줘도 된다, 대변을 보는 항문이다.

딸들에게 여성의 성기에 대해 공개적으로 이야기하는 일은 성에 관한 이야기를 쉬쉬하고 수치스럽게 여기며 자란 우리 세대의 부모들에게는 아주 어려운 일이다. 하지만 그러한 심리적 한계를 극복하는 방법을 찾지 않는 한 우리는 비슷한 태도를 딸들에게 물려주게 될 가능성이 크다. 성에 대한 언급을 편안하게 느끼게 해주는 것은 신체 자율성을 강화시키는 중요한 하나의 과정이다.

## 자위행위

별로 듣고 싶지 않은 말이겠지만 아이들은 자위행위를 한다. 그렇다. 당신의 딸도 예외는 아니다. 명백한 사실이지만 많은 부모들은 이 사실을 부정하고 싶어 하는 듯하다. 아니면 그냥 모르는 척 외면해버릴 수 있다고 생각한다. 예컨대, 한 번은 공원에서 한 엄마가 한 무리의 엄마들에게 아직 취학 전의 딸아이가 '자신의 몸을 만지는' 장면을 '목격'한 이야기를 하는 걸 우연히 엿듣게 된 적이 있다.
그 엄마는 '그래서 딸에게 아랫부분은 더러우니까 절대로 다시 만지지 말라고 했어요'라고 말하는 것이었다. 인터넷에서 검색을 해봐도 딸에게 그 부분이 '더럽다'라고 말하는 것이 좋다고 생각하는 엄마가 많다는 사실을 알 수 있다.

한 페이스북 그룹에서 걱정에 찬 한 엄마는 다음과 같은 글을 올렸다. '제 딸은 다섯 살인데 최근 들어 자기 몸을 탐색하기 시작했어요. 욕실에서 아이가 자신의 클리토리스를 만지는 걸 본 적이 있었는데 또 한 번은 다리 사이에 담요를 끼워 넣고 그것을 타고 뛰어 놀고 있더라구요…. 저는 아이에게 우리의 몸은 특별하다는 것을 명심해야 하며 그런 행동은 다칠 수 있어 몸에 그리 좋지 않다고 말했어요.' 그러자 다른 엄마가 이렇게 댓글을 달았다. '저는 그냥 그곳은 장난감이 아니고, 특별하니까 가지고 놀아선 안된다고 말해요.' 그리고 또 다른 엄마는 '우리 집에서 자위행위는 용납할 수 없어요'라고 댓글을 달았다.

명령에 따라 쉽게 자위행위를 금지할 수 있다는 믿음은 착각이지만, 성적 수치심과 불편한 감정이 수 세대에 걸쳐 전해져 내려온 것을 감안하면 이러한 시각은 놀랍지 않다. 역사적으로 여성들은 그들의 성기를 창피해하고 수치스럽게 여기라고 교육받았다. 낸시 프라이데이Nancy Friday는 그의 책《나의 어머니/나 자신My Mother/My Self》에서 '자신의 성을 발견하는 것은 유년기에 축하받지 못하는 유일한 자기 발견이다. 아이가 처음으로 숟가락질을 한 날 모든 이들은 '놀랍지 않나요? 누가 카메라 좀 가지고 와 봐요!'라고 소리친다. 하지만 아이가 자신의 질을 발견한 날에는 그 누구도 '보통 아이들보다 6개월이나 일찍 이런 걸 알게 되다니, 우리 소중한 아이!'라고 말하지 않는다'라고 적었다.

프라이데이의 책은 1977년에 처음 나왔지만 그녀가 전달하고 있는 메시지는 책이 출간되었던 그 당시만큼이나 현재의 상황에도 중요한 교훈이 된다. 자신의 몸을 탐색하는 것은 아이에게 지극히 정상적이고 건강한 일이다. 클리토리스를 만지면 기분이 좋아지기 때문에 당연히 아이는 그러고 싶어 할 것이다. 자위행위를 금지하는 것은 효과가 없을 뿐만 아니라 여자아이들이 자신의 몸을 책임지고 있지 않다는 생각과 함께 즐거움을 즐거움 그 자체로 누릴 권리가 없다는 생각을 강화시킨다. 그리고 이것이 여성의 전형적인 수동성을 영속화한다. 여성들은 자신의 요구를 충족시키는 것이 허락되지 않으며 자신을 돌보기 위해 다른 누군가남성 에게 의지해야 한다고 생각하게 되는 것이다.

## '시간과 장소'의 원칙을 가르쳐라

그러나 아이들은이 문제에 있어서는 누구라도 사람들이 보는 앞에서 자위행위를 하는 것은 사회적으로 용납되지 않는 행동이라는 사실을 배워야 한다. 부모로서 어려운 점은 딸들에게 수치심을 느끼게 하거나 신체 자율성을 침해하지 않는 선에서 자신을 탐색할 수 있는 원칙을 가르치는 것이다. 우리는 이것을 '모든 것에는 적절한 시간과 장소가 있다'는 관점에서 접근한다. 부모는 아이들에게 마음껏 큰소리로 떠들어도 되는 시간과 장소가 있고 조용히 해야 하는 시간과 장소가 있다는 사실을 가르친다. 이 원칙을 가르치는 데에는 인내심과 여러 차례의 반복된 교육이 필요하지만 방법은 복잡하지 않다.

동일한 접근법을 자위행위에도 적용해보자. 자위행위를 할 수 있는 시간과 장소는 혼자 있을 때이다. 자위행위를 위한 '시간과 장소'의 원칙은 아이들에게 있어 다른 모든 '시간과 장소' 원칙들과 함께 기억해두어야 할 원칙들 중 하나인 것이다.

적당한 표현을 찾기가 어렵다면어렸을 때 들어본 적이 없어서 그럴 것이므로 이해할 만하다 어떻게 말할지에 대해 한 가지 제안하고자 한다. 딸이 자신의 클리토리스를 만지는 것을 보았을 때는 있는 그대로 말해주는 것이 좋다. 이를테면 이렇게 말해줄 수 있다. '그건 네 클리토리스야. 그곳을 만지면 기분이 좋아. 어른들도 자신의 클리토리스를 만진단다. 하지만 원칙은 침실에 있을 때처럼 혼자 있을 때에만 그렇게 하는 거야.' 이렇게 말해줌으로써 당신의 딸은 자위행위에 적합한 시간과 장소가 있다는 것을 이해하는 동시에 자위행위가 정상이며, 성인 여성들도 그것을 한다는 사실을 알게 된다.

다음에 딸이 당신이 보는 앞에서 클리토리스를 만지는 모습을 또 보게 되면 부드럽게 그 원칙을 상기시켜주기만 하면 된다. 예를 들면 '클리토리스에 대한 원칙을 기억하고 있지? 침대에 있을 때처럼 혼자 있을 때만 하는 거라고 했잖아'라고 말해보라.

## 딸을 위해서 불편한 감정을 극복하라

아이가 생기고 이런 문제를 다루어야 할 때 어떤 부모들은 본인이 생각한 것보다 자신이 성적으로 개방적이지 못하다는 사실을 깨닫게 된다. 부모가 개인적으로 불편한 감정을 느끼더라도 우리의 목적은 딸이 자신의 성기와 관련해 수치심이나 두려움, 당혹감을 느끼지 않게 키우는 것이 되어야 한다. 자신을 사랑하는 딸이 자신의 신체에 대해 자율성을 발휘한다는 사실을 수용한다면 딸아이가 자신의 생식 기관 역시 소유할 수 있도록 해주어야 한다. 여성의 성과 성기에 관한 무지와 수치심, 당혹감의 문화와 역사를 감안해보았을 때 아이가 그것에서 벗어나도록 할 수 있는 유일한 방법은 우리가 성에 대한 침묵과 수치심의 순환의 고리를 잘라버리는 것이다.

### 아빠들을 위한 행동 지침

딸에게 놀이를 통해 신체 자율성을 가르쳐라.
당신이 딸에게 줄 수 있는 가장 중요한 가르침 중 하나는 '싫어요'는 항상 '싫다'를 의미한다는 가르침이다. 간단하고 너무 뻔하게 들릴 것이다. 그러나 이것은 우리가 딸에게 가르치고 지속적으로 강화해야 할 만큼 중요하다. 그러기 위한 한 가지 방법은 간지럼 태우기와 몸싸움 놀이와 같이, 아빠가 딸들과 함께할 수 있는 놀이를 이용하는 것이다. 간지럼을 태우면 딸은 '꺄악' 하고 소리를 지르며 '싫어요. 그만하세요, 아빠'라고 말할 것이다. 그럼 즉시 그만하라. 그러면 딸은 그 순간 왜 그만하냐고 물을지도 모른다. 그렇게 묻는다면 당신은 딸이 그만하라고 말해서 그만한 것이라고 답하면 된다.

이를테면 딸에게 이렇게 말하는 것이다. "네가 '싫어요'라고 말했기 때문에 간지럼 태우기를 그만한 거야. 만약 네가 누군가에게 그만하라고 말한다면 그들은 바로 그 행동을 그만해야만 해."
그렇게 함으로써 아이가 원치 않는 것은 언제든 거절할 권리가 있다는 것을 말해주는 것이다.

딸이 그만하라고 했는데도 그만하지 않는다면 당신은 딸의 요구가 수용되길 기대할 권리가 없다는 것을 은연중에 가르치고 있는 것이라 볼 수 있다. 또한 딸보다 힘 있는 사람이 딸이 그러지 말 것을 요구했음에도 물리적으로 딸을 압도하는 것을 용인하도록 훈련시키고 있는 것일 수도 있다.

많은 아빠들은 놀이를 이런 방식으로 해보라고 제안하면 두려워한다. 하지만 놀이는 아이들의 배움의 장이다. 아이들은, 특히 어린아이들은 미묘한 차이를 이해하지 못할 때가 많다. 그들은 '싫어요'가 '계속하세요'를 의미해도 괜찮은 아빠와의 게임과, 그렇지 않은 다른 상황을 구분하지 못한다. 아이들은 절대적인 시각으로 사고한다. 따라서 당신의 딸이 용기와 자신감을 가지고 '싫어요'라고 말하고 다른 남자들과 남자아이들에게 그 진심이 수용되길 원한다면 아빠는 딸에게 이것을 가르칠 수 있는 최적의 인물이다.

요약

- 당신의 딸은 살아가면서 누군가가 그녀의 몸을 통제하거나 이용하려고 하는 많은 상황에 부딪히게 될 것이다. 딸에게 다이어트를 권하는 친구가 될 수도 있고, 소셜 미디어 인플루언서나 수익을 위해 그녀를 이용하려고 하는 미용, 다이어트, 패션업계가 될 수도 있다. 혹은 나체 셀카 사진을 보내 달라고 강요하거나 구강성교를 요구하는 남자친구가 될 수도 있다. 책상 앞에 앉아 있는 딸에게 '마사지'를 해주겠다고 하는 직장 상사가 될 수도 있다. 우리는 딸이 맞닥뜨릴 가능성이 있는 이런 모든 유해한 경험들로부터 아이를 보호할 수가 없다.

  하지만 딸에게, 오로지 자신만이 신체를 어떻게 할지 결정할 권리를 가지고 있고 다른 이들은 딸의 몸에 관한 한 아이의 요구를 존중해야 한다는 사실을 가르침으로써 가능한 한 가장 바람직한 방식으로 그런 상황들에 대처하도록 딸을 준비시킬 수는 있다.

- 말만으로는 부족하다. 부모는 신체 자율성의 본보기를 직접 보여주고 그것을 가르쳐 딸이 자신의 신체 소유권을 행사하는 연습을 할 수 있는 기회를 제공해야 한다. 그것이 설사 부모인 우리에게 불편한 감정을 느끼게 만든다 할지라도 그렇게 해야 한다. 어른들에게 스킨십하지 않을 아이의 권리를 지지하고, 아이가 무슨

옷을 입을지, 머리는 어떻게 자를지, 어떻게 외모를 꾸미고 다닐지 등을 자기 스스로 결정하도록 허락하는 것도 신체 자율성을 키워주는 행동에 포함된다. 다음의 지도 원칙을 기억하라. '해롭거나 영구적인 것이 아니라면 딸이 결정하게 하라.' 부모로서 우리의 역할은 딸의 결정과 그렇게 해도 되는 권리를 지지해주는 것이다.

- 자신의 몸을 수치스럽거나 말하기 민망한 것으로 생각한다면 몸에 대한 완전한 소유권을 갖기 힘들다. 여성 성기의 정확한 명칭을 알려주고 이 신체 부분들을 팔이나 다리처럼 다른 신체 기관에 대해 이야기하듯 편안하게 불러 줘라.

- 간지럼 태우기나 쫓아가기 게임을 할 때 아이의 '싫다'는 요구를 바로 들어줌으로써 '싫어요'라는 말은 항상 '싫다'를 의미한다는 원칙을 강화시켜라.
  그녀가 '싫다'고 말했는데도 (보통) 몸집이 더 크고 힘이 센 남자아이들과 남성들이 그녀의 요구를 무시하도록 놔둬서는 안 된다. 놀이는 아이들의 배움의 장이며, 신체 자율성이라는 중요한 가르침이 시작되는 시간이다.

# 4장

# 내면이 강한 아이는 침착하다

우리 세대의 부모들은 아이들의 학업과 능력 개발을 위해 역사상 그 어느 때보다 더 많이 투자하는 듯 보인다. 50년 전에는 하루를 마무리하면서 당신의 아이가 살아있고 하루 세 끼를 잘 챙겨 먹였다면 부모로서의 역할을 잘했다고 스스로 뿌듯해할 만했다. 하지만 지금 우리는 아이가 조기에 특별한 것을 성취하고 스포츠 경기에서 친구들보다 앞서 나가고 시험에서 더 높은 점수를 받고 태권도장에서 검은 띠를 더 빨리 따고 악기를 더 능숙하게 연주하도록 만들기 위해 놀라우리만치 많은 시간과 돈, 에너지를 쏟아 붓는 시대에 살고 있다. 많은 아이들에게 유년기는 끊임없는 자기 계발을 위한 집중 훈련소가 되어 버렸다.

과외 활동과 '배움의 기회'에 관한 부모들의 불안감은 아주 뿌리 깊다. 여자아이들의 경우는 학교에 입학하기 전이나 방과 후에 발레, 태권도, 체조, 테니스, 피아노, 연극, 바이올린 등을 추가로 배우는 경우가 흔하다. 이러한 생활 방식을 유지하기 위해 가족들은 마치 항공 교통관제 센터와 같이 꽉 짜인 스케줄에 따라 움직인다. 상호의존적인 섬세한 균형을 유지하며 1분 1초를 허비하지 않고 촌각을 다투며 생활한다. 이제는 과거보다 모든 것이 더 바빠졌다고 느낀다면 당신의 느낌이 맞다.

우리 친구들의 자녀들 중에도 그런 경우는 많이 있다. 초등학생 여자아이들은 너무 많은 과외 활동을 하는 나머지 평일에는 저녁 9시가 되어서야 집에 온다고 한다. 어떤 아이들은 한 활동을 마치고 다음 활동을 하러 가는 길에 택시 안에서 저녁을 먹기도 한다. 또 어떤 아이들은 저녁을 너무 늦게 먹어 식탁 앞에서 음식을 입에 퍼 넣으면서 잠이 들기도 한다고 부모들은 말한다.

우리 둘째 딸의 친구들 중에는 하루 종일 육아에 시달렸음에도 아이들을 운동 수업과 음악 수업에 데려다주는 성실한 부모도 있다고 한다. 이 아이들은 주말에 더 많은 과외 수업이나 운동을 하기도 한다. 부모들은 아이가 각각의 수업 시간에 제때 도착할 수 있도록 재촉하고 잔소리하면서 자신이 마치 택시 기사와 선임부사관의 역할을 오가고 있는 듯한 느낌을 받으며 생활한다. 그렇게 모두 녹초가 되어 밤마다 잠자리에 들 때면 가족 전체가 기진맥진하여 날카로워져 있다. 그리고는 아침에 일어나면 또 그 생활을 반복하는 것이다.

그렇다면 우리는 왜 그렇게 생활하는가? 많은 부모가 이런 높은 강도의 과외 활동이 딸의 잠재력을 극대화하고 삶에서 최적의 기회를 안겨줄 것이라 굳게 믿고 있기 때문이다. 그들은 의도치 않게 딸의 수면과 노는 시간, 자발성을 이러한 목적을 이루기 위해 희생시킨다. 그들 자신의 온전한 정신 건강과 어렵게 벌어들인 수입은 말할 것도 없다. 최근까지 우리도 딸들의 활동 일정을 지나치게 과하게 잡았었다. 아이들의 능력을 '향상'시켜야 한다는 부담감이 너무 크고 일반적이라서 다른 부모들처럼 우리도 그것을 거부하기 힘들었다. 이것이 좋은 양육이라고 생각했다. 그러나 완전히 잘못된 생각이었다.

우리는 부모들이 치열한 육아 문화를 거부할 용기를 내야 할 때라고 생각한다. 본질적으로 우리는 뒤로 물러서서 속도를 늦출 필요가 있다. 자신을 사랑하는 내면이 강한 아이는 과도한 피로나 스트레스에 찌들어 있지 않으며 지나치게 욕심내거나 많은 일정을 소화해내려고 하지 않기 때문이다. 자신을 사랑하는 아이는 침착하다.

아이들이 침착하다고 표현한 것은 대단한 명상을 한다거나 조용하다거나 순종적이거나 남을 도와주려고 하는 성향을 말하는 것이 아니다. 우리 딸들도 여느 여자아이들처럼 조용한 대기실에서 큰 소리로 떠들기도 하고 한창 복잡한 슈퍼마켓 통로에서 재주넘기를 하기도 한다. 여기서 침착하다는 것은 딸아이들이 자기 계발의 쳇바퀴에서 빠져나와 학습 기계가 아닌 아이로서 과외 활동으로 규정되어 있지 않은 시간을 더 많이 즐길 수 있는 시간과 공간을 갖는 삶을 의미한다.

## 왜 요즘의 육아는 푸아그라 농장에 비유되는가?

부모들이 아이들을 과도한 학습 일정 속으로 몰아넣는 함정에 빠지는 것은 놀랄 일이 아니다. 심지어 아이가 태어나기도 전에 예비 부모들은 부모의 불안감을 자극해 돈을 버는 기업들의 발 빠른 마케팅으로 인해 안내 책자를 수도 없이 받게 된다. 우리는 아이가 몇 살까지 어떤 목표를 달성해야 하는지 알려주는 발달 단계 측정 앱도 가지고 있다. 아이가 어느 부분에서라도 그 기준을 달성하는 데 더딘 모습을 보이면 노심초사하게 된다. 그걸로 다가 아니다. 기업의 소위 '전문가'라는 사람들은 '두뇌 개발'과 '자존감', 그리고 다른 아이들보다 '일찍 시작하는 게 좋다'는 것을 강조하면서 부모들이 지갑을 열게 만든다. 어떤 부모가 이런 말을 그냥 무시할 수 있겠는가?

우리도 다른 부모들처럼 그런 말에 넘어갔다. 첫째 딸이 6개월이었을 때 우리는 수영 레슨을 등록했다. 올림픽 출전 선수가 되었으면 좋겠다는 등의 바람이 있었던 것은 아니었다. 바다로 둘러싸여 있는 나라에 살고 있으니 수영은 필수라고 생각했을 뿐이었다. 수영이 아기의 인지 기능 발달과 근육 발달, 부모와의 유대감 형성에 좋다는 영업자의 그럴듯한 말에 우리도 속아 넘어간 것이다.

딸들의 능력을 계발해주어야 한다는 부모들의 부담감은 소셜 미디어와 TV를 통해 완벽한 아이들의 모습이 부상하면서 더욱 커졌다. 기대 이상의 성취를 보여주는 아이들은 무수히 많다. 학업 우수상을 받고 댄스 공연에서 발군의 실력을 발휘하며 운동 경기에서도 득점 골을 넣는 아이들 말이다.

당신의 딸이 또래 친구들에 비해 뒤처지고 있다는 생각에 사로잡혀 부모들의 불안감은 커져만 간다. 그들은 불안정한 직장과 계속 상승하는 교육비와 집값 등으로 인해 딸이 장래에 경제적인 어려움을 겪게 될까 봐 두려운 것이다. 실제로 '휴식 시간'은 '허비하는 시간'과 동의어가 되어 버렸다. 만약 아이들이 그들의 예술적 재능을 갈고닦고 언어나 연산 능력을 향상시키고 신체적 재능을 개발하는 등의 조직화된 활동을 하고 있지 않다면 그것은 마치 그들의 유년기가 부주의하게 허비되고 있으며 미래에 그들의 건강과 행복, 번영도 위험에 처하는 것처럼 인식되고 있다. 하지만 스스로 자문해보라. '만약 당신이 주관을 가지고 이 경쟁에 참여하기를 거부한다면 당신의 딸은 정말 무언가를 놓치게 되는 걸까?'

## '하지만 아이가 좋아하는 걸요'

부모들은 우리에게 자신들은 딸아이의 과외 활동을 기꺼이 줄일 수 있겠지만 아이가 그 활동을 너무 좋아해서 그만두라고 하면 실망할 거라고 말한다. 맞는 말일지도 모른다. 하지만 아이스크림도 같은 논리로 설명할 수 있을 것이다. TV와 아이패드도 마찬가지다. 아이가 좋아한다고 해서 그것이 아이에게 좋은 것은 아니다. '무엇이든 과하면 독이 된다'는 격언을 명심해야 한다. 무엇이든 너무 많이 취하면 그것이 좋은 것이라 해도 독이 되고 만다. 아이가 실망하고 우는 한이 있더라도 이러한 결정을 내리고 선을 확실히 그어주는 것이 부모로서 우리의 역할이다.

이것은 균형을 제대로 잡는 일이다. 당신과 딸이 만성적으로 피곤해하며 시간에 쫓기고, 계속해서 무언가를 하고 있어야만 한다는 압박감을 느낀다면 뭔가 문제가 생기게 된다. 우리의 딸들과 그들의 또래 친구들은 역사상 가장 높은 성취를 보여주는 세대일 것이다. 역사상 가장 불행하고 불안정하고 불안해하는 세대라 해도 과언이 아니다. 아이들을 끝없이 이어지는 과외 활동으로 내몰고 아이들의 매 순간을 어른에게 허락받고 어른이 주도하는 '교육 기회'로 만들어 버리는 것은 당신의 딸을 자신을 사랑하는 사람으로 키우는 데 별로 도움이 되지 않는다. 전문 상담가이자 심리치료사인 조지나 매닝Georgina Manning은 다음과 같이 말한다.

"아이들에게 바쁘게 여러 가지를 동시에 배우게 하고 그들의 모든 여가 시간을 '유익한' 활동들로 꽉 채우는 것은 아이들에게 좋지 않습니다. 단지 스트레스로 지친 아이들을 만들 뿐이죠. 이는 부모들을 탓할 일이 아니라 우리가 외면할 수 없는 사실일 뿐이에요. 그렇다고 모든 가정들이 항상 한가로운 분위기여야 한다는 건 아닙니다. 그건 현실적으로 불가능하죠. 하지만 전반적으로 아이들이 시간에 쫓기지 않으며 침착하다면, 스스로 창조성을 발휘하고 놀고 대화할 수 있는 정신적, 시간적 여유가 생기겠죠. 그렇게 함으로써 아이들의 뇌를 쉬게 할 수 있어요. 재미있게 놀면서 휴식을 취할 시간이 주어지지 않는다면 아이들은 긴장을 풀고 쉬거나 깊이 생각하거나 놀이를 하거나 뇌의 스트레스를 풀 기회가 없는 것입니다."

당신은 어쩌면 당신의 돈과 딸의 시간을 낭비하고 있는지도 모른다. 아이들은 피곤할 때는 제대로 배우지 못한다. 따라서 당신이 딸에게 이 모든 새로운 기회들을 주고 있는데도 그들은 너무 지쳐서 그걸 제대로 흡수하지 못하고 있을 수도 있다.

## 그렇다면 끝까지 책임을 다하는 태도는 어떻게 가르치나요?

부모들은 아마도 딸이 중간에 과외 활동을 그만두는 것이 끝까지 책임을 다하는 태도를 가르치지 못하는 일이 될까 걱정할 것이다. 그들은 중간에 포기하는 아이로 키우고 싶지 않은 것이다.

우리도 딸이 마음이 내키지 않을 땐 언제든 가지 않아도 된다고 지도하는 것을 권장하지는 않는다. 그보다는 딸이 어떤 과외 활동을 하기로 선택한다면 그것은 아이가 책임감을 느끼고 있다는 뜻임을 인지하고 당신은 한 학기 동안 그 수업료를 내주자. 그 학기가 끝나고 난 후, 온 가족이 모여 딸의 일정을 다시 검토해보고 필요한 부분이 있다면 바꾸면 된다. 이렇게 함으로써 딸에게 자신의 책무를 다하는 태도를 가르치는 동시에 시간을 어떻게 쓸 것인지 선택하고 관리하게 할 수 있다.

## 놀이의 중요성

과도한 일정에 찌든 아이의 삶에서 가장 첫 번째 희생양은 놀이이다. 우리는 종종 노는 것이 얼마나 중요한지 인식하지 못한다. 쉬운 일이나 소일거리를 너무 사소해서 크게 신경 쓸 필요가 없다는 뜻으로 '아이들 장난'이라고 부르기도 한다. 사람들은 놀이로써의 장난을 아이들이 모든 중요한 학습 활동들을 마친 후에 시간이 남을 때에야 누릴 수 있는 하찮은 사치로 여기는 경향이 있다.

부모들은 이왕 아이들이 놀 거라면 그 놀이가 조직적이고 의도적으로 기획된, 전문가가 보증하는 어른 주도의 활동일 때 더 편안함을 느낀다. 그러나 이런 것은 진짜 놀이가 아니다. 놀이로 보이도록 가장한 기획된 학습이다. 진정한 놀이에는 자유롭고 즉흥적인 표현이 있어야 한다. 아이들이 직접 창조하도록 하고 다른 특별한 이유 때문이 아니라 오로지 그 활동 자체를 즐거워하며 자신의 작은 세상을 탐색하는 데 흠뻑 젖어들 수 있어야 한다.

아이들이 진정한 '놀이'를 할 때는 그것에 완전히 몰입하게 되는데, 심리학자들은 이를 '플로우flow'라고 부른다. '플로우는 아이들이 반드시 어떤 결과를 가져와야 한다거나 게임에서 이겨야 한다는 등 성취 기반이 아닌, 그들이 좋아서 하는 활동 그 자체를 즐기면서 시간 가는 줄 모르고 완전히 그 활동에 집중하는 순간을 말합니다'라고 조지나 매닝은 말한다.

플로우 활동의 예로는 레고 조립, 그림 그리기, 만들기, 친구들과 놀기, 상상 게임, 독서, 승부에 집착하지 않아도 되는 스포츠, 그리고 결정적으로, 어른이 시키는 것이 아닌 아이들이 자발적으로 하고 싶어 하는 활동들이다.

계속 살펴 보겠지만, 자기 자신을 사랑하는 아이로 키우고 싶다면 이런 진정한 놀이가 무엇보다 필요하다. 딸에게 놀이라는 선물을 선사하는 것은, 체조에서 공중제비를 돌거나 발레에서 한쪽 발로 서서 빨리 도는 피루엣을 훈련시키는 것보다 아이의 육체적 감정적 행복과 발전에 훨씬 더 가치 있는 일이다.

## 놀이는 유년기의 '일'이다

성적과 경쟁, 겉으로 드러나는 성취 지표에 집착하는 세상에서 놀이의 장점을 이야기하는 것이 부질없는 시간 낭비처럼 보일 것이다.

지금 세대의 아이들이 과학, 수학, 읽기 분야에서 국제적으로 높은 순위를 기록하고 있다는 말이 끊임없이 들려오는 것을 감안하면 특히 아이들 교육에 관한 의견은 엇갈릴 수도 있다. 외국어 학습에서 놀이를 활용하거나, 연산 능력을 키워주기 위해 몰래 수학 게임을 집어넣는 것과 같이 놀이와 '더 상위의' 목적을 연결시키는 방법을 동원해서는 안 되는 것일까?

하지만 일부 어른이 원하는 목적을 달성하기 위해 놀이를 재설계하려고 하는 것은 애초에 놀이의 가장 중요한 핵심을 놓치는 행위이다. 반가운 소식은 놀이가 이미 학습이므로 굳이 그것을 학습 활동으로 다시 만들 필요가 없다는 것이다.

조단 샤피로Jordan Shapiro 는 템플 대학교의 조교수로 심리학을 전공했다. 그는 놀이가 '유년기의 일'이라고 말한다. 아이들의 뇌는 놀이를 통해서 발전하는 것이다. 아이들은 놀이를 통해 창의력을 계발하고 정보 처리 및 보유 능력을 키우고 감정을 조절하고 행동을 관리하는 방법을 배운다. 또한 다른 사람들과 어울려 잘 지내는 방법도 배운다. 이 능력은 나중에 커서 직장이나 공공장소에서 사람들과 어울려야 할 때 매우 중요하다.

호주의 자녀 교육서 저자이자 교육전문가인 매기 덴트Maggie Dent는, 놀이에는 감정적, 사회적, 인지적, 영적 이점이 많다고 말한다. 덴트는 '놀이는 아이들이 위험을 감수하고 실수를 저지르며 기다림을 배우고 문제를 해결하고, 그리고 마지막으로 아주 중요한 한 가지는 품위 있게 이기고 지는 법을 배우도록 해준다'라고 그의 책 《비현실적인 세상에서 살고 있는 현실의 아이들Real Kids in an Unreal World》에서 말한다.

놀이는 당신의 딸에게 대단히 중요한 공부와 삶의 기술을 가르쳐 줄 뿐만 아니라 두뇌가 본격적으로 무언가를 배울 수 있도록 준비시켜준다. 과부하가 걸린 컴퓨터 하드 드라이브는 제대로 작동하지 못한다는 사실을 한번 생각해보라. 더 쉽게 표현하자면 스마트폰이나 컴퓨터를 너무 과하게 사용하면 기계가 말썽을 부린다는 것이다. 놀이는 먹통이 되었거나 제대로 작동하지 않는 기기를 껐다가 다시 켜서 리셋하는 것과 비슷하다.

멜버른에 위치한 한 사립학교에서 조기 교육 담당 사무관으로 일하고 있는 웬디 메이슨은 아이들이 노는 시간을 충분히 가지지 못할 때 어떤 결과가 초래되는지에 대해 다음과 같이 말한다. '어느 때보다도 더 많은 아이들이 집중력이 현저히 저하된 상태로 학교에 입학합니다. 아이들은 한 가지 일에 집중해서 듣지도 못하고 자신의 감정을 말로 표현하는 데에도 어려움을 겪습니다. 상상력이 부족하기도 하고요.'

당신의 딸은 자유로운 놀이를 통해 자신을 더 잘 알게 될 기회를 갖게 될 것이다. 예를 들면, 자신이 무엇을 좋아하고 무엇을 좋아하지 않는지, 그리고 원래 잘하는 일은 무엇이고 남들보다 더 노력해야 하는 일은 무엇인지 등을 이해하게 된다. 아이는 평가를 받거나 성과를 내야 한다는 부담감 없이 다양한 활동들을 시도해보고 역할극을 통해 다양한 성격의 역할을 경험해볼 수 있다. 이것이 바로 멜버른 대학교의 심리학과 교수인 리 워터스Lea Waters가 부모들에게 두려워 말고 아이들에게 노는 시간을 충분히 확보해주라고 권장하는 이유이다.

실험하고 탐색할 자유를 많이 가질수록 당신의 딸이 정말 좋아하는 일을 찾게 될 가능성은 더 커진다. 아이의 심장이 고동치고 삶의 이유가 되어 줄 수 있는 일 말이다. 어떤 어른들은 자신이 정말 좋아하는 일이 무엇인지 찾지 못한 채 평생을 보내기도 한다. 그리고 그것은 정신 건강에도 아주 중요하다. 좋아하는 일은 그 일이 없었다면 따분했을지도 모를 삶에 의미와 목적을 가져다 주기 때문이다. 어떤 이들은 운이 좋게도 그들이 무슨 일을 해야 할 운명인지 일찍 깨닫게 되기도 하지만 대다수의 사람들은 그것이 무엇인지 노력해 찾아야 한다. 놀이는 당신의 딸이 좋아하는 것을 찾을 수 있는 기회인 것이다.

## 자유 시간을 되찾는 법

자유 시간을 내기가 어려울 수도 있다. 아니, 어렵다. 딸아이가 친구들과 똑같은 과외 활동을 하고 싶다고 조르는 데다, 솔직히 말해 아이가 뒤처질지도 모른다는 우리의 뿌리 깊은 양육 불안감과 두려움으로 인해 아이들은 늘 바쁜 상태이다. 그들은 방과 후 돌봄이나 우리가 일하는 날 종일 돌봄을 받거나 과외 활동을 하고 있는 것이다. 그래서 딸들에게 노는 시간을 주려면 가족들의 일정에 억지로 그 시간을 만들어 넣어야 한다는 것을 깨달았다.

그래서 우리는 원칙을 세웠다. 주간 수영 수업 이외에 아이들이 주말에 하고 싶은 과외 활동을 한 가지만 선택할 수 있게 해주었다. 이제 자유로운 평일 오후에는 무언가를 배우러 가는 대신 우리 부부 중 하나가 아이들을 데리고 공원에 간다. 노는 시간을 주는 것은 자유롭다는 추가적인 보너스가 있을 뿐 우리로서는 똑같은 노력이 들어간다. 공원에는 함께 어울려 놀 다른 아이들이 있을 때가 많다. 하지만 어떨 때는 놀 친구가 없어서 자기들끼리 놀 방법을 찾아야 한다. 비나 눈이 오는 날에는 아이들을 도서관에 데리고 가거나 곧바로 집으로 가서 그림을 그리거나 레고를 조립하거나 마인크래프트 게임을 하게 한다. 그렇다, 우리는 '게으른 양육'을 추천하고 있다. 그걸 받아들여라.

과외 활동을 줄이면 아이들의 운동량이 줄어들까 봐 두려운가? 그에 대한 대답은 '아니오'이다. 아이들은 운동을 하기 위해, 꽉 짜인 어른 주도의 경쟁적인 활동을 할 필요가 없다. 한 주 동안 우리 딸들은 과외 활동을 할 때 못지않게 몸을 많이 움직인다. 거기다 덤으로 밖에 나가서 마음 내키는 대로 자유롭게 놀 수 있는 이점도 추가로 누리면서 신체적, 감정적, 영적 행복을 증진하고 있다.

우리는 오후 시간을 딸들과 함께 보낼 수 있는 것이 큰 특권이며 모든 가정이 다 그럴 수 없음을 잘 알고 있다. 하지만 촘촘하게 짜인 학습 활동을 줄이고 놀면서 더 많은 활동을 하도록 비중을 조정할 수 있는 다른 방법도 있을 것이다. 방과 후 돌봄 서비스를 교과목 관련이 아니라 놀이 중심 프로그램으로 선택해보라. 아니면 다른 부모들과 팀을 구성해 방과 후 돌아가며 아이들의 놀이 지도를 해주는 방법도 있다.

또 다른 선택지는 주말에 오직 놀기 위한 시간을 따로 마련해두는 것이다. 그리고 그 시간을 엄수하는 것을 철칙으로 여기고 다른 우선순위가 그 시간을 침범하지 못하도록 하는 것이다. 가족 일정에서 어쩌다 여가 시간이 생기게 되면 그 시간을 노는 시간으로 삼아라.

딸들이 노는 것 대신 TV를 보게 해달라고 조르는가? 물론 그럴 것이다! 그럼 TV를 보도록 허락하는가? 생각보다 더 자주 허락할 것이다. 아이들은 TV를 못 보게 하면 불평하는가? 당연히 할 것이다! 하지만 조금 저항하고 투덜거리다가 곧 자기 방으로 가서 다른 할 일을 찾을 것이다. 책을 읽기도 하고 레고를 가지고 놀기도 하고 분리수거함에서 박스를 꺼내 장난감 배와 기차를 만들기도 할 것이다.

실토하자면 우리 딸들도 심심하다고 호소할 때가 있다. 아이들이 노는 법을 배우기까지는 적응 기간이 필요하다. 그들은 누군가가 놀아주는 데에 익숙하고 스스로 노는 법을 몰랐던 것이다.

자유 시간의 개념이 생소한 가정은 분명 우리뿐만이 아닐 것이다. '이케아 보고서'에 따르면 보통 가족들은 자유 시간이 너무도 생소해 시간이 주어져도 무엇을 해야 할지 모르는 것으로 나타났다. 아이와 부모들 중 절반은 남는 두어 시간의 자유 시간을 어떻게 보내야 할지 몰라 고민해야 한다고 인정했다. 자유 시간에 무엇을 해야 할지 모를 뿐만 아니라 자유 시간이 생겼다는 자체에 스트레스를 받는 것이다. 설문조사에 응답한 아이 중 53%와 부모 중 46%는 자유 시간이 주어지면 아무 계획이 없어 혼란스럽고 통제력을 상실한 느낌을 불러일으켜 불안하다고 답했다.

하지만 자유 시간이 우리를 집단 안전지대에서 벗어나게 하는데도 이것은 우리가 진정으로 갈망하는 것이기도 하다. 66%의 아이와 73%의 부모는 가장 행복한 가족 시간이 '아무 계획이 없는 시간'이라고 응답했다. 6~11세 아이의 절대 다수인 89%는 가족들과 함께 더 많은 시간을 보내기를 희망한다고 응답했다. 아이들은 부모님과 함께 나가서 노는 것을 너무 원하는 나머지 그럴 수만 있다면 그들이 특별히 하기 싫어하는 일이나 심부름조차도 기꺼이 하겠다고 답하기도 했다.

우리가 딸들의 인생에서 놀이를 우선순위에 두자고 결정하자 엄청나고도 지속적인 효과가 나타났다. 두 아이 모두 눈에 띄게 침착해진 것이다. 그리고 더 놀라운 사실은 우리 또한 침착해졌다는 것이다. 인정하건대 평일에 정해져 있는 과외 활동을 시키지 않는 것이 지나친 행동으로 비춰질 수 있다. 그것이 우리에게는 효과가 있지만 다른 이들에게는 효과가 없을 수도 있다. 하지만 딸의 과외 활동이 가정생활에 스트레스를 주거나 노는 시간을 빼앗는다면 당신이 균형을 제대로 맞추고 있는지 재고해볼 가치가 있는 것이다.

## 그나저나 개인 과외는 정말 효과가 있을까?

개인 과외의 매력은 간단하다. 적당한 교육이 좋은 것이라면 더 많은 교육은 더 좋을 것이다. 그렇지 않은가? 하지만 한 걸음 물러서서 개인 과외의 효과를 살펴보면 '다다익선'의 접근법이 그다지 효과적이지 못하다는 사실을 알 수 있다. 개인 과외의 장점은 기껏해야 한시적인 이점을 제공하는 것일 뿐이다. 최악의 경우, 개인 과외가 아이의 교육에 독이 될 수도 있다.

모내시 대학교Monash University에서 교육 심리학과 통합 교육을 연구하고 있는 펄 수반Pearl Subban 박사는 개인 과외가 기대만큼의 결과를 가져오지 못하는 이유 중 하나로, 아이들이 과외에 의존하도록 만들어 자기 주도 학습을 하는 매우 중요한 능력을 키우지 못하게 만들기 때문이라고 지적한다. '과외가 나쁘다는 말을 하려는 것이 아닙니다. 분명 도움이 되고 요구를 충족시키는 부분이 있지요'라고 말한다. '하지만 그와 동시에 아이의 독립성을 키우고 과외 교사에 대한 의존성을 키우지 않으려는 의식적인 노력이 필요합니다.'

수반 박사는 과외가 아이의 전반적인 행복에 미치게 될 영향에 대해 생각해보아야 한다고 당부한다. "개인 과외는 학생들에게 스트레스와 부담을 가중시킬 수 있습니다. 아이가 항상 아주 좋은 성적을 받아야 하며 점수가 중요하다는 생각을 하게 만들지요. 중간이나 평균 정도의 점수는 용납되지 않는다는 생각을 하는 겁니다. 학생들은 너무 열심히 공부해서 탈진 상태에 이르죠. 개인 과외는 보통 방과 후나 주말에 받기 때문에 그 결과 학생들은 자유 시간이 거의 없어 학교 공부와 개인 생활의 균형이 깨지게 됩니다."

딸이 준비되지 않았거나 피곤하고 스트레스를 받은 상태일 때 너무 많은 공부를 강요하는 것은 역효과를 낳을 수 있다. 딸의 실력을 향상시키는 것이 아니라 공부를 싫어하는 아이로 만들 수 있다. 우리는 이런 경우를 직접 목격한 적이 있다. 딸의 친구 중 한 명은 걸음마를 할 때부터 학습지를 시작했다. 아이의 부모는 학교에 들어가기 전에 아이가 읽을 수 있게 된다면 다른 아이들보다 앞서갈 것이라는 영업자의 주장에 설득되었다. 그들은 수천 달러를 들였고 읽기 학습이 아니라면 무엇이든 더 즐겁게 했을 딸과 수도 없이 말다툼을 벌였다. 마침내 이 어린 소녀는 학교에 들어가기 전에 읽을 수 있게 되었다. 여기까지는 좋다.

1학년이 끝나갈 무렵이 되자 딸과 같은 학년의 거의 모든 아이들이 동일한 수준으로 책을 읽을 수 있게 되었다. 하지만 한 가지 뚜렷한 차이가 있었다. 개인 과외를 받은 그 소녀는 읽기를 아주 싫어했다. 그것이 억지로 해야 하는 공부였기 때문이다. 한 가지 확실한 것은 과외가 아이에게 읽기를 좋아하도록 동기를 유발하는 일은 전혀 하지 못했다는 사실이다. 오히려 정반대의 일을 한 것이다.

이것이 모든 아이에게 해당되는 이야기는 아닐 것이다. 당신의 딸은 아주 수월하게 과외 수업에 적응할 수도 있다. 분명 개인 과외가 효과를 발휘하는 경우도 존재한다. 그러나 우리는 과외 열풍에 휩쓸리지 않도록 주의해야 한다. 당신이 기대하는 성과를 가져오지 못할 뿐만 아니라 딸에게 스트레스를 주어 침착한 성격을 유지하지 못하게 만들 것이기 때문이다.

## 숙제는 학습에 도움이 될까?

숙제에도 비슷한 논리가 적용된다. 과외보다는 중요도가 덜 하지만 숙제 또한 학업 성적을 올려준다고 여겨지는 활동 중 하나이다. 그러나 당신이 생각하는 숙제의 효과는 그저 허상에 불과하다. 관련 연구에서도 특히 어린아이들에게는 숙제를 내주는 것을 권장하지 않는다. 중고등학생들에게는 도움이 될지 몰라도 마이크 호슬리Mike Horsley 와 리처드 워커Richard Walker 가《숙제 개혁Reforming Homework》

에서 쓴 것처럼, '숙제는 3학년 이하의 학생들에게는 학습에 아무런 도움이 되지 않으며 4~6학년 학생들에게는 약간 도움이 될 뿐이다.' 다시 한 번 강조하건대, 워커와 호슬리는 2년에 걸쳐 전 세계의 관련 자료를 분석한 결과 초등학교 아이들이 숙제를 통해 학교 공부에 도움을 받는 부분은 아주 미미하거나 없다는 사실을 발견해냈다.

자녀 교육서의 저자이자 한때 교사였던 매기 덴트는 자칭 '숙제 반대론자'이다. 그녀는 숙제가 시간 낭비이며 아이들이 학교에서 지쳐서 돌아왔을 때 시켜서는 안 되는 일이라고 말한다. 그녀는 이렇게 말한다. '초등학교에서 숙제가 학교 공부에 도움이 된다는 연구 결과는 없습니다. 게다가 숙제를 부모가 대신 해주는 경우 아이들이 학교에서 이루어지는 평가에서 어떻게 좋은 점수를 받을 수 있을까요? 아이들은 친구들이나 부모와 함께 놀면서 쉬어야 합니다. 다음 날 학교 공부를 준비하는 시간인 거지요.'

숙제가 어린아이들에게는 우리가 생각하는 것만큼 공부에 도움이 되지 않음을 보여주는 연구 보고에도 불구하고 부모들은 학교에서 숙제 내주기를 바란다. 일부 부모들은 아이들이 집에서 부모가 자체적으로 부여한 숙제를 하게 할 뿐만 아니라 수학과 영어 과외를 시켜서 공부를 더 많이 하게 한다.

매기 덴트는 한 시간 반씩 집에서 공부하는 네 살 난 아이들을 알고 있다. '그들은 집에 가서 정해진 규칙에 따라 공부하지요'라고 덴트는 말한다. 그녀는 많은 아이들이 주어진 일을 성공적으로 완수하는 기술이 부족하다고 주장한다. '그게 무서운 겁니다. 아이들에게 뭔가를 하라고 시켜도 아이들은 발달 단계상 사실 그 일을 할 수가 없어요. 그래서 부모는 아이들에게 그 일을 계속 반복해서 시킬 수밖에 없게 되죠.'

고학년의 학생들에게조차 숙제를 하는 것과 성적 향상 사이에는 상관관계가 존재할 뿐이다. 상관관계는 인과관계가 아니다. 숙제를 더 잘하는 학생들은 어쨌든 공부에 대한 동기가 더 강할 가능성이 크다. 동기 부여가 더 많이 된 학생은 숙제도 착실히 하고 좋은 점수를 받을 가능성도 훨씬 더 클 것이다.

물론 일각에서는 성적 향상과는 무관한 숙제의 다른 이점들을 언급하고 싶을 것이다. 숙제는 아이들에게 좋은 공부 습관을 길러 줄 뿐만 아니라 시간 관리와 공부 기술을 가르쳐 준다고 주장하기도 한다. 하지만 정말 그런지 그것을 확실히 증명해주는 증거는 거의 없다. 미국의 교육 전문가인 알피 콘Alfie Kohn 은 《숙제 신화The Homework Myth》에서, 숙제는 효과가 있을 수도 있고 없을 수도 있다고 밝혔다. 숙제의 실제 효과를 조사해본 적이 없으므로 누구도 그 효과를 알 수 없는 것이 현실이다. 하지만 그는 사람들이 기대하는 효과가 실제로 있는지에 대해 의문을 제기한다.

시간 관리를 예로 들어 보자. 이론상 숙제는 시간 관리 기술을 길러줘야 한다. 하지만 아이에게 숙제를 해야 한다고 상기시키고 숙제를 완료해서 기한 내에 제출했는지 확인하는 일을 부모가 하고 있다면 시간 관리를 아이가 아닌 부모가 하고 있는 것이다. 콘은 '한 엄마는 아이들의 과제를 봐주다 보니 정말 자신의 시간 관리 능력을 시험받는 것 같다고 말했다'라고 적고 있다. 콘은 아이가 허우적거리고 실패하도록 놔두는 것이 좋다고 말하지만, 장기적인 관점에서 봤을 때 그것은 바람직해보이지 않는다. '만일 잠자리에 들기 직전이나 다음 날 아침 일찍 과제를 다 못 한 사실을 알게 된다면 그 결과는 부모와 아이 모두에게 좋지 않다. 사실 과제를 안 한 상태로 방치하면 부모들은 보통 교사에게서 연락이 올 것을 예상해야 한다. 즉 학교에서 부모의 방임적인 태도를 원하지 않는다는 뜻이다.'

반대로 아이가 숙제에 지나치리만큼 집착하며 너무 많은 시간을 허비하는 경우도 있다. '교사는 완성된 숙제만을 보지 집에서 무슨 일이 일어났는지까지는 모른다'라고 덴트는 지적한다. '일부 아이들은 20분 걸릴 숙제를 2시간을 들여서 하기도 하지요. 게다가 숙제를 지나칠 정도로 여러 번 다시 해서 완성하는 완벽주의 성향의 아이들도 있습니다.'

숙제를 지지하는 쪽의 또 다른 주장은 숙제가 아이들을 훈련시키고 그들이 항상 삶에서 원하는 일만 할 수 있는 건 아니라는 사실을 알려준다는 것이다. 그러나 아이들은 학교에서 다른 이들이 만든 규칙을 따르고 그들이 선택하지 않은 일들을 하루 종일 하면서 보낸다. 그런데 그들이 집에 돌아와 원하는 일을 하는 것이 뭐가 그렇게 큰 문제가 될까? '자유 시간'은 자유롭게 보낼 수 있는 시간이기에 자유 시간이라고 부르는 것이다. 어른들은 매일 밤 일감을 싸서 퇴근하기를 원치 않으면서 아이들에게는 그러기를 기대한다는 것은 불공평한 일이다.

그렇다고 아이들이 숙제를 통해 배우는 것이 전혀 없다는 뜻은 아니다. 오히려 아이들은 모든 정규 교육에 대한 혐오를 배우게 된다. 또한 휴식 시간이 없다는 사실도 배우게 된다. 스윈번 공과 대학교의 학습 혁신 학과장인 타라 맥달린스키Tara Magdalinski는 다음과 같이 지적했다. '저는 숙제가 학생들에게 엉뚱한 것을 가르친다고 생각해요. 공부와 삶의 균형을 무시하는 법을 가르치죠.'

가정에 긴장을 유발하기도 한다. 태니스 캐리는 그의 책에서 '숙제는 당신의 집을 전쟁터로 만드는 경우가 많다. 설문조사에 따르면 아이들과 부모 사이에 일어나는 다툼의 주요한 원인이 숙제인 것으로 나타났다. 한 조사에서는 아이들의 40%가 숙제를 둘러싼 부모와의 갈등으로 운 적이 있었다고 답했다. 그러나 그 수치조차도 너무 축소된 것처럼 보인다'고 적었다.

매기 덴트는 숙제가 집을 전쟁터로 탈바꿈시킨다면 당신이 딸과 가족을 위해 최선이라고 생각하는 방향에 대해 학교 측과 진지한 대화를 나눠볼 것을 권장한다. 예컨대, 당신이 일주일에 하루는 딸과 함께 한적한 오후 시간을 즐기며 공원에서 더 오래 보내겠다고 결정한다면 교사에게 딸이 그날만큼은 숙제를 할 수 없다고 정중하게 부탁해보는 것이다.

## 숙제 방임 정책의 유일한 예외 조항

우리가 숙제에 대해 한 가지 예외를 두는 분야는 '읽기'이다. 매일 밤 딸에게 책을 읽어주는 시간을 따로 빼두는 것은 권장되어야 할 '가정에서의 공부'이다. 딸이 잠자리에 들기 전에 책을 읽어주는 것이 될 수도 있고, 딸에게 직접 책을 읽어달라고 할 수도 있다. 아니면 딸에게 혼자 책을 읽도록 독려할 수도 있다. 아이가 혼자 책을 아주 잘 읽게 되어도 아이에게 계속 소리 내어 책을 읽어주는 것에는 많은 이점이 있다. 아이가 10대에 접어들어도 그건 마찬가지다.

일부 부모들은 형편없이 글을 못 읽는 상태였던 자녀가 글을 잘 읽게 되면 이제 그들의 임무는 끝난 것이고 더 이상 책 읽기에 집중하지 않아도 된다고 생각하는 실수를 범한다. 하지만 아이들이 혼자 책을 읽을 줄 알게 된 후에도 가정에서 함께 책 읽기를 계속했을 때 얻을 수 있는 이점은 아주 많다.

유니버시티 칼리지 런던 교육 연구소의 사회학과 교수인 앨리스 설리반Alice Sullivan 박사는 열 살 때 책을 규칙적으로 읽은 아이들과 열여섯 살 때 일주일에 한 번 이상 책을 읽은 아이들이 학교에서 더 우수한 성적을 보인다는 사실을 발견했다. 설리번 박사는 〈텔레그래프Telegraph〉 잡지와의 인터뷰에서 '즐거움을 얻기 위한 독서가 아이들의 수학 점수를 향상시킬 수 있다는 사실이 놀라울 것입니다. 하지만 읽기 능력이 우수한 아이들은 새로운 정보를 빨리 흡수하고 이해할 수 있어 모든 과목에서 높은 성취도를 보일 수 있습니다'라고 설명했다.

학습 성취보다 더 중요한 이점으로는, 책을 많이 읽는 아이들은 십중팔구 정신적으로 더 건강하고 바람직한 인간관계를 형성하게 된다는 것이다. 또한 일상생활 속에서 들을 수 있는 어휘보다 훨씬 더 많은 수와 넓은 범위의 어휘들을 독서를 통해 접할 수 있게 된다. 함께 읽기는 딸을 평생 책을 사랑하는 사람으로 성장시키며 가족 간의 유대도 돈독히 할 수 있는 좋은 활동이다. 이뿐만 아니라 아이가 잠자리에 들기 전에 긴장을 풀고 잠잘 준비를 할 수 있는 좋은 수단이 되기도 한다.

여기서 기억해야 할 아주 중요한 사항이 있다. 당신은 딸이 자신이 읽을 책을 직접 선택하게 해야 한다. 아이가 만화책이나 만화로 된 소설을 대충 훑어보고 싶어 한다면 그렇게 하게 하라. 아이 나이대에는 걸맞지 않는, 당신이 볼 때 '너무 어린애 같은' 유니콘과 요정 이야기를 읽고 싶어 한다 해도 그렇게 하도록 내버려 두라.

일부 부모들은 아이에게 학교에서 정해준 필독서나 문학상을 수상한 '양질의' 도서만을 찾아서 읽게 해야 한다고 생각한다. 그러나 딸아이가 그런 종류의 책에 관심이 없다면 그러한 접근법은 딸을 독서에서 소외시키고 아예 책과 멀어지게 만들 가능성이 크다. 어쨌든 당신도 시간을 들여 당신이 싫어하는 책을 읽지는 않을 것이다. 그러니 당신의 딸도 그렇게 느끼는 것은 당연하다. 콘 또한 '독서에 대한 아이의 관심과 독서 능력을 높일 수 있는 방법으로 아이 스스로 선택한 책을 읽게

**하는 것만큼 좋은 방법은 없다'고 강조한다.**

첫째 딸이 책을 읽기 시작했을 때 학교에서는 매일 밤 집에서 읽을 수준별 동화책을 제공해주었다. 아이의 수준에 맞는 책들이었기에 처음에 시작하기에는 안성맞춤이었다. 하지만 읽기 실력이 향상되자 아이는 그 책들을 지루해하기 시작했다. 아이는 다른 책을 읽고 싶어 했다. 학교에서 수준별 동화책은 계속 가지고 왔지만 우리는 그 책을 가방에 그냥 둔 채 아이가 원하는 책을 읽어도 뭐라고 하지 않았다.

우리는 딸이 그저 독서의 원리를 배우기를 원한 것이 아니다. 우리는 아이가 책을 사랑하게 되기를 원했고, 아이가 관심이 없는 책을 읽으라고 강요하면 그 목표를 달성할 수 없게 될까 봐 두려웠다. 흥미가 없는 책을 억지로 끝까지 읽는 것은 아이에게나 부모에게나 재미없는 일이다. 그보다는 딸이 자신의 호기심과 열정을 따라서 읽고 싶은 책을 읽도록 지도하는 것이 바람직하다.

책 읽기는 기획하고 설계해서 부여해야 할 또 하나의 과외 활동이 아니다. 독서를 좋아하게 만들기 위해서는 책 읽기를 놀이처럼 대하라. 그리고 아이가 그것을 주도하게 하라.

## 책 읽는 모습을 들켜라

부모들도 아이들 앞에서 절대로 들키고 싶어 하지 않는 일들이 있다. 하지만 아이들에게 꼭 들키려고 최선을 다해야 하는 한 가지 활동이 있는데, 그것은 다름 아닌 '책 읽기'이다.

여기서 '책 읽기'는 아이들에게 책을 읽어주는 것을 말하는 것이 아니다. 부모 자신을 위한 책 읽기를 말하는 것이다. 그리고 케케묵은 고전 읽기를 말하는 것도 아니다. 즐거움을 얻기 위한 독서여야만 한다. 따라서 학교 뉴스레터를 훑어보거나 새로 산 세탁기의 사용설명서를 읽는 것과 같은 기능적인 읽기는 포함되지 않는다. 앉아서 책의 순수한 재미에 푹 빠지는 독서를 의미한다.

어린이 문해력 전문가인 조이 밴디Joy Bandy에 따르면 자녀들을 위해 부모가 해줄 수 있는 가장 좋은 일 중 하나는 독서의 기쁨을 몸소 보여주는 것이라고 한다. 밴디는 "아이들에게 독서의 과정을 흥미롭고 신비로워보이게 만들어 주는 거예요. 아이들이 방해하면 '미안하지만, 난 이 장까지는 끝마쳐야겠어. 너무 재미있어서 어떻게 되는지 궁금해 죽겠거든'이라고 말해주는 거죠"라고 말한다.

이제 할머니가 된 밴디는 부모들이 아이가 관심 있어 하는 만화책이나 신문 기사, 하다못해 크리켓 점수라도 읽는 모습을 '들키려고' 노력해야 한다고 말한다. "저는 손주들과 있을 때면 신문을 펼치며 이렇게 말해요. '이 풍자 만화 봤니? 너희들은 이것에 대해 어떻게 생각하니?'라고 말이에요."

당신이 무슨 생각을 하고 있는지 안다. 독서의 순수한 즐거움을 보여줄 시간을 도대체 언제 낸다는 말인가? 그것은 '좋은 부모'가 해야 할 일들을 적어 놓은 긴 목록에 추가해야 할 또 하나의 일일 뿐이다. 그러나 우리가 이미 이야기했듯이 많은 부모들은 과외 활동에 막대한 시간과 비용을 투자하고 있다. 아이들의 과외 활동을 하나만 줄여도 일주일에 한 번 도서관에 갈 수 있는 시간은 만들 수 있을 것이다.

'저는 독서를 좋아하지 않는다고 말하는 어른들은 어린 시절 정말 좋아해서 손에서 내려놓을 수 없었던 한 권의 책을 찾지 못해서라고 생각합니다'라고 윌리엄스는 말한다.

모든 아이가 자라서 베스트셀러 작가가 되지는 않겠지만, 아이들이 책을 사랑하는 마음을 기를 수 있도록 기회를 제공하는 것은 상상력과 즐거움, 공감 능력, 더 높은 학업 성취라는 선물을 선사하는 것이나 마찬가지다. 책과 함께 '나만의 시간'을 조금씩 갖는 것은 당신과 아이에게 아주 바람직한 일이다.

## 디지털 스크린 논쟁

대다수의 부모는 자녀가 책 읽는 것을 아주 좋아한다. 반면 디지털 기기의 스크린은 현대의 악이라고 생각한다. 많은 부모가 아이들, 특히 어린아이들 근처에 컴퓨터와 TV, 스마트폰 등의 스크린이 있는 것을 마치 그것이 독이라도 되는 것처럼 안 좋게 생각한다. 부모들은 자녀들이 TV나 스마트폰을 사용하는 시간이 너무 길어서 대신 과외 활동을 시켜야 한다는 부담을 느끼기도 한다고 말한다. 만약 딸의 자유 시간이 과외 활동으로 꽉 채워져 있다면 아이가 디지털 기기를 사용하지 못할 것이므로 그 논리에도 일리는 있다. 아이에게 디지털 기기의 사용을 허락하는 것이 부모들이 가장 죄책감을 느끼는 행동 순위에서도 최상위에 오르기도 한다.

보건 당국과 언론에서 전자 스크린의 유해성에 대해 연일 무서운 이야기들을 쏟아내고 있는 것을 감안하면 놀라운 일은 아니다. 우리는 전자 스크린이 아이들을 더 뚱뚱하고 멍청하게 만들며 감정 발달을 저해한다는 이야기를 항상 듣고 있다. 인터넷 사용이 아이들의 뇌 구조를 바꾼다는 주장 또한 있다. 일각에서는 디지털 기기 사용 시간과 자폐증 및 주의력결핍 과잉행동장애ADHD 증가와의 연관성을 지적하기도 한다.

미국소아과학회The American Academy of Pediatrics 에서는 2~5세 사이 아동들의 경우 하루 1시간으로 전자 스크린 사용을 제한하고 있고, 2세 이하의 아이들의 경우는 이를테면 할아버지 할머니와 영상 통화할 때를 제외하고는 전자 스크린을 아예 사용하지 않을 것을 권고하고 있다. 세계보건기구World Health Organization 에서도 그와 비슷하게 1세 미만의 아이는 한 곳에 머물며 디지털 기기의 스크린을 보지 말아야 하며 2세 아이는 하루에 한 시간이 넘지 않게 볼 것을 권고하고 있다. 세계보건기구는 아이들이 스크린 앞에 앉아 있는 시간과 비만, 활동 저하, 인지 기능 발달 저하, 정신 건강 사이의 연관성을 지적하며 아이들이 스크린에 노출되는 시간은 '적으면 적을수록 좋다'고 덧붙인다.

이러한 경고를 듣게 되면 어떤 부모라도 두려움을 느끼고 아이가 불가피하게 전자 스크린을 보고 있을 때 아주 큰 죄책감에 시달린다. 그러나 이걸 생각해보자. 전자 스크린의 심각한 유해성을 지적하는 연구 결과는 애초에 생각했던 것만큼 그렇게 확고부동하지는 않다. 스크린이 아이들에게 유해하다는 증거는 빈약한 게 사실이다. 예를 들어 세계보건기구의 권고를 한 번 살펴보자. 그들은 그 권고가 신체 활동, 비활동적 행동특히 수동적인 전자 스크린 사용으로 인해 제자리에 앉아 있는 행동, 수면, 그리고 다양한 건강 문제들 사이의 연관성에 관해 상호 심사 학술지에 발표된 자료를 면밀히 검토한 내용을 기반으로 한 것이라고 밝히고 있다.

이 모든 말은 그럴듯하게 들리지만 세계보건기구가 그 증거의 신빙성에 관해 덧붙인 설명을 읽어보면 생각이 달라질 것이다. 세계보건기구가 스크린 사용에 관해 권고한 해당 보고서에서 그들은 '아주 신빙성이 부족한 증거 자료를 근거로 강력한 권고를 하고 있다'는 사실을 인정하고 있다. 그들은 전자 스크린 사용 시간과 비만, 인지 및 운동 기능 발달, 정신 건강 사이의 연관성에 관한 권고가 빈약한 증거에 근거를 두고 있어 '전반적으로 증거의 질은 아주 낮은 것으로 평가된다'고 인정하고 있다.

전자 스크린 사용과 아동 발달 사이의 인과관계를 설명하는 것은 기술과 건강에 관해 단정적인 주장을 내놓는 것만큼 어려운 일이다.

옥스퍼드 대학교 실험 심리학과의 에이미 올벤Amy Orben 박사는 연구를 진행할 때 연관성을 인과 관계로 오해하지 않도록 유의해야 한다고 강조한다. 10대 아이들의 전자 스크린 사용의 영향에 대해 연구해 온 올벤 박사는 '그것은 마치 아이스크림 가격이 상승할 때 살인율이 높아지는 것과 같은 경우입니다. 그 둘 사이에는 아무런 상관관계가 없지만, 살인율은 여름에 더 높아지고 아이스크림 가격도 여름에 상승하기 때문에 얼핏 연관성이 있는 것처럼 보이지요'라고 설명한다.

마찬가지로 스크린이 광범위하게 많이 사용되는 것과 아이들의 불안 및 우울증과 다른 건강 문제들에 관한 보고가 많아진 것도 함께 발생한 일이지만 직접적인 인과 관계는 밝혀지지 않았다.

또 다른 문제점은 이러한 문제를 연구하는 연구자들이 그들의 결과를 발표하기 전에 엄청나게 많은 자료를 꼼꼼히 살핀다는 사실이다. 많은 데이터를 기반으로 하고 있기 때문에 그 연구 결과를 더 확고하게 만들 수는 있겠지만 그 데이터가 아니었다면 일상 속에서 미처 알아채지 못하고 넘어갈 수 있었던 아주 작은 효과도 갑자기 중요성을 띠게 된다는 의미이기도 하다. 올벤 박사는 건강에 안 좋은 영향을 미치려면 아이들이 전자 스크린을 하루에 11시간 이상 사용해야 한다고 말한다. 그리고 우리는 모두 아이들이 비디오 게임에 '중독된' 이야기를 들어본 적이 있지만 그들은 일반적인 경우가 아니라 예외적인 경우이다.

그렇다면 전자 스크린 사용 시간과 자폐증 및 주의력결핍 과잉행동장애 사이의 연관성에 관한 주장은 어떤가? 그 주장은 완전히 잘못된 것이다. 그 사이에는 아무런 연관성이 없다. 전자 스크린 사용의 유해성과 관련된 증거의 신빙성이 낮기 때문에 영국왕립보건소아과학회Royal College of Paediatrics and Child Health에서는 호주와 미국의 소아 병원들과는 달리 아이들의 전자 스크린 사용 시간에 대해 엄격한 지침을 제시하지 않는 것이다. 영국왕립보건소아과학회는 다음과 같이 설명한다. '전자 스크린 사용 자체가 나이에 상관없이 아이의 건강에 유해하다는 사실을 증명해주는 충분한 근거는 없습니다. 따라서 연령대에 맞는 제한 시간을 권장하는 것이 불가능합니다.' 하지만 영국왕립보건소아과학회는 '부모들이 아이의 발달 단계와 아이의 요구, 그리고 친목 도모와 운동, 수면과 같은 긍정적인 활동에 가족이 두는 가치에 맞게 디지털 기기 사용 시간을 적절히 조절하는 것이 바람직하며, 다른 긍정적인 활동들을 대체할 만큼 전자 스크린 사용을 많이 한다면 아이의 건강에 위협이 될 수 있습니다'라고 덧붙였다.

## 그렇다면 전자 스크린 사용을 허락해야 할까?

우리는 아이들이 하루 종일 TV 앞에만 앉아서 시간을 허비하는 행동을 지지하는 것이 아니다. 전자 스크린 사용과 기술 발전의 역효과를 부정하려는 것도 아니다. 우리는 TV나 스마트폰에서 눈을 떼지 못하는 아이들의 이야기를 듣고 있으며, 기업들이 그들의 막대한 부와 자원을 이용해 아이들과 어른 사용자 모두를 가능한 오랫동안 중독시키는 앱과 서비스를 설계하고 있는 상황에서 우려가 되는 것은 당연하다. 또한 사이버 폭력, 또는 앱이나 게임 채팅 기능을 통해 아이에게 모르는 사람이 접근을 시도하는 이야기도 들어봤을 것이다. 사생활 침해와 그 밖의 다른 온라인상의 안전도 우려된다. 더욱이 교육 앱에 관한 많은 주장들은 약간의 건전한 비판 정신을 가지고 들어야 할 것이다.

그러나 이것들이 디지털 기기나 기술, 또는 인터넷 자체의 문제는 아니다. 이것은 부모들의 문제이며 우리가 통제할 수 있는 문제들이다. 당신은 자녀가 TV나 컴퓨터, 스마트폰을 보는 시간을 통제할 힘과 권한이 있다는 사실을 알아야 한다. 온라인의 유해성에 대해 철저히 연구하고 디지털 기기를 사용 제한하고 개인 정보를 관리하고 앱에 접근 제한을 걸어둘 수 있다.

우선 딸이 당신이 보는 앞에서만 디지털 기기를 사용하도록 하여 부적절한 메시지나 콘텐츠를 받으면 즉시 개입할 수 있도록 한다. 우리 집에서는 '침실에서 아이패드 사용 금지' 규칙이 있다. 특별한 경우가 아니라면 우리 딸들은 그들이 무엇을 하고 있는지 지켜볼 수 있도록 거실에서만 디지털 기기를 사용할 수 있다.

시드니에서 활동 중인 심리학자 조슬린 브루어Jocelyn Brewer는 부모들이 무조건 디지털 기기를 사용하지 못하게 하기보다는 가족이 함께 '디지털 다이어트'를 실천할 것을 권장한다. '부모들은 가족들을 위해 사용 디지털 기기의 종류를 줄이고 언제 어떤 기기를 사용할 것인지 결정할 수 있는 능력을 길러야 합니다. 그리고 그 결정이 언제 누가 외출을 하고 가족 단위 외출은 언제 하며 식사는 언제 어떻게 하는지, 그리고 그 밖의 여러 상황들을 잘 고려한 결정인지 살펴야 하죠.'

딸이 디지털 기기를 사용하는 시간이 가족들에게도 불편을 주지 않으며 학교생활과 개인 생활에 필요한 일을 하는 것이라면, 휴식할 때 잠깐씩 디지털 기기 사용을 허락한다고 해서 아이가 생각 없는 좀비가 되지는 않을 것이다.

당신은 디지털 기기 사용이 딸에게 침착성을 길러주는 것과 무슨 상관이 있는지 궁금할 것이다. 우리는 디지털 기기에 대한 피해망상이 '과도한 일정 잡기'와 연관이 있다는 사실을 알게 되었다. 우리는 자녀가 집에 있으면 하루 종일 디지털 기기만 사용할 것을 걱정하며 매일 늦은 시간까지 아이들에게 과외 활동을 시킨다는 부모들을 알고 있다. 만약 당신도 그렇다면 이걸 알아둬야 한다. 디지털 기기가 아이들에게 유해하다는 증거는 미미하지만 수면 부족과 불안감, 스트레스가 아이들에게 유해하다는 증거는 넘쳐난다.

## 수면

부모로서 우리가 하는 많은 결정은 아직 그 결과를 알 수가 없다. 우리는 가지고 있는 정보 내에서 최선을 다할 뿐이며 우리의 결정이 옳았는지는 오직 시간만이 말해줄 것이다. 그래도 현재 잘하고 있는지의 여부를 분명히 알 수 있는 육아 전략도 있기는 하다. 그것은 바로 '수면'이다.

잠을 잘 자라. 그러면 모든 일이 나아질 것이다. 여기서 '모든 일'은 정말 모든 일을 뜻한다. 신경과학자인 사라 맥케이Sarah McKay 박사는《여성의 두뇌 책The Women's Brain Book》에서 이렇게 적고 있다. '우리의 몸 어느 곳도 수면 부족일 때 안전할 수 없다. 하룻밤만 잠을 못 자도 당신은 완전히 제정신이 아닐 것이다. 불면증으로 고통받거나 수면이 부족하면, 우울증, 2형 당뇨병과 같은 대사장애, 심혈관계질환, 인지 기능 저하와 사망률 증가를 포함해 다른 여러 문제들을 발생시킬 위험이 있다.'

그렇다면 우리 아이들에게는 어느 정도의 수면이 필요할까? 미국 수면 재단National Sleep Foundation 에 따르면 초등학생들은 하루에 9~11시간의 수면이, 중학생들은 8~10시간의 수면이 필요하다고 한다.

어떤 아이들은 선천적으로 잠을 더 잘 자기도 한다. 물론 살아가면서 시기마다 여러 가지 요소들이 수면의 질에 영향을 미친다. 하지만 대체로 양질의 수면을 취하는 것은 다른 기술과 마찬가지로 아이가 훈련을 통해 습득할 수 있는 기술이다.

우리 딸들은 잠을 잘 자지 않는 아이들이었다. 실제로 너무 안 자서 둘 다 수면 연구소에 보낼 정도였다. 이는 오히려 축복이었다. 그곳의 의사와 간호사, 심리학자들은 잠에 우선순위를 두고 규칙적인 수면 습관을 유지하는 법을 가르쳐 주었다. 사실 요령은 따로 없다. 우리의 경우는 딸들이 잘 잘 수 있는 환경을 조성하는 일에 우선순위를 두었다.

아이들이 잠을 제대로 못 자는 것은 부분적으로는 우리 사회의 경쟁적인 분위기 탓이라 할 수 있다. 우리는 어린 학생들이 과거에 비해 훨씬 더 많은 것들을 소화하고 있다고 생각한다. 이 나라는 아이들을 점점 더 몰아붙이면서 훨씬 더 많은 경쟁을 부추기고 있다. 비록 요즘에는 수면에 대해 조금 관심을 갖는 추세이지만 우리는

**당신의 딸은 몇 시간 동안 자야 할까?**

| 연령 | 추천 수면 시간 | 적당한 수준 | 권장하지 않음 |
|---|---|---|---|
| 1~2세<br>아기 | 11~14시간 | 9~10시간 /<br>15~16시간 | 9시간 미만 /<br>16시간 이상 |
| 3~5세<br>유아 | 10~13시간 | 8~9시간 /<br>14시간 | 8시간 미만 /<br>14시간 이상 |
| 6~13세<br>초등학생 | 9~11시간 | 7~8시간 /<br>12시간 | 7시간 미만 /<br>12시간 이상 |

출처: 호주 수면 건강 재단

'더 좋은' 것들을 위해 잠을 포기한다. 미래를 위해 지성을 위해 발전과 배움을 위해 더 좋은 것을 추구하기 위해서 말이다.

하지만 경쟁력을 기르고 과도한 일정을 감수하는 그 결과 딸들의 수면을 박탈하는 대가는 장기적으로 볼 때 가치가 없을 수도 있다. 피곤한 아이들은 집중해서 공부하기가 힘들다. 피곤한 아이들은 감정 조절도 잘 못한다. 피곤한 아이들은 그들의 육체적 정신적 건강을 잃어가고 있다. 과연 그렇게 하면서까지 과외 활동이나 공부를 꼭 해야 할 가치가 있을까?

당신의 딸이 잠을 잘 못 잔다면 블런덴 박사의 말에 주목해보자. 그녀는 작은 변화를 줄 것을 제안한다. 이를테면 딸의 취침 시간과 기상 시간을 2~3일마다 15분씩 조정해보는 것이다. 아이들이 새로운 취침 및 기상 시간에 적응했을 때 다시 15분을 조정한다. 이런 식으로 그들이 적절한 수면을 취할 수 있을 때까지 취침 시간과 기상 시간을 조정해나가는 것이다.

우리 딸들은 잠자리에 들기 전에 일상적으로 하는 일이 있다. 그 일에는 목욕, 양치, 독서, 화장실 용변이 포함되며 이는 타협이 불가능한 일들이다. 큰딸이 학교에 다니기 시작할 무렵, 불을 끄기 전에 침대에서 혼자 책을 읽거나 색칠 공부를 하는 고요한 시간을 주었다. 중요한 점은 이 시간에는 디지털 기기를 사용해서는 안 된다는 것이다. 스마트폰이나 아이패드의 블루라이트는 우리 뇌가 낮이라고 착각하게 만들기 때문이다. 우리는 이 사실을 어렵게 깨달았다.

만약 딸이 잠자리에 들기 전에 디지털 기기를 사용한다면 밤 10시에도 침대에서 말똥말똥한 눈으로 흥분 상태를 유지하고 있을 것이다. 잠자리에 들기 1시간 전부터는 디지털 기기를 보지 못하게 하기 때문에 아이들은 대부분 베개에 머리가 닿자마자 잠이 든다.

게다가 우리 딸들은 취침 시간이 되면 자러 들어간다. 그 시간에 방에서 나온다면 어디가 아프거나 악몽을 꾼 게 아닌 이상 다시 방으로 되돌아가야 한다. 그런 우리 아이들도 특별한 일이 있는 경우에는 늦게까지 깨어 있기도 하는데, 그 '특별한' 경우는 1년에 두세 번 정도다. 그 외에는 취침 시간이 매일 똑같으며 예외란 없다.

우리는 아이들의 취침 시간에 있어서만큼은 유연성이 부족하다는 말을 수도 없이 많이 들었다. 하지만 우리는 아이들을 피곤하게 하고 싶지 않기 때문에 이것이 무엇보다 중요하다. 모든 부모들이 알다시피 아이들이 피곤해하면 모든 일은 더 어려워진다. 엄격한 취침 시간 준수는 우리 가족 모두의 삶을 훨씬 더 쉽고 행복하게 만들어 준다.

## 아빠들을 위한 행동 지침

당신의 딸을 도서관에 데리고 가라.

도서관은 좋은 곳이다. 당신과 딸이 바쁜 일상의 속도를 늦추고 침착함을 되찾을 수 있는 안식처이다. 또한 당신이 딸에게 순수한 즐거움을 위한 책 읽기의 본보기를 보여줄 수 있는 기회이기도 하다. 책을 한 권 집어 들고 자리에 앉아 읽기 시작하라. 그리고 딸에게도 그렇게 하도록 시켜라. 딸을 옆자리에 앉혀서 책을 읽게 하거나 함께 같은 책을 봐도 좋다.

당신이 책을 좋아하지 않는다면? 그래도 상관없다. 한동안 도서관에 갈 일이 없었다 하더라도 이제는 당신이 어린 시절 갔을 때와는 많이 달라진 도서관의 모습을 확인하게 될 것이다. 이제 지역 도서관에는 DVD와 CD, 컴퓨터 게임, 잡지, 신문이 가득하다. 요즘 도서관들은 영화, 음악, e-북, 오디오북의 스트리밍 서비스를 제공하기도 한다. 심지어 도서관 휴관일에도 서비스는 제공된다.

도서관에는 꽤 많은 블록버스터 책과 영화, 음악이 소장되어 있다. 만약 도서관에서 원하는 것을 찾을 수 없다면 온라인 신청을 통해 구매 요청을 할 수 있다. 공급처에서 그 책을 구할 수 있고 도서관 장서 지침과 예산만 맞으면 도서관에서는 보통 그 책을 구매한다.

딸이 책을 읽도록 만드는 가장 좋은 방법은 아이가 관심이 있는 책들을 찾는 것이다. 잘 모르겠다면 도서관 사서에게 문의하라. 장담컨대 당신의 딸이 다가가 자신이 좋아하는 주제에 관한 책을 찾는 것을 도와줄 것을 요청하면 그 사서는 무척 기뻐할 것이다. 당신의 딸 또한 다른 이에게 말을 건네는 기술을 연습하게 될 것이고 독립성과 통제력을 키우는 데에도 도움이 될 것이다.

딸이 성장하면 도서관 카드를 만들어 주고 그걸 사용할 때 기쁨과 자긍심으로 빛나는 아이의 얼굴을 보라. 자신의 카드를 갖는다는 것은 이제 도서관에 개인적인 지분이 생겼다는 것이다. 아이는 도서관의 어엿한 정식 회원이 되는 것이다.

도서관에 함께 가는 것은 아이가 어릴 때 침착성과 유대감만을 길러주는 것이 아니다. 평생 동안 딸과 함께할 수 있는 소중한 의식이 될 수 있다.

요약

- 육아는 해야 할 일의 끝없는 목록처럼 느껴질 수 있다. 딸의 잠재력을 극대화하기 위해서 당신이 더 해야만 한다고 느끼는 일이 항상 존재하기 때문이다. 반가운 소식은 그것들 중 몇 가지에서는 손을 떼도 된다는 것이다. 당신과 당신의 딸은 더 똑똑하고 강하고 몸매 좋고 빠르고 생산적이 되도록 딸들을 끊임없이 몰아세우는 생활 태도에서 반드시 벗어나야 한다.

- 부모들은 놀이와 수면은 짬이 나는 시간에 구겨 넣으면서 아이의 능력을 향상시켜주는 활동들에 우선순위를 둔다. 놀이와 잠은 바쁠 때 가장 먼저 제외시키는 활동이지만 사실은 그 반대가 되어야 한다.

- 사교육 열풍과 개인 과외 경쟁, 디지털 기기 사용에 대한 과장된 거부감에 저항하는 것은 쉽지 않은 일이다. 하지만 당신이 이 책을 집어 든 이유를 한번 생각해보라. 딸을 멘사의 회원으로 만들고 싶어서였는가? 모든 상을 휩쓰는 딸로 만들고 그 모습을 페이스북에 올려 친구들의 부러움을 사고 싶어서였는가? 그건 아닐 것이다. 당신은 분명 자기 자신을 사랑하는 딸로 키우기를 원할 것이다.

# 5장

# 내면이 강한 아이는 독립적이고 성취 감각이 높다

## 내면이 강한 아이는 독립적이고 성취 감각이 높다

당신은 처음으로 혼자 자전거를 타게 되었을 때를 기억하는가? 아마 정확한 날짜나 시간은 기억나지 않겠지만 그때의 기분은 기억날 것이다. 내 힘으로 전진하고 있는 느낌, 드디어 자전거 타는 요령을 터득한 느낌, 다리가 자전거 페달과 조화를 이루며 움직이고 있는 느낌, 자전거 핸들을 조정하면서 균형을 잡고 있는 느낌은 평생 동안 기억될 어린 시절의 결정적인 순간이다. 우리는 그 순간에 대해 이야기하고 회상하고 기록한다.

자전거 타기는 왜 아이들의 인생에서 그토록 결정적인 사건이 되는 걸까? 자전거를 혼자 타는 것이 어려워서이기도 하지만 자전거를 탈 때는 아이가 모든 것을 자기 혼자 해야 하기 때문이다. 부모는 균형을 잡을 수 있도록 격려하고 도와줄 수는 있지만 자전거를 타는 행위는 모든 아이들이 스스로 해야 하는 일이다. 자전거 타기는 많은 아이들에게 그들이 기억하는 한 스스로 뭔가를 해냈다는 성취감을 느끼게 해준 최초의 사건일 것이다. 뭔가를 어려움과 좌절, 실패 속에서 끈질기게 노력한 끝에 마침내 성공해서 혼자 힘으로 하게 된 일이 바로 자전거 타기인 것이다.

한 소녀가 처음으로 혼자 힘으로 자전거를 탔을 때의 충만한 기쁨과 자긍심, 힘이 생긴 것 같은 느낌은 부모가 그 소녀에게 물질적으로 무엇을 주고 무슨 이야기를 하든 비할 바가 아니다. 그런 경험은 만들어내거나 돈 주고도 살 수 없는 것이다. 뭔가를 혼자 달성했다는 긍정적인 만족감을 누군가에게 줄 수는 없다. 그것은 자신이 직접 경험해보는 수밖에 없다. 이 느낌이 바로 삶의 정수이며, 우리는 이런 순간들을 위해서 살아간다. 그리고 부모가 아이에게 좌절과 실패라는 선물을 안겨 주지 않고서는 이런 순간을 맛보게 할 수가 없다.

그렇다. 좌절과 실패는 선물이다. 하지만 부모들은 그것을 아이들에게 주는 것을 어려워한다. 우리 아이들이 좌절과 실패를 경험하는 모습을 바라보는 건 고통스러운 일이다.

처음 부모가 되었을 때 우리는 딸들을 자전거 뒷좌석에 편하게 태워주는 것이 우리의 역할이라고 생각했다. 그러나 지금은 생각이 바뀌었다. 우리의 가장 중요한 책무 중 하나는 딸들이 자신의 독립성과 통제력을 키워 삶의 모든 측면에서 자신의 자전거를 탈 수 있도록 지원하고 용기를 북돋워주는 것이다. 이것이 바로 자존감을 길러주는 핵심이다. 부모는 딸이 안간힘을 쓰며 기진맥진해질 때까지 잘한다고 응원해줄 수는 있지만 그렇다고 그것이 딸이 자신을 사랑하게 만드는 일은 아니다. 자신을 사랑하는 자존감은 내면에서 피어나는 것이며 혼자 달성할 수 있다는 믿음의 비옥한 토양에서 자라난다.

이번 장에서는 딸이 스스로 해내고야 말겠다는 성취 감각과 독립성을 기를 수 있게 하는 사례를 살펴보고 근거 기반의 전략을 제시하고자 한다.

## 칭찬 육아의 문제점

자아존중감 운동은 오랫동안 큰 영향력을 발휘했다. 놀이터에 5분만 있어 보면 여기저기서 '잘했어!', '훌륭해!'라는 입에 발린 칭찬이 터져 나오는 것을 들을 수 있다. 누가 봐도 거짓말인 경우도 많다.

부모는 아이들에게 이런 말을 하면 기분이 좋다. 이 말을 듣고 아이들이 웃으면 기분은 더 좋아진다. 그러나 '무조건 칭찬하는 육아'의 문제점은, 지나고 난 뒤에 생각해보면 칭찬이 전혀 효과가 없다는 것이다. 연구에 따르면 그저 긍정적인 말만 반복하는 것은 아이의 기분을 좋게 하거나 더 잘하도록 격려하는 데 별로 도움이 되지 않는 것으로 나타났다.

그리고 나쁜 소식은 그게 다가 아니다. 《호랑이 부모 길들이기》의 저자 태니스 캐리의 주장에 따르면, 딸의 능력을 과장해서 칭찬하는 습성은 자신이 우월하다는 환상에 기반한 자기 이미지를 심어줄 수 있다는 것이다. 그게 언제가 되었든 현실은 아이에게 냉정한 잣대를 들이댈 것이고 자기 환상은 무너질 것이다. 허울 좋은 칭찬은 탄산음료가 우리 몸에 안 좋은 영향을 미치듯 우리의 자존감에 좋지 않은 영향을 미친다. 달콤한 칭찬은 삼키기는 쉽지만 장기적인 관점에서는 내면의 자존감을 갉아먹는 것이다.

한번 생각해보라. 우리는 지금까지 거의 50년 동안 '넌 정말 굉장해!'라고 칭찬해주는 양육 분위기 속에서 성장했다. 그런데도 이 책의 도입부에 소개된 소녀들의 성적표에서 본 것처럼 우울증과 불안을 경험한 소녀들의 수는 놀랄 만큼 많다. 물론 이 수치는 불안과 우울을 호소하며 고통스러워하는 아이들의 숫자가 증가하면서 왜곡되었을 가능성도 있다. 설사 그렇다 하더라도 입에 발린 칭찬으로 아이의 자존감을 키워주려고 노력하는 것은 불안하고 우울해하는 아이들의 수를 줄이는 데 별로 도움이 되지 않는 듯하다.

이와 같이 아이들의 자존감을 키워주고자, 선의이긴 하지만 그릇된 접근법을 사용하는 이유는 성공적이고 능력 있는 사람일수록 자존감이 높다는 연구 결과를 근거로 하고 있다. 그런데 문제는 그 원인과 결과를 거꾸로 받아들이고 있다는 것이다. 높은 자존감이 성공을 낳는 것은 아니다. 성공과 능력이 높은 자존감을 낳는 것이다. 능력이 좋아질수록 자존감도 더 높아진다. 심리학자이자 《낙관적인 아이The Optimistic Child》의 저자인 마틴 셀리그만은 **'일반적으로 행복감은, 특히 자존감은, 도전을 통해 성공적으로 일을 완수하거나 좌절과 권태를 극복**

하고 승리했을 때 부수적으로 따라오는 효과이다. 자존감은 무언가를 잘했을 때 생겨나는 부산물이다'라고 강조한다.

## 성취 감각을 키우는 방법

혼자 뭔가를 해내고야 말겠다는 성취 감각은 딸이 자존감을 키울 수 있도록 도와주며, 그 결과 내면이 강한 딸로 성장하도록 이끈다. 어떻게 성취 감각을 높일 수 있을까? 답은 바로 직접 해보게 하는 것이다.

딸이 자기 자신에 대해 긍정적인 감정을 느끼게 해주는 것은 말이 아니다. 행동이다. 그리고 더 중요한 것은 그들 자신의 행동이다. 당신의 딸은 당신이 훌륭하다고 말해줄 때 자신에 대해 긍정적인 감정을 느끼는 것이 아니다. 자신이 한 일이 스스로 훌륭하다고 생각될 때 긍정적인 감정을 느끼는 것이다. 딸이 목표를 달성하거나 새로운 기술을 배우거나 스스로 자랑스럽게 느끼는 일을 했을 때 아이는 자신에게 능력이 생겼음을 인식하게 된다. 이처럼 자존감을 키워주는 것은 스스로 뭔가를 해냈다는 느낌이다. 우리 딸들에게 이 깨달음을 주기 위해 우리가 한 가지 규칙으로 삼고 있는 것은 '아이가 혼자 힘으로 할 수 없는 일만 도와주자'이다.

세상을 깜짝 놀라게 할 만한 기념비적인 일들을 말하는 것이 아니다. 이 규칙은 일상적인 활동들에 모두 적용될 수 있다. 이를테면 옷 입기, 운동화 끈 묶기, 침대 정돈하기, 책가방 들기, 밀가루와 설탕, 달걀을 넣고 케이크 굽기, 그리고 어느 정도 컸을 때는 재료의 용량을 가늠하는 것까지 혼자 하게 할 수 있다. '아이들은 책임을 좋아하죠'라고 멜버른의 한 사립 학교의 조기 교육 담당관인 웬디 메이슨Wendy Mason은 말한다. '아이들에게 책임감을 안겨 주는 것은 그들 자신의 높은 기대치에 부응하기 위해 노력할 수 있는 기회이자 어른들의 세계가 어떤지 경험해보는 기회인 것입니다.'

메이슨은 아이들의 일을 부모가 대신 해주는 것은, 삶에서 그들의 자율성과 통제력을 박탈하는 일이라고 말한다. '주변의 어른들이 삶의 모든 측면을 통제하려고 할 때 아이들이 감정을 잘 통제하지 못하는 것은 당연한 게 아닐까요?'

당신은 할 수 있는 모든 일을 스스로 해야 한다는 규칙을 딸이 좋아하지 않는다는 사실을 여러 번 느끼게 될 것이다. 예를 들면 우리는 딸들에게 학교와 유치원에 갈 때 자기 가방을 직접 들고 가게 한다. 걸어서 약 1.5킬로미터 거리이므로 그렇게 오래 걸리지는 않는다. 하지만 우리 딸들은 다른 아이들의 부모가 차에서 학교 정문 사이의 몇 미터 안 되는 거리도 자녀들의 책가방을 들어주는 것을 보고는 우리에게 부당하다고 말하기도 한다. 이런 불평에 대한 우리의 반응은 철저하게 '관심 없음'이다. 우리는 자신이 할 수 있는 일은 스스로 해야 한다는 가르침이 '정당한 것'보다 더 중요하다고 믿는다.

물론 삶의 복잡한 상황들로 인해 이 규칙을 준수하지 못하는 경우도 많다. 딸들이 더 어렸을 때 우리는 아침에 아이들이 운동화 끈을 직접 묶도록 30분 동안이나 기다려 줄 여유가 없을 때가 많았다. 또한 딸들이 어린아이였을 때는 혼자 밥을 먹게 하는 일은 그리 현명한 생각이 아니었다. 식탁 밑과 의자 위, 벽그리고 아이들이 미트 소스를 발라 놓은 모든 곳 에 튄 스파게티 소스를 하루 종일 닦고 있는 모습을 상상해보라. 하지만 가능한 어디서든 우리는 그 규칙을 지키려고 노력한다. 아이들에게 스스로 무언가를 하도록 격려할 때마다 그들의 독립성과 혼자 해냈다는 성취감을 키우는 동시에 그들이 할 수 있다는 걸 우리가 믿는다는 것을 보여주는 일임을 알고 있기 때문이다.

## 딸들이 자기 생각을 말하게 하라

당신의 딸이 성취 감각을 키우도록 만드는 한 가지 방법은 아이에게 자기 일에 관해서는 직접 말하게 하는 것이다. 친척들이 모두 모이는 가족 또는 친구 모임 같은 사교 모임이 될 수도 있을 것이고, 아니면 더 나아가 교사와 의사들처럼 권위를 가진 인물들을 만나는 자리가 될 수도 있을 것이다. 예를 들어 딸아이가 너무 어리지 않다는 가정하에 병원에서 딸 대신에 모든 이야기를 다 하기보다는 딸에게 직접 접수 창구에 이름을 말하고 진료실에서 의사에게 어디가 아픈지 말하도록 시키는 것이다. 우리는 병원으로 가는 차 안에서 리허설을 해본다. 왜 병원에 왔는지 큰 소리로 말해보라고 하고 이렇게 묻는다. '의사 선생님이 어디가 아프냐고 물으면 뭐라고 대답할 거야?'

심리치료사인 리즈 호곤Liz Hogon 은 자신이 만나 본 불안증과 낮은 자존감으로 힘들어하는 아이들의 공통점 중 하나가 그들의 부모가 아이 대신 이야기한다는 것이라고 말한다. '이 아이들은 질문에 대답하기에 앞서 부모를 쳐다보거나, 대답하면서도 부모의 눈치를 살피죠'라고 호곤은 말한다. '아이가 스스로 말하도록 훈련하지 않으면 그들은 스스로 의견이 없다고 생각하며 자랍니다. 그래서 자신은 쓸모가 없고 자신을 위해 말해줄 부모가 필요하다고 생각하게 되죠. 또한 자기 생각을 말하는 연습을 하지 않게 됩니다. 자신에 대한 믿음이 없는 거예요.'

자기 신뢰가 부족하면 아이는 삶의 다른 영역에서도 영향을 받게 된다. 초등학교 교장인 사이먼 밀러Simon Millar 는 11년째 입학 면접을 진행하면서 한 가지 패턴을 발견했다. 그는 면접에서 자신이 직접 이야기하는 아이들이, 부모가 대신 대답해주는 아이들에 비해 학업 성취도가 12~18개월 정도 앞서 있다고 추정하고 있다. 자신이 직접 대답하는 아이들이 꼭 질문에 대한 대답을 알고 있어서 그런 것이 아니다. 또 부모들이 아무 말도 안 하기 때문에 그런 것도 아니다. 부모들은 아이가 대답할 수 있도록 힌트를 주면서 격려할 수 있을 것이다. 예를 들어, 밀러 교장이 아이에게 유치원에서 무엇이 가장 좋았는지 물어보면 아이는 말없이 물끄러미 쳐다본다. 그 모습을 본 부모는 '어제 한 건 어땠어? 집에 가지고 와서 우리가 냉장고에 붙여 놓았잖아. 선생님께 그 얘기해드려'라고 말한다. 그러면 아이는 한 단어로 대답한다. '그림이요.' 이 정도면 아주 훌륭하다. 길게 말하는 게 중요한 게 아니다. 중요한 것은 아이가 직접 이야기할 기회를 가졌다는 것과 그들보다 나이가 많은 누군가와 대화를 나눌 책임을 부여받았다는 것이다. 또한 아이는 자신의 말이 중요하다는 것과 상대 어른도 그걸 들을 가치가 있다고 생각한다는 사실을 배우게 된다.

자기 생각을 직접 말하는 아이들은 학업 성적에서뿐만 아니라 사회성 측면에서도 앞서간다. 밀러 교장은 자신의 생각을 말하는 아이들은 학교생활에 더 잘 적응하며 교실에서 친구도 더 쉽게 사귀고 더 높은 회복 탄력성을 보인다고 말한다. '학생들은 각기 다른 발달 속도를 보이지만 그것은 부모가 아이에게 자신의 생각을 직접 말하도록 주도권을 줌으로써 향상될 수 있습니다. 그 결과 높은 독립심과 회복 탄력성, 자신감 또한 갖게 되죠'라고 밀러 교장은 말한다. '네 살 난 아이들 중에서도 부모가 그들에게 주도권을 주는 아이들은 심지어 그렇게 어린 나이임에도 대체적으로 지적, 사회적 능력에서 더 빠른 발달을 보입니다.'

## 학교 행사에 항상 참석할 필요는 없다

'엄마는 항상 안 오셨잖아요.'

한 어린 소녀가 훌쩍이며 자신의 엄마를 책망했다. 학교 총회에서 그녀가 노래하는 걸 엄마가 보러 오지 못한다고 했기 때문이다. 총회는 낮에 진행되고 아이의 엄마는 직장에 다니고 있었다. 바로 전날 예행 연습 때에도 낮에 일정이 잡혀 있었다. 그러나 그녀의 엄마는 근무 시간을 조정해 예행 연습을 보러 왔다. 이틀 연속으로 근무 시간을 조정하는 것은 무리였다. 짐작하듯 아이의 엄마는 울면서 학교를 나왔고 세상에서 가장 나쁜 엄마가 된 것 같은 기분이 들었다. 죄책감에 휩싸여 하루 종일 아무 일도 손에 잡히지 않았다.

하지만 이런 상황은 혼자 해내고야 말겠다는 성취 감각을 키운다는 차원에서 바라보면 장점도 있다. 이 엄마는 딸에게 독립심과 자립이라는 소중한 교훈을 가르치고 있는 것이다. 아이는 당연히 그 순간에는 슬프겠지만 혼자 무언가를 한다고 해서 세상이 끝나는 게 아니라는 사실을 발견하게 될 것이다. **행복하고 회복 탄력성이 좋은 아이들은 부모가 항상 안전망으로 존재하지 않더라도 자기 혼자 할 수 있다고 믿는다.**

부모들이 아이의 교육 현장에 적극적으로 참여해서는 안 된다는 뜻은 아니다. 물론 적극적으로 참여해야 한다. 하지만 가끔은 참여하지 않는 것이 아이들에게 내면의 만족감을 가르치는 길이 될 수 있다. 자신의 노력으로 이룬 성취는 그 자체로 자기만족감을 준다. 항상 부모가 참석해서 그 모습을 카메라에 담아줘야 가치 있는 성취가 되는 것은 아니다.

## 하지만 중요도가 높은 일은 관여해야 하지 않을까?

아이의 능력이 닿는 한 모든 일을 스스로 하게 하는 규칙은 대체로 좋다고 생각할 것이다. 하지만 아주 중요한 일인 경우에는 어떻게 하는 것이 좋을까? 어떤 부모들은 운동화 끈을 묶거나 책가방을 드는 일을 시키는 것에는 동의하지만 숙제와 프로젝트는 다른 문제라고 생각하기도 한다. 부모가 소소한 것까지 챙기지 않으면 아이의 교육을 그르칠까 봐 걱정하는 마음인 것이다. 어쨌든 아이의 미래에 영향을 미칠 성적이 걸려 있는 문제이기 때문이다.

하지만 좋은 점수를 받는 것이 교육의 전부는 아니다. 좋은 점수를 받는 것에 버금갈 만큼 중요한 것은 자기 주도 학습이다. 아이들은 자기 주도 학습을 통해 자신의 공부에 대해 스스로 책임지고 자신의 관심 분야와 열정을 좇는다. 이것이 바로 진정한 교육의 핵심이다. 평생 공부하는 사람으로서 스스로 학습 코스를 설계하고 점수와 상관없이 자신에게 필요한 기술을 연마하는 것이다.

큰딸이 입학하고 처음 3년 동안은 매일 밤 아이의 교재 학습을 관리했다. 아이가 스스로 학습 관리를 하기에는 너무 나이가 어리다고 생각했기 때문이다. 그러나 아이가 학교에서 숙제를 가지고 오기 시작하자 우리는 한 단계 나아가 아이에게 직접 책임을 맡길 때가 왔다고 판단했다. 숙제를 하든, 하지 않든, 딸이 스스로 관리하도록 했다. 아이가 도움을 요청하면 기꺼이 도와주긴 해도 당연하다는 듯이 늘 도움을 제공하지는 않는다. 물론 아이에게 숙제를 하라고 포상을 걸거나 애원하거나 꼬드기지도 않는다.

딸이 숙제를 안 하겠다고 하거나 깜빡 잊었다거나 시간 관리를 제대로 하지 못해 숙제를 못 했다면 그것은 아이가 해결해야 할 문제이며 스스로 그 결과에 대해 책임을 져야 할 것이다. 교사에게 변명하는 편지를 써주거나 너그러운 처분이나 숙제 제출 기한 연장 등을 요청하지도 않는다.

당신은 아마 이런 생각을 할 것이다. '아이가 뭔가를 놓치고 못 배우게 될까 봐 걱정되지도 않나? 아이가 어려움에 처할까 봐 걱정되지도 않나? 아이 교육에 신경 쓰지 않는 태만한 부모로 보이지는 않을까?' 이 질문에 대한 대답은 모두 '아니오'이다. **계속해서 우리에게 의지하지 않고 자신의 행동에 대해 책임을 지도록 딸에게 주도권을 주는 것은 어떤 학과 공부보다도 더 중요하다.** 이 접근 방식이 가진 또 하나의 이점은 우리 집에서는 숙제를 놓고 소리 지르고 입씨름하는 일이 없다는 것이다. 만약 딸이 숙제를 하고 싶지 않다고 한다면, 우리는 '좋아, 네가 결정한 거야. 왜 숙제를 안 했는지 네가 선생님께 설명해드려'

라고 말한다.

우리는 초등학교에서의 숙제는 학습 효과가 거의 없다는 사실을 알고 있으므로 숙제는 단지 딸이 독립성을 기를 기회로 여긴다. 우리가 불필요하게 끼어들어 딸이 숙제와 프로젝트를 다 했는지 점검한다면 숙제의 유일한 이점을 약화시키고 있는 것일 수 있다.

엄밀히 말해 딸의 프로젝트나 숙제를 절대로 도와주어서는 안 되는 것은 아니다. 여기서 중요한 것은 '도와준다'는 개념이다. 예를 들어 딸이 수학 숙제를 하고 있을 때 아이가 숫자를 셀 손가락이 부족하면 우리는 냉동 완두콩을 가져다가 손가락 대신 어떻게 사용하는지 보여준다. 또 우리는 주말이면 카드보드 상자와 페인트, 마스킹 테이프 등을 구하기 위해 돌아다니기도 한다. 아이들이 숙제를 하는데 얼마나 많은 재료가 필요한지는 부모가 아닌 사람들은 모를 것이다.

시간 관리에 대해 조언을 하기도 한다. 이를테면 종이 반죽을 이용해 물 순환 과정을 보여주는 모형을 만들려고 한다면, 각 단계 사이에 풀을 말려야 하는 과정들 때문에 며칠 걸릴 것이므로 일찍 시작하라고 귀띔해준다. 그러나 어떻게 할지, 언제 할지에 관한 모든 결정은 여전히 스스로 하게 한다.

어떤 때는 정말 참견하지 않기가 너무 힘들다. 실례로, 딸이 1학년 때 집에서 만든 책에 글자와 그림을 잘라서 붙여야 하는 숙제가 주어졌다. 그리고 딸은 그 나이에 걸맞은 자르기와 붙이기 실력을 갖고 있었다. 아이는 몇 시간이나 들여서 책에 텍스트와 이미지를 붙였지만 오려낸 가장자리는 들쭉날쭉했고 선도 제대로 맞추지 않은 채 비뚜름하게 붙여 놓았다. 우리가 오려서 붙였더라면 10분이면 훨씬 더 깔끔하게 할 수 있는 일을 지켜만 보고 있자니 고역이었다. 하지만 우리가 해줬다면 딸이 무엇을 배울 수 있었겠는가? 자신이 오려서 붙이는 것을 너무 못해서 부모가 해줘야 한다는 것, 자신이 한 일에 대해 스스로의 평가보다 부모의 판단이 더 중요하다는 것, 그리고 부모가 달려와 잽싸게 해주기 때문에 자기 일에 대해 책임지지 않아도 된다는 것을 배웠을 것이다.

## 아이들의 무지는 그들의 초능력이다

아이들, 특히 어린아이들은 무지하다. 그리고 그것은 좋은 일이다. 사실 그것이 그들의 초능력이다. 그들은 자신이 어떤 능력을 갖고 있는지, 그 능력의 한계가 어디까지인지 전혀 이해하지 못한다. 그 결과 그들은 새로운 일에 무조건 도전한다. 세계적인 교육학자이자 저술가인 켄 로빈슨Kenneth Robinson 경은 역대 가장 많이 시청한 TED 강연 중 하나로 꼽히는 그의 강연에서 다음과 같이 말했다. '아이들은 모험을 감행합니다. 그들은 어떻게 될지 모르면 시도해봐요. 아이들은 틀리는 걸 두려워하지 않습니다.'

로빈슨은 여섯 살 난 소녀의 이야기를 예로 든다. 수업에 거의 집중하지 않는 한 소녀가 있었다. 선생님은 어느 날 아이들에게 그림을 그리게 했다. 그 어린 소녀는 여느 때와는 달리 그림 그리는 것에 홀딱 빠져 버렸다. 놀란 선생님은 소녀에게 다가가 무엇을 그리고 있는지 물었다. 소녀는 '신을 그리고 있어요'라고 대답했다. 그녀의 말에 선생님은 '하지만 아무도 신이 어떻게 생겼는지 모르지 않니'라고 물었다. 그러자 소녀는 '이제 곧 아시게 될 거예요'라고 대답했다고 한다.

로빈슨은 우리가 성장하면서 도전하는 능력을 잃어버린다고 말한다. 아기가 걸음마 하는 모습을 지켜보면 실수를 통해 아이가 자연스럽게 배우고 성장한다는 것을 알 수 있다. 왜냐하면 아기들은 아직 실패를 두려워하는 것을 배우지 못했고 실수를 한다는 개념도 없기 때문에 그들은 시도하고 또다시 시도하고 계속 시도하는 것이다. 그들은 끝없는 투지와 외골수의 집중력으로 독립과 목표 달성을 추구한다.

하지만 많은 소녀들은 걸음마를 떼고 어른이 되어 가는 사이 어디쯤에선가부터 실패에 대한 두려움이, 독립과 달성에 도달하고자 하는 열망보다 더 강력하게 작용하기 시작한다. 그들은 실수하는 것이 가장 최악의 일이라고 생각하게 된다. 아이들은 부모를 보고 따라 하면서, 그리고 아이들에게 틀 안에서만 행동할 것을 요구하는 교육 제도를 통해, 그리고 소녀들에게 완벽해질 것을 강요하는 사회

분위기 속에서 실패의 두려움이 무엇인지 배우게 된 것이다. 실패를 두려워하게 되면 아이들은 자신의 잠재력을 제한하고 자신의 작은 세상 안에 스스로를 가두려고 하며 불안과 두려움에 사로잡힌다. 또한 자신의 안전지대에서 벗어나기를 거부하며 달성에 도달하기 위해 노력하는 능력과 동기를 잃어버린다.

## 실패 축하하기

당신이 한 걸음 물러서서 딸이 하고 싶은 대로 하도록 내버려 두면 아이는 실패할 것이다. 일을 망칠 것이고 상황을 제대로 관리하지 못하고 복잡하게 만들어 놓을 것이 뻔하다. 아이는 아직 세상이 돌아가는 방식을 배우고 있는 중이기 때문이다.

그렇다면 당신은 딸이 실패하도록 내버려 둬야 할까? 대답은 '그렇다'이다. 딸이 실패하도록 내버려 두라. 자신의 현재 수준이 자기 기준에 미치지 못한다는 사실을 느끼도록 하라. 그리고 또 실패하도록 내버려 두라. 그다음에도 또. 그리고 몇 번 더 실패를 맛보도록 그냥 두라.

성공은 눈물겨운 노력 끝에 달성되는 것이다. 좌절과 끈기 있는 노력, 실패와 재시도를 통해서 말이다. 특출한 재능을 타고나거나 운이 좋은 아이들은 실패를 겪지 않고 성공에 바로 도달할 수도 있을 것이다. 하지만 일반적으로 달성에 이르는 길은 평탄하지 않은 하나의 길밖에 없다. 부모가 딸들이 실패하도록 내버려 두지 않는다면 그것은 그들이 혼자 해냈다는 성취 감각을 느낄 수 있는 기회를 박탈하는 것이며 그와 함께 오래 지속되는 진정한 자존감도 박탈하는 것이다. 이것이야말로 아이가 자신을 사랑하기 위해 필요한 종류의 자존감이다.

큰딸이 아직 어린아이였을 때 우리는 아이가 실패하는 것의 중요성에 대해 아직 잘 몰랐었고 과보호적이며 항상 불안해하고 신경을 곤두세우는 전형적인 초보 부모였다. 우리는 정기적으로 공원에 가서 아이를 들어 올려 정글짐 위에 올려 놓곤 했다. 아이가 아직은 혼자 기어서 올라갈 만큼 힘이 있거나 조정 능력이 발달한 상태가 아니라고 생각했기 때문이었다. 그러자 아이는 당연히 도와줄 것이라는 기대감으로 으레 정글짐 아래에서 팔을 벌리며 우리를 올려다봤다. 아이는 자기 스스로 기구에 올라가는 시도를 해본 적도 없었다. 우리는 의도치 않게 딸에게 스스로 할 수 있는 능력이 없다는 생각을 하게 만든 것이다. 아이에게 무력함을 그렇게 빨리 주입할 수 있다는 게 놀라웠다.

둘째 딸이 태어난 이후 두 가지가 바뀌었다. 첫째, 우리는 육아에 더 느긋해졌고 늘상 딸들을 주시하고 있을 시간도 없었다. 하지만 실패의 중요성 또한 깨달았다. 우리는 둘째 딸이 놀이터에서 놀이기구를 탈 때 거의 도와주지 않았다. 아이가 정글짐에 올라갈 수가 없어 성질을 부리면 우리는 아이의 좌절에 공감하면서도 아이에게 계속 연습하고 기구에 올라갈 수 있는 다른 방법들을 시도해야 한다고 타일렀다. 그러고 난 뒤 시간이 흐르면 아이는 그것을 할 수 있게 되어 있었다. 둘째 아이는 우리가 도와줄 기회가 없을 정도로 혼자 잘 해나갔다. 그리고 혼자서 해냈을 때 아이의 얼굴에 떠오른 만족감과 자신감이 넘치는 표정은 너무나 아름다웠다. 돌아보면 첫째 딸을 매번 정글짐에 올려 줄 때마다 우리는 둘째 아이가 느낀 만족감과 자신감을 경험할 기회를 첫째 딸에게서 빼앗은 셈이다.

이런 방식은 해병대의 육아 핸드북에 적혀 있는 말처럼 들릴 것이다. 세상은 냉정한 곳이고 삶은 쓰디쓴 실패의 연속일 뿐이라는 냉철한 가르침을 주어야 한다는 뜻이 아니다. 대부분의 상황이 그렇듯 모든 것은 딸에게 어떤 상황에서 어떻게 제시되는가에 달려 있다. 따라서 실패를 바람직한 것으로 프레임을 전환하는 작업을 해야 할 것이다. 여기서 딸들이 실패를 수용하도록 가르치는 방법을 소개한다.

## 큰딸 이야기

첫째 딸의 학교에서 학부모 교사가 참여하는 읽기 수업 시간에, 나는 이미 실패의 두려움을 배워버린 어린 소녀와 책 읽기를 하고 있었다. 그 아이는 각각의 단어를 머뭇거리며 읽었고 나를 바라보며 끊임없이 피드백과 확인을 요구했다. 잘 모르는 단어를 만났을 때 아이는 읽기를 멈추고 내가 끼어들어 도와주기를 기다리는 양 크고 둥근 눈으로 나를 바라봤다.

그 아이는 실수할 것을 너무 걱정한 나머지 내가 읽으라고 하지 않으면 한 단어도 소리 내어 읽을 생각을 하지 않았다.

나는 이 수업이 끝나려면 하세월이 걸릴 것 같다는 느낌이 들어 아이에게 이렇게 말했다. '네가 가능한 많은 실수를 하는 걸 듣고 싶어.'

아이는 못 믿겠다는 표정으로 나를 빤히 바라봤다. 학교의 모든 교육이 무언가를 맞게 하는 것을 배우는 것인데 실수를 해야 한다는 말을 들으니 어쩐지 장난 같이 들렸으리라.

'왜 네가 실수를 해야만 하는지 아니?'라고 나는 물었다. 아이는 고개를 가로저었다. '왜냐하면 그래야 우리가 배우고 있다는 것을 알 수 있거든.'

읽기 수업은 계속되었고, 그 소녀가 실수를 할 때마다 나는 아이의 용기를 큰 소리로 칭찬했다. 모든 실수는 축하해줘야 한다. 그 실수는 뭔가에 뛰어들고 시도한 후 얻은 승리인 것이다. 아이가 여러 번 시도한 후에야 우리는 그 단어를 함께 소리 내어 읽었다. 아이는 자신이 생각한 것보다 훨씬 더 많은 단어를 알고 있었다. 읽으려고 시도하지 않았을 뿐이었다. 물론 이 규칙은 책 읽기에만 적용되는 것이 아니다. 이것은 수학에서부터 풍선껌을 부는 법을 배우는 것에까지 모든 주요한 삶의 기술에 적용된다.
다음을 삶의 격언으로 기억하라: 실수하지 않으면 배우는 것도 없다.

## 완벽주의의 저주

당신의 딸이 실수를 수용하도록 격려해야 하는 또 다른 이유는 아이를 완벽주의로부터 보호하기 위해서다. 어린 소녀들과 여성들은 최고의 모습이 아니라면 세상에 보이지 않도록 길들여지는 경우가 많다. '저는 완벽주의자예요'라는 말은 은근한 자기 자랑으로, 자주 듣게 되는 말이다. 그러나 완벽주의의 반짝이는 표면을 긁어보면 그 아래는 불안과 걱정의 고통스러운 구덩이가 있음을 알게 될 것이다. 그 누구도 항상 완벽할 수는 없다. 심지어 자칭 완벽주의자도 이 사실을 알고 있다. 그래서 완벽주의를 기반으로 자신의 정체성을 쌓은 사람은 자연스럽게 자신의 가면 뒤에 숨어 있는 흠이 드러나게 될까 봐 끊임없이 두려워하는 상태에서 살아간다. 완벽주의자들은 자신을 진정으로 사랑하기가 아주 어렵다. 마음속 깊은 곳에서는 자신의 불완전함이 노출되지 않았을 뿐 스스로가 가짜라고 생각하고 있기 때문이다.

모든 사람들과 마찬가지로 당신의 딸도 살면서 실수를 저지를 것이다. 그것도 아주 많이. 내면이 강한 아이가 되려면 실패가 자신의 특성이나 가치를 재단하는 수단이 아니라는 사실을 알아야 한다. 부모가 딸에게 실수를 해도 된다고 격려하면 실수는 훨씬 덜 무서운 것이 된다. 아이는 새로운 것에 도전해서 완전히 실패하거나 실수하고 또다시 도전해도 된다는 허락을 받은 셈이다. 아이는 또한 경험을 통해 자신이 완벽하지 않아도 세상이 무너지지 않는다는 사실을 스스로 배우게 될 것이다.

## 실패하는 것과 실패자가 되는 것은 다르다

성공에 집착하는 사회적 강박을 감안하면 실패를 축하하는 것은 노골적인 반골 행위가 아니라면 상식에 어긋나는 행위로 보일 것이다. 우리는 모두 딸이 성공하기를 바라므로 실패자가 되는 것과 실패하는 것의 차이를 구분할 줄 알아야 한다. 실패자가 되는 것은 모든 것에 실패자로서의 정체성을 가지는 것이다. 딸들이 자신이 실패자라는 생각을 마음속 깊이 내면화하면 그들은 스스로에 대한 기대치도 낮추고 주변 세계에 대한 기대치도 낮추게 될 것이다. 어쨌든 실패라는 결과가 적어도 그들의 마음속에 미리 결정되어 있는 거라면 노력하는 게 무슨 의미가 있단 말인가? 실패는 성격적 특성이 아니라 달성 상태에 도달하기 위해 거쳐야 하는 필수 과정이라는 사실을 이해하는 것이 중요하다.

반대로 바람직한 실패란 넘어지고 다시 일어서고 그 경험으로부터 무언가를 배우는 것이다. 또한 우리 딸들이 실패가 그들을 규정짓지 못한다는 사실을 깨닫게 해주는 것이다. 실패는 새로운 일을 시도하는 데 따른 진입 비용이다. 당신의 딸에게 바람직하게 실패하는 법을 가르친다고 해서 아이가 실패자로 자라는 것은 아니다. 오히려 그와 반대로, 아이가 실패를 한다는 것은 뭔가를 시도할 용기를 가지고 있다는 뜻이다. 그것이 성공하지 못해서 지금은 그 경험을 통해 배우고 다음번에는아니면 그 다음번에라도 더 잘할 수 있게 되는 것이다.

사람들은 실수를 통해 배운다는 말은 자주 하지만 실수를 통해 배우는 자체가 기술이라는 말은 잘 하지 않는다. 어른들은 진정으로 배우는 법을 배운 적이 없다. 그들은 뭔가를 시도하고 원하는 결과를 얻지 못하면 그와 완전히 똑같은 과정을 반복한다. 그러다 결국 많은 이들은 좌절하고 포기하게 되는 것이다.

실패를 통해 배우는 법이 바로 부모가 딸에게 가르쳐야 하는 것이다. 무엇이 잘 되었고 무엇이 잘못되었는지 성찰하는 과정과 패턴을 인식하는 과정을 통해 당신의 딸이 필요에 따라 자신의 방식을 개선할 수 있도록 지도해야 한다. 부모는 딸에게 다시 시도하되 다른 방식으로 시도해보도록 용기를 북돋워줌으로써 그 과정에 도움이 될 수 있다. 그 당시 어떻게 했고 결과가 어떠했는지 물어보라. 다음 기회에는 다른 결과를 얻기 위해 어떻게 다르게 시도할 수 있을지에 대해 고민해보도록 유도한다.

'실패'라는 단어가 마음에 들지 않는다면 그것을 다른 단어로 대체해도 된다. 이를테면 '피드백'은 어떤가? 실패는 시도했지만 잘 안 된 일, 혹은 기대한 만큼 잘 되지 못 한 일에 대한 피드백인 셈이다. 당신은 그 피드백을 이용해 접근 방식을 개선해서 다시 시도해볼 수 있다. 피드백은 그것이 실제로 우리가 하고 있는 일을 재고하고 재평가하는 데 도움이 될 때에만 그 가치를 발하는 것이다.

### 성공을 온전히 누리게 하라

실패를 수용하는 것과 성공을 수용하는 것은 동전의 양면과도 같다. 당신의 딸이 어려워했던 일을 마침내 성공하면 아주 중요한 일이 일어난 것처럼 법석을 떨어라. 그리고 그 사건을 용기와 실패는 성공에서 꼭 필요하다는 것을 알려줄 수 있는 하나의 스토리로 엮어 보라. 예를 들면, '처음에는 정글짐의 꼭대기까지 올라가는 것이 정말 힘들었어. 넌 몇 번씩이나 굴러떨어졌지. 좌절감을 느꼈을 거야, 그렇지? 하지만 넌 포기하지 않았어. 다른 방식을 시도했고 먼저 기둥을 잡고 올라가면 가능하다는 사실을 알아냈어. 이제 정글짐에 쉽게 올라갈 수 있게 되었어. 야호!'

**아이가 자신의 성공을 마음껏 누리게 하라.** 이런 방식은 당신이 양육된 방식과는 차이가 클 것이다. 우리가 자랄 때는 설사 진심이 아닐지라도 겸손해야 한다고 교육받았다. 특히 여자아이들은 더욱 그랬다. 자신의 성공을 말하고 다니면 자만심 강하고 자기만족에 빠져 있는 잘난척쟁이로 비난받곤 했다.
이런 꼬리표를 달지 않으려고 당신은 몇 주 동안 전력을 다해 성공했을 때조차도 이런 말을 입에 달고 자랐을지도 모른다. '저도 예상하지 못했네요' 혹은 '운이 좋았을 뿐인걸요' 아니면 '전 자격이 부족한걸요'라고 말했을지도 모른다. 자신의 노력과 끈기, 재능에 공을 돌리는 것은 수준 낮고 교만해 보일 것이기 때문이다.

문제는 딸이 이렇게 자기 비하적 발언을 할 때마다 아이도 마음 한구석에서 그걸 믿는다는 것이다. 다른 사람들의 기준에 맞추기 위해 자신의 성공을 축소하는 것은 자기 자신을 축소하는 것이다. 이런 말을 반복할수록 아이는 그것을 겸손한 거짓 진술이 아닌 사실로 받아들이게 될 가능성이 커진다. 더 심각한 것은 설사 뜻밖의 행운으로 성공했다 할지라도 성공의 공을 외부적 요인으로 돌림으로써 자신의 강자의 관점을 약화시키고 있는 것이다.

우리는 딸이 실패를 수용하도록 가르쳐야 하는 만큼 성공도 수용하도록 가르쳐야 한다. 물론 딸은 다른 이들이 주는 도움과 지원을 인정해야 한다. 이 세상 누구도 혼자 만들어진 사람은 없다. 이 부분에서는 남자들 역시 마찬가지다. 그렇다고 딸이 자신이 이룬 성공의 공을 외부적 요인에 돌리게 하지는 마라. 물론 어떤 사람들은 운과 상황이 좋아서 그 자리에 오르기도 한다. 그러나 대다수의 경우는 운이나 상황보다는 지속적인 성공을 보장해주는 큰 용기와 노력, 기술, 투지, 실패의 수용이 있었기에 가능한 것이다.

우리는 딸들이 겸손을 가장하는 것을 용납하지 않는다. 아이들이 성공했을 때 우리는 그들의 성취를 축하한다. 그들에게 스스로를 자랑스럽게 생각하라고 말한다. 우리는 아이들에게 '내가 그걸 해내다니 자랑스러워' 혹은 '정말 열심히 했는데 결과가 훌륭했어'라고 말하며 직접 본보기를 보여준다. 누군가가 우리에게 칭찬을 하면 그것을 받아들이고 감사하다고 말한다. 칭찬이 과분하다며 궁색한 변명을 늘어놓지 않는다.

## 비교와 경쟁의 신화

우리는 경쟁 문화 속에서 살고 있으며 우리의 배움과 성취의 정도는 우리가 누구를 앞지르는가에 의해 평가되는 경우가 많다. 경쟁이 사람들에게서 최고의 역량을 이끌어낸다는 개념은 사실로 받아들여지고 있다. 경쟁이 없다면 이론상 우리는 모두 그저 그런 평범한 수준에 머무를 것이다.

경쟁 논리는 강력한 설득력을 가진다. 적어도 처음에는 말이다.

하지만 자세히 들여다보면 허점이 보이기 시작한다. 연구 보고에 따르면 아이들이 경쟁을 통해 실력이 향상되는 것은 아니라고 한다. 실제로 경쟁 스트레스는 아이들의 역량을 약화시킨다.

예를 들어, 컴퓨터 게임을 할 때 경쟁하고 있다는 사실을 알려준 아이들이 경쟁하고 있다는 사실을 알려주지 않은 아이들보다 더 게임을 못했다. 끊임없이 경쟁하고 스스로를 다른 이들과 비교하는 아이들은 세상을 냉혹하고 비우호적인 승자독식의 세상으로 인식하고 있어 매우 자신감이 낮다. 그들이 최고의 자리에서만 자기 가치를 느낄 수 있다면 어쩔 수 없이 그 자리를 잃게 되었을 때 그들은 패배자로서 자아 정체성에 큰 타격을 입게 된다.

반세기에 걸친 조사 보고에 따르면 아이들은 협력해서 일할 때 더 많은 것을 배운다. 그들은 더 나은 문제 해결 능력을 보이고 더 창조적으로 바뀐다. 더 중요한 것은 자존감도 더 높아진다는 것이다.

미국의 교육 전문가 알피 콘은 30년간 경쟁의 효과를 연구해왔다. 그는 부모가 아이들을 승자로 만들기 위해 몰아세운 결과 아이들이 패자가 되고 있다고 지적한다. '대다수의 사람들은 경쟁 상황에서 진다. 그리고 그것이 자기 회의를 낳는 것은 당연한 일이다'라고 콘은 그의 책 《경쟁에 반대한다No Contest: The case against competition》에서 밝히고 있다. '승리는 인격을 함양해주지 않는다. 그저 아이가 일시적으로 자기만족에 빠지게 할 뿐이다', '너의 가치는 네가 무엇을 했는지에 의해 결정된다'는 가르침보다 더 안 좋은 것은, '너는 네가 이긴 사람들의 수에 비례해 더 좋은 사람이 되는 것이다'라는 가르침이다.

학교와 유치원에서뿐만 아니라 발레 교실, 체조 수업, 또는 축구장에서 끊임없이 평가받고 비교당하고 압박받는 생활 속에서 딸들의 건강한 삶은 서서히 좀먹어 들어간다. 경쟁은 딸의 실력이 어느 정도의 위치에 와 있는지 확인해주고 다른 이들과 비교해 자기 가치를 결정해주는 외부적인 잣대이다. 경쟁 중심의 사고관에는 순수한 동기가 끼어들 자리가 없다. 아이들은 그 활동이 본질적으로 만족과 기쁨을 주어서가 아니라 평가받고 점수를 받기 위해 하는 것이다.

우리의 목표는 자신을 사랑하는 딸로 키우는 것이어야 한다. 누군가를 이길 때만이 아니라 언제나 말이다. 가능할 때마다 딸들에게 끊임없이 자신과 타인을 비교하는 대신 아이들이 자신이 좋아하는 활동에서 가치를 찾도록 용기를 북돋워줌으로써 경쟁을 부추기는 문화에 저항할 필요가 있다. 딸이 '왜 나는 내 친구만큼 못하지?'라고 불평한다면 아이에게 왜 다른 사람보다 잘하는 게 중요한지 스스로에게 물어볼 것을 주문하라. 그것이 딸의 즐거움이나 성취에 어떤 영향을 미치는지, 애초에 그 활동을 시작한 이유를 물어보라. 그게 재미있고 배우고 싶어서였는가? 아니면, 이기고 싶어서, 혹은 최고가 되고 싶어서였는가?

당신의 딸이 오로지 남보다 잘하기 위해서 뭔가를 한다면 아이는 결국 패자가 될 가능성이 아주 높다. 좀 더 정확히 이야기하자면 패자의 관점을 갖게 될 것이라는 뜻이다. 왜냐하면 당신의 딸이 무언가를 얼마나 잘하든 어딘가에 그 아이보다 잘하는 누군가가 있을 것이기 때문이다. 자신을 타인과 비교하는 것은 단기적으로는 통할지 몰라도 장기적인 관점에서는 아이를 의기소침하게 만들 뿐이다.

부모들은 보통 딸에게 무대에서 춤을 가장 잘 췄다거나 반에서 가장 똑똑한 아이 또는 가장 행실이 바른 아이라고 추켜세우며 딸을 기분 좋게 해주려고 한다. 당연히 부모들이 그렇게 하는 이유는 딸을 사랑하기 때문이며 그렇게 하는 게 딸의 자존감을 높여 주는 것이라 생각하겠지만 딸이 또래 친구들보다 더 뛰어나다고 칭찬하는 것은 정반대의 효과를 가져올 수도 있다. 그것이 아이에게 걱정과 불안을 안겨줄 수 있다는 것이다. 자연스럽게 아이는 자신이 최고가 아닐 때에는 충분치 않다고 여기게 되기 때문이다. 다른 아이들보다 뛰어나다는 말의 또 다른 위험성은 아이가 그 말을 친구들 앞에서 그대로 해서 친구들의 기분을 상하게 할 수 있다는 것이다.

우리는 딸들이 성공을 위해 열심히 노력하기를 바란다. 하지만 그렇다고 해서 자신감을 갖기 위해 다른 이들이 나보다 열등하다는 것을 확인하려고 해서는 안 된다. 딸들에게 경기나 시험에서 다른 친구들과 비교해서 몇 등을 했는지 물어보는 대신 우리는 그들이 올린 성과에 대해 스스로 만족하는지 물어본다. 아이가 옳은 선택을 했다고 생각할까? 다음번에는 다르게 해야 한다고 생각할까?

우리는 또한 다른 아이들의 성취도 축하해준다. 그렇게 해서 우리 딸들이 다른 이들이 성공한다고 해서 자신의 성공이 줄어들거나 자기 가치가 떨어지는 것은 아니라는 사실을 배울 수 있게 한다. 다른 아이가 상을 받았을 때에는 우리 아이들이 정말 받고 싶어 했던 상이었다 할지라도 그 아이를 축하해주고 함께 기뻐하도록 노력하게 해서 공감 근육을 단련하도록 지도한다.

## 성취 감각을 높이기 위해 칭찬 활용하기

다음은 딸의 독립성과 성취 감각을 높여 주는 칭찬 활용법이다.

### 1. 솔직해져라

솔직한 칭찬을 하라. '아주 훌륭해!'를 연발하는 빈말이나 두루뭉술한 칭찬을 하는 것과는 반대되는 개념이다. 아이들도 어른과 마찬가지로 입에 발린 아첨을 알아차린다. 우리가 과장하고 있다는 걸 안다. 딸이 실제로 한 일이나 할 수 있는 일에 대해 칭찬하라. 어떤 아이도 완전히 실패하는 경우는 거의 없다. 어떤 경우이든 아이들이 낸 결과에서 칭찬해줄 만한 요소가 있을 것이다.

### 2. 딸이 자신의 의지로 반복할 수 있는 일과 끈기를 칭찬하라

당신의 딸이 자신의 의지로 통제하고 반복해서 할 수 있는 일을 칭찬하라. 그것이 딸에게 더 힘이 되고 동기 부여가 될 것이다. 예를 들어, 좋은 점수궁극적으로 선생님이 통제하고 딸은 아무런 영향을 미칠 수 없는 것 를 받은 것보다 프로젝트를 완성하는 데 들인 노력과 헌신딸아이가 통제하고 되풀이할 수 있는 것 을 칭찬하라.

우리는 최종 결과물에 집중하는 경향이 있다. 그 결과물을 만들어내기 위해 수많은 시간 동안 들인 노력은 쉽게 잊어버린다. 딸의 그림을 칭찬하기보다는 '이번에는 다른 기술을 시도한 게 정말 좋았어. 연습을 많이 할수록 더 그림이 훌륭해지는구나'라고 말해보라. 연구에 따르면 아이의 재능을 칭찬하는 것'넌 정말 퍼즐에 재능이 있구나!' 보다 작업 과정을 칭찬하는 것'넌 정말 좋은 퍼즐 전략을 활용하고 있구나!' 이 아이에게 더 큰 동기 부여가 된다고 한다.

딸이 원하는 결과를 얻지 못했을 때조차 열심히 연습하고 시도한 것을 칭찬해주는 것은 최종 결과를 축하해주는 것보다 훨씬 더 중요하다. 그렇게 함으로써 딸에게 무엇이 정말 중요한지 깨닫게 해주는 것이다. 당신은 아이가 칭찬받는 영역을 뛰어넘어 삶의 다양한 영역에 적용할 수 있는 기술인 '끈기와 연습'을 당신이 더 중요시한다는 사실을 보여줄 수 있다. 끈기는 딸아이가 무슨 일을 하기로 하든 평생 동안 사용할 수 있는 기술이다.

다른 이들의 성공과 성취에 대해 이야기할 때는 타고난 재능보다는 근면성에 초점을 맞추는 것이 좋다. 우리 딸들의 삼촌은 수상 경력이 있는 아주 뛰어난 작곡가다. 우리는 그에 대해 이야기할 때 '네 삼촌 마이클은 매일 연습해서 피아노를 그렇게 잘 치는 거야'라고 말한다. 그렇게 말함으로써 딸들이 보기에 달성 불가능해 보이는 일도 열심히 연습만 한다면 할 수 있다는 것을 보여주는 추가적인 효과도 기대할 수 있다. 만약 아이들이 음악은 재능을 타고난 사람들만이 할 수 있는 것이라 믿는다면 굳이 시도해보려 하지 않을 것이다. 이는 일상적인 활동에도 동일하게 적용된다. 우리 큰딸이 친구가 자기보다 마인크래프트 게임을 더 잘한다고 말했을 때 우리는 아이에게 '그건 그 친구가 너보다 훨씬 더 연습을 많이 했기 때문이야. 너도 연습을 많이 하면 더 잘하게 될 거야'라고 연습의 중요성을 상기시켰다.

### 3. 지금까지 이룬 발전을 되짚어줘라

달성 상태에 도달하는 길은 멀고도 고단하다. 딸이 낙심해 있다면 시작한 순간부터 지금까지 얼마나 많은 발전이 있었는지 칭찬해주어라. 예를 들면 '처음에 학교에 들어갔을 때 네 이름밖에 못 읽었잖아. 그런데 지금은 동화책도 읽을 수 있잖니. 매일 밤마다 읽기를 연습했기 때문에 그렇게 된 거야. 훌륭해 우리 딸!' 아이가 목표에 도달하려면 얼마나 더 연습해야 하는지에 초점을 맞추어 앞으로 갈 길이 멀다는 사실에 주눅 들게 할 것이 아니라, 지금까지 얼마나 많은 발전을 이루었는지를 상기시켜주고 계속 나아갈 수 있는 동기를 부여해주어라.

### 4. 아이가 어려워하는 활동을 해낸 것을 칭찬하라

딸이 어려워하는 활동을 시도하는 것을 칭찬해주고 그것이 어렵다는 사실을 인정해준다면 아이는 그 행동과 활동을 계속하려고 할 것이다. 그것이 꼭 바흐의 피아노 협주곡 연주나 한자 외우기와 같은 일이 아니어도 된다. 아이에게 쉽지 않았던 기다리기, 다른 사람과 나누기, 연습하기와 같은 일상적인 행동일 수도 있다. 이를테면 아이에게 이렇게 칭찬할 수 있을 것이다. '그건 네게 많이 어려워 보이던데, 그래도 끝까지 해냈구나. 정말 잘했어.'

## 거부당할 때를 준비하라

아이를 독립적이고 성취 감각이 높은 아이로 키우는 일은 기쁜 동시에 씁쓸한 일이다. 그 일을 제대로 이뤄낸다면 결국 아이가 부모를 불필요한 존재로 여기게 될 것이기 때문이다. 혹은 부모로서의 당신의 역할이 불필요할 정도까지 축소될 것이다. 이런 현상은 단계적으로 일어난다.

예를 들면, 우리 큰딸이 예비 학교호주에서는 초등학교에 입학하기 전에 만 5세 아이들이 다니는 예비 과정을 두고 있다- 역주 첫 학기를 마치고 난 뒤 우리는 아이를 데려다주는 것을 그만두었다. 아이는 이 새로운 상황에 약간의 불만을 표시하기도 했다. 다른 부모들이 자녀를 학교에 데려다주고 있었기 때문이다. 그러나 우리는 딸이 혼자 등교하기에 안전한 상황이라고 판단했고, 아이가 반발하는 것 또한 자신이 혼자 할 수 없다는 부담감 때문이란 것을 알고 있었다. 우리는 아이가 혼자 할 수 있다는 것을 깨우치길 바랐다. 우리가 딸을 위해 해줄 수 있는 최선은 아이가 충분히 용감하고 능력이 있어 혼자 힘으로 할 수 있다는 것을 이해시키는 것이었다. 학교에 데리러 갈 때마다 우리는 아이에게 아주 성숙하고 용감하다고 칭찬했다.

물론 아이는 처음부터 우리의 부추김을 진지하게 받아들이지 못했다. 용감하다는 칭찬은 아이에게 아무런 영향도 못 미치는 것 같았다. 아니나 다를까 다음날도 역시 마찬가지였다. 아이는 또 우리에게 학교에 데려다 달라고 졸랐지만, 우리는 아이에게 혼자 힘으로도 할 수 있다고 말했다. 이런 실랑이는 2~3일 동안 계속 반복되었다.

그리고 마침내 어느 날 아이는 학교에 데려다 달라고 조르지 않았을 뿐만 아니라 울고 있던 다른 여자아이의 손을 잡고 학교에 데려다주기까지 했다. 소셜 미디어에서와 같이 우리의 머릿속 생각을 해시태그로 표현했다면 **#부모로서우쭐한순간**이라고 적었을 것이다. 우리의 어린 딸은 자립적으로 행동했고 자신이 배운 것을 다른 아이에게 가르쳐 줄 정도로 강인했다. **#만세**

그러나 1년 후에 우리는 딸들을 독립적으로 키우기 위해 몰아세우는 것에는 고통이 따른다는 사실을 알게 되었다. 비가 내리는 어느 날 우리는 학교에 조금 늦게 도착했다. 수업은 이미 시작한 상태였고 우리는 아이를 교실까지 데려다주려고 했다. 계단을 모두 올라갔을 때 큰딸은 걸음을 멈추고 이렇게 말했다. '괜찮아요. 여기서부터 혼자 가도 돼요.'

눈물이 나오려는 것을 꾹 참았다. 우리는 아이의 독립적인 행동이 아주 기뻤다. 이것이 우리가 아이에게 원했던 것이 아닌가? 이것이 우리가 의도했던 바가 아닌가? 하지만 여섯 살 난 어린 딸이 우리를 거부했다. 이건 예상보다 5년 정도나 빠른 것이 아닌가? 우리는 아직 준비가 되어 있지 않았다.

아이를 양육한다는 것은 바로 이런 것이다. 우리는 아이들이 우리를 필요로 하지 않도록 교육하고 있다. 보호자들이 역할을 잘 수행할수록 아이들은 우리를 빠르게 거부할 것이다. 우리를 원하지 않거나 사랑하지 않아서가 아니라 그들이 독립적이고 혼자 할 수 있다는 사실을 믿기 때문이다.

## 아빠들을 위한 행동 지침

당신이 실수하는 것을 딸에게 보여주어라.

'아빠가 때때로 실수할 수 있다면 나도 실수할 수 있다'라는 사실을 알려주어라.

당신은 딸에게 실수를 드러내는 일을 두려워할 필요가 없으며 그것은 배움과 달성의 한 과정일 뿐이라는 사실을 가르쳐 줄 최적의 인물이다.

딸에게 당신이 열심히 연마하고 있고 앞으로 더 잘하려고 노력할 계획이지만 아직 완전히 통달하지 못한 기술에 대해 이야기해주며 딸이 실패를 수용할 수 있도록 도와라. 빵 만들기에서부터 테니스 백핸드 기술에 이르기까지 무엇이든 해당될 수 있다.

아이에게 당신이 무언가를 완전히 망친 경험에 대해 이야기해주어라. 이야기의 교훈은 뭔가를 망쳤다 하더라도 세상이 끝나는 것은 아니라는 것이다. 후회는 되더라도 살아가면서 실수담으로 이야기할 수도 있고 다시 시도하면 된다는 것이다. 딸에게 실패에 대한 두려움이 절대로 아이를 가로막지 못하게 하라고 당부하라.

요약

- 입에 발린 칭찬을 퍼붓는 방식으로 딸의 자존감을 세워줄 수는 없다. 자존감은 내면에서 자라나는 것이기 때문이다. 아이를 독립적이고 성취 감각이 높은 아이로 만드는 것은 당신의 말이 아니라 아이의 행동이다.

- 달성된 상태에 도달하기 위한 여정에는 좌절과 실수, 불편함이 존재한다. 딸을 실패에서 보호하려고 하기보다는 실패를 바람직하게 활용하는 법을 가르쳐라.

- 칭찬은 잠재적으로 딸에게 힘을 주거나 피해를 입힌다. 딸에게 어떤 기술을 숙달시키고 독립심을 키워주려면 정직한 칭찬을 하라. 당신이 거짓 칭찬을 하면 아이도 안다. 딸이 스스로 어렵다고 생각하는 일을 해내는 노력과 끈기, 용기를 칭찬하라.

- 부모로서 우리의 기쁘고도 씁쓸한 목표는 결국 아이가 우리들을 불필요한 존재로 생각하게 만드는 것이다.

- 자신을 사랑하는 독립적이고 성취 감각 높은 딸로 키우기 위해서는 딸이 혼자 힘으로 할 수 없는 일만 도와주어라.

# 6장

# 내면이 강한 아이는 돈독한 인간관계를 맺는다

## 내면이 강한 아이는 돈독한 인간관계를 맺는다

10년 전 캐나다의 초등학교 교사인 데이나 커포드Dana Kerford는 학생들에게서 뭔가 이상한 점을 발견했다. 어떤 날은 자신의 수학 수업에서 아이들이 호기심 가득한 작은 스펀지처럼 수업 내용을 아주 쉽게 빨아들였다. 그런데 또 어떤 날은 아이들이 마치 가루를 거르는 체처럼 수업에서 아무것도 배우는 게 없어 보였다. 커포드는 이렇게 학생들의 의욕과 학습 능력이 다르게 나타나는 이유를 설명해 줄 수 있는 패턴을 찾기 시작했다. 곧 그녀는 학생들의 그날 학습 성취도에 영향을 미치는 가장 중요한 요소가 자신의 수업 계획이나 교사로서의 능력과는 무관하다는 사실을 알게 되었다.

학습 성취도에 차이를 가져오는 것으로 보이는 요인은, 쉬는 시간에 운동장에서 벌어지는 일들에 있었다. 학생들이 친구가 없다고 느끼거나 친구 그룹에서 자신만 소외되었다고 느끼거나, 아니면 다툼이나 놀림, 따돌림 때문에 고통받고 있다면 그들은 친구들과의 관계에서 일어난 일에 온통 신경이 쏠려 어쩔 줄 모르는 상황에서 공부가 안 됐던 것이다. 커포드는 학생들에게 분수와 기하학을 가르치려면 먼저 그들에게 서로 사이좋게 지내는 법을 가르쳐야 한다는 사실을 깨달았다. 이러한 통찰을 계기로 커포드는 아이들에게 친구들과의 관계를 돈독히 하고 충돌을 생산적인 방식으로 해결하고 친구 사이에서 일어나는 문제를 줄이는 사회성 기술을 가르치기 시작했다.

커포드는 자신 외에도 학업 성취도와 사회성 기술 사이의 연관성에 관심을 갖는 사람들이 많다는 사실을 알게 되었다. '저는 교육 콘퍼런스에 참석하면 교사들에게 학생들의 학업 성취도나 건강한 삶이 친구 문제로 부정적인 영향을 받는 것을 본 적이 있는지 물어보는데 그러면 모든 교사들이 손을 듭니다'라고 그녀는 말한다. 교육부와 학교, 학부모들은 아이들에게 읽기와 쓰기, 연산을 가장 잘 가르칠 수 있는 방법을 끊임없이 개발하고 평가하고 비평하는 데 아주 많은 돈과 시간, 노력을 들이고 있다. 하지만 아이들의 학습 능률을 높여줄 수 있는 가장 좋은 방법 중 하나는 그들에게 좋은 친구가 되는 법을 가르치는 것이다.

훌륭한 관계 기술은 공부에만 도움이 되는 것이 아니다. 신뢰와 상호 존중을 기반으로 한 교우 관계를 맺는 아이들은 새로운 상황에 더 잘 적응하고 불안감을 덜 느낀다. 그들은 확신에 차 있고 자신의 소망을 분명히 말하며, 타인의 말에 쉽게 흔들리지 않는다. 사회성 기술을 잘 기른 아이들은 더 성공적인 어른으로 성장한다. 그리고 긍정적인 인간관계는 우울증과 불안, 그 밖의 다른 정신 건강 장애와 외로움을 예방해주는 가장 중요한 요소이다. 특히 외로움은 사회적 암이라 불리며 어느 모로 보나 암만큼 치명적이다.

이번 장에서는 딸이 사람들과 더 의미 있는 관계를 형성할 수 있도록 교우 관계와 사회성 기술을 강화하는 데 도움이 되는 기술을 자세히 살펴보려 한다. 또한 딸과 당신의 관계를 강화하는 데 도움이 될 몇 가지 적중률 높은 전략도 소개할 것이다.

## 정말 아이들에게 사회성 기술을 가르칠 필요가 있을까?

사회성 기술을 별도로 가르치지 않는 이유는 사람들이 그것은 자연스럽게 배우게 된다고 가정하기 때문이다. 마치 스마트폰에 소프트웨어가 자동으로 업데이트되는 것과 마찬가지로 아이들의 사회성 기술도 '저절로' 얻게 되는 것으로 생각한다. 하지만 아이들이든 아니면 어른이 되어서든 사회성 기술을 자동으로 습득하게 될 거라는 생각은 근거 없는 착각이다.

너무 회의적인 발언인가? 주변의 동료들, 또는 크리스마스 때 친척들을 한 번 둘러보라. 모든 이들이 사회성을 자연스럽게 놀이터에서 배운 것은 아니라는 사실을 분명히 알 수 있을 것이다. 어떤 사람들은 특별히 노력하지 않고도 상대를 편안하게 해주고 잘 소통하는 반면 어떤 사람들은 위태로운 외줄 타기와도 같은 관계 속에 있다. 우리 대부분은 이 두 극단적인 상태의 중간 어디쯤에 해당될 것이다. 우리는 어떤 상황에서 어떤 이들과 함께 있을 때는 인간관계를 꽤 잘 이어가지만 다른 이들과 함께 있는 상황에서는 소통이 어려워질 수도 있다. 가정 정신 건강 전문가인 클레어 오렌지Claire Orange 박사는 다음과 같이 말한다.

'사회성 기술도 다른 기술과 똑같습니다. 우리는 어린아이에게 책을 한 권 주면서 아이가 어디가 책의 앞이고 뒤인지, 그리고 어떻게 문장을 해독하는지 알 거라 기대하지 않습니다. 천천히 시작해서 하나씩 기술을 쌓아 올려 가는 거지요. 그런데도 부모들은 사회성 기술에 관해서는 아이를 다른 아이들 가운데 던져 놓기만 하면 사회성이 저절로 길러질 거라 기대하죠. 다른 기술들을 배워야 하듯이 사회성 기술을 배울 필요가 없는 아이는 드뭅니다.'

아마도 당신의 딸이 스스로 사회성 기술을 터득하는 행운아들 중 한 명일지도 모른다. 하지만 위험을 감수할 필요는 없다. 지금, 그리고 평생 동안 관계 형성과 유지에 도움이 될 기술을 굳이 배우지 않을 이유가 없지 않은가?

## 시선 맞춤이 중요하다

딸에게 사회성을 길러 주고자 할 때 중요한 시작점은 시선 맞춤이다. 시선을 마주치고 유지하는 것은 타인과 관계를 맺는 기본적인 요령이다. 모든 잡지

편집자와 마케팅 전문가들도 알고 있듯이 모델의 눈을 보여주는 이미지를 사용할 때 상품이 더 잘 팔린다. 우리의 뇌는 얼굴을 보려는 기대감을 가지고 있어 심지어 모델의 얼굴을 가린 이미지에서조차도 얼굴을 찾게 된다. 어떤 경우에는 구름, 축구공, 달을 보고 생뚱맞게도 그 안에서 사람 얼굴을 보았다고 주장하기도 한다.

일부 아이들은 주변의 어른들을 따라 하며 시선 맞추기를 배운다. 하지만 어떤 아이들에게는 자세한 설명이 필요하다. 딸에게 사람들을 만났을 때와 누군가에게 말할 때 시선을 맞추어야 한다는 말을 명확하게 해줄 필요가 있을지도 모른다. 아이에게 인사하는 사람들을 쳐다보고 대화 중에도 시선 맞춤을 유지하라고 때때로 상기시키는 것이 좋다. 카페와 식당에서 음식을 주문할 때, 그리고 상점에서 사람들에게 이야기할 때, 혹은 의사의 진료실에서 상담할 때 모두 이 시선 맞추기를 연습하기에 좋은 상황들이다. 카페에서는 딸에게 주문할 때 서빙 직원을 쳐다보도록 유도하고 음식이 왔을 때도 감사 인사를 하며 눈을 맞추게 한다. 의사에게 질문하거나 대답할 때에도 의사를 바라보도록 상기시켜준다.

아이들에게 어떤 기술을 가르칠 때 항상 그렇듯이 그것을 습관화하려면 아마 골백번도 더 같은 말을 반복해야 할지도 모른다. 딸이 특히 수줍음이 많아 시선을 맞추게 하는 것이 말처럼 쉽지 않다 하더라도 그냥 쉽게 넘어가선 안 된다. 냉정하게 들리겠지만 아이가 성장했을 때 당신의 딸이 수줍음이 많은지 적은지 세상은 그것에 관심이 없다. 딸이 시선 맞춤을 하지 않는다면 아이는 무례하거나 냉정하고 불친절한 사람으로 보일 것이다. 그러면 친구를 사귀기도 어려울 것이고 영향력을 발휘하거나 자신의 이야기를 전달하기도 힘들어지며 심지어 취업에도 어려움이 따를 수 있다.

당신의 딸에게 분명히 가르쳐야 하는 몇 가지 기본적인 관계의 기술들이 있다. 미소 짓기, 친절하면서도 자신감 있는 목소리로 말하기, 사람들의 이름 불러주기. 이것만 잘 지킨다면 교우 관계를 형성하고 유지하는 데 큰 도움이 될 것이다.

## 대화의 기술

대화는 놀이의 한 형태이다. 다른 종류의 놀이와 마찬가지로 대화 또한 참여자들이 서로 공유하고 번갈아가며 참여해야 가장 잘 이루어진다. 이를테면, 한 사람이 누군가에게 질문하고 답변을 듣는다. 그러고 난 뒤 다른 사람이 질문하고 당신은 그들의 답변을 듣는 식이다.

교육 전문가인 앨런 멘들러Allen Mendler 박사는 발언 막대기를 이용해 아이들에게 대화할 때 번갈아가며 이야기하는 법을 가르칠 것을 추천한다. 발언 막대기를 들고 있는 아이가 말하면 다른 아이들은 경청하는 것이다. 발언 막대기를 든 아이가 질문을 하고 난 뒤 답변할 아이에게 그 발언 막대기를 전달한다. 발언 막대기를 전달받은 아이는 질문에 대답한 후 다른 아이에게 막대기를 전하기 전에 질문을 해야 한다. 발언 막대기를 이용하는 방법 외에도 인형을 주고받으며 번갈아 대화하는 방식을 활용할 수도 있다. 당신의 딸이 공 또는 인형을 가지고 있으면 말할 차례인 것이고 가지고 있지 않으면 들을 차례인 것이다.

여기서 중요한 점은 대개 아이들은그리고 일부 어른들도 자신이 말할 차례를 오로지 자신에 대해 말하는 기회로만 여긴다는 것이다. 남의 말을 경청하는 것에 익숙하지 않기 때문이다. 이럴 때는 상대에게 질문하도록 유도하면 된다.

사회적 상호 관계에서 '질문하기'는 아주 큰 힘을 발휘한다. 질문을 함으로써 서먹한 분위기를 부드럽게 만들 수 있고 어색한 침묵을 깰 수 있으며 당신이 상대에게 관심이 있고 중요하게 생각한다는 메시지를 전달할 수 있다.

질문하기는 놀이터에서든 회의실에서든 아니면 그 밖의 다른 모든 사회적 공간에서 딸에게 도움이 될 기술이다. 우리는 딸들에게 사람들에게 질문하는 모습을 직접 보여주면서 그렇게 하도록 독려한다. 그리고 누군가에게 질문하는 것은 친절한 행동이라고 설명해준다. 질문하기는 누군가에게 그들이 중요하다는 메시지를 전달하는 하나의 방식이다.

## 딸에게 발언 기회를 주어라

딸에게 좋은 질문자이자 청자가 되도록 가르치라는 조언에 한 가지 경고를 덧붙여야 할 것 같다. 우리는 딸을 자신감 없고 자신의 의견이나 자신에 대해 말할 능력이 부족한 사랑스럽고 순응적이기만 한 청자로 키우는 것에는 반대한다. 우리 사회에서 많은 여성들은 청중의 역할을 자주 한다. 다른 사람들이 발언하는 동안 경청하면서 주기적으로 공손하게 감탄사를 연발한다. 우리가 절대로 원치 않는 일은 자기표현과 소통의 욕구를 희생하면서까지 사람들을 편안하게 해주는 데에만 우선순위를 두는 것이다. 질문/답변하기 교육의 균형을 맞춰주기 위해 우리는 딸들에게 때때로 자신의 생각과 의견을 우리와 사람들에게 표현하도록 독려한다. 예를 들어 대화가 우리 딸들이 잘 아는 영화나 책, 또는 장소 이야기로 흘러가면 이렇게 말하는 것이다. '너도 그 영화 봤잖아. 어땠는지 얘기 좀 해줘' 혹은 '저희도 휴가 때 거기에 갔었어요. 네가 그곳에서 무엇이 가장 좋았는지 모두에게 말해주지 않으련?'이라고 말한다.

## 친구가 된다고 해서 똑같아져야 하는 것은 아니다

시선 맞추기와 질문하기는 사회적 상호 관계를 만드는 기본적인 요소이다. 그렇지만 교우 관계를 형성하고 유지하기를 원한다면 당연히 그 이상이 요구된다. 공통 관심사를 찾는 것이 여자아이들에게는 새로운 친구를 사귀는 출발점이 되는 경우가 많다. 하지만 여자아이들은 종종 친구 관계를 유지하기 위해서는 '모든 것'을 공유해야 한다고 생각한다.

남자아이들은 관심사가 달라도 상관없다고 생각하는 것에 비해 여자아이들은 누군가와 친구가 되기 위해서는 똑같은 활동을 좋아해야 하고 패션 취향과 헤어스타일도 똑같아야 한다고 생각한다. 당신이 딸에게 관심사나 취향이 달라도 여전히 친구가 될 수 있다는 사실을 분명히 말해줄 필요가 있다. 심지어 모든 것이 달라도 친구가 될 수 있다.

실제로 다음과 같이 말해줄 수 있을 것이다.

• 네 친구가 너의 세 갈래로 땋은 머리를 좋아하지 않아도 괜찮아. 그래도 친구가 될 수 있어.
• 너는 사라와 노는 것을 좋아하는데 친구는 그렇지 않다 해도 괜찮아. 모든 이들이 서로 친하게 지내는 것은 아니야. 가끔은 사라와 놀기도 하고 또 다른 때는 다른 친구와 놀기도 하면 되는 거야.
• 너는 강아지가 고양이보다 더 좋은데 네 친구는 취향이 정반대라도 괜찮아. 친구가 되기 위해 모든 것에 대한 취향이 일치해야 할 필요는 없어.

여자아이들은 일단 친구가 되면 항상 모든 걸 같이 해야만 한다고 생각하는 실수를 범할 수 있다. 그들은 쉬는 시간마다 친구와 함께 놀고 간식 시간마다 옆에 나란히 앉지 않으면 친구 관계가 끝날까 봐 걱정한다.

교우 관계 워크숍에서 데이나 커포드는 아이들에게 가끔은 상황에 따라 다른 친구들과 어울리는 것이 좋다고 가르친다. 예를 들면, 한 친구는 교실에서 함께 공부하기에 아주 좋을 수 있다. 하지만 점심시간에 함께 놀기에 가장 좋은 상대는 아닐 수도 있다. 당신의 딸은 정글짐에 매달리는 것을 좋아하는데 아이의 친구는 도서관에 가기를 원할 수도 있기 때문이다. 따라서 점심시간에는 딸이 정글짐에서 함께 놀기 좋은 다른 친구와 놀 수 있는 것이다. 하지만 이 친구는 너무 주의가 산만해서 공부를 같이 하기에는 좋은 친구가 아닐 수도 있다. 그래도 괜찮다고 딸에게 설명해주는 것이 좋다. 누구도 배신하지 않고 두 친구 모두와 친구가 될 수 있는 것이다.

또한 딸에게 친구라고 해서 무조건 항상 같이 놀아야 하는 것은 아니라고 분명히 말해줄 필요가 있다. 가끔은 딸이 혼자 놀고 싶을 때도 있을 것이고 친구가 원하는 것과 다른 놀이를 하고 싶을 때도 있을 것이다. 그래도 괜찮다. 이런 곤란한 상황을 처리할 때 딸이 어떻게 말하면 좋을지 도움을 줄 수 있다. '지금은 혼자 놀고 싶어'라고 말하거나 아니면 '난 지금 그림 그리고 있어. 나중에 같이 놀자'라고 말할 수 있을 것이다. 그럴 때 친구들에게 어떤 말을 할 수 있는지에 대해 몇 가지 선택지를 제공한다면 딸이 부담스럽고 어려워하는 상황을 원만히 해결하는 데 유용하게 활용될 것이다. 반대의 상황에서도 마찬가지다. 딸의 친구가 놀이 시간에 한 번 딸과 같이 놀고 싶지 않다고 말했다고 해서 그게 친구 관계의 끝도 아니고 세상의 끝도 아니라는 사실을 딸이 이해할 수 있게 설명해줘야 한다.

## 친구 관계는 선택이다

과거에는 부모가 딸에게 가리지 말고 모든 친구들과 친하게 지내라고 조언하곤 했다. 그러나 지금은 그게 그렇게 좋은 조언인지 확신이 가지 않는다. '모든 친구들과 친하게 지내라'는 말은 좋은 의도에서 나온 말이다. 딸들이 다른 이들에게 의도적으로 냉혹하게 행동하거나 상처를 주는 것을 원치 않기 때문이다. 하지만 정말 솔직히 말하자면 과거에는 교우 관계를 '친구는 많으면 많을수록 좋다'는 단순한 숫자 놀음으로 생각했던 면도 있었다.

커포드는 아이들에게 모두와 친구가 되라고 격려하는 것은 바람직하지 못하다고 말한다. '부모가 아이들에게 모두와 친구가 되라고 말하는 것은 위험한 조언입니다. 모든 사람들이 아이들에게 좋은 영향을 미치는 게 아니니까요. 어떤 사람들은 우리의 가장 좋은 면을 끄집어내 주지만 어떤 사람들은 가장 안 좋은 면을 끄집어내 줍니다. 그리고 아이들은 그들에게 안 좋은

영향을 미치는 이들과는 친구가 되어서는 안 됩니다.'

모두와 친구가 되려는 열망을 가진 아이들은 자신에게 '맞는' 친구들을 찾기보다는 친구들에게 '맞추려고' 노력하게 될 수 있다. 그 둘은 아주 다르다. 사회 과학자이자 저술가인 브레네 브라운은 자신의 저서《불완전함의 선물The Gifts of Imperfection》에서 "'맞추는' 것은 상황을 파악하고 그 상황 속에서 받아들여질 수 있는 사람이 되기 위해 노력하는 것이다. 반면 '맞는' 것은 자신을 바꿀 필요가 없으며 온전히 우리 자신일 수 있다"라고 말했다.

맞추는 것은 당신이 어떠해야 한다는 외부적 생각에 더 가깝게 순응하기 위해 자신을 바꾸는 일이다. 하지만 모순적이라고 생각하겠지만 어딘가에 '소속되기' 위해서는 '맞추지' 않으려는 노력이 필요하다.

'진정으로 깊은 소속감을 갖고 있는 남성들과 여성들은 필요할 때 홀로 설 수 있는 용기를 갖고 있는 사람들이기도 합니다. 그들은 자신의 완전성을 유지하려고 하며 자신이 믿는 것을 지켜내기 위해 기꺼이 조직과의 단절을 감수하죠.'

아이들이 이해하기 쉽게 표현하자면 이렇게 말할 수 있겠다. '너를 있는 그대로 좋아하는 사람과 네가 있는 그대로 좋아할 수 있는 사람만 친구로 사귀어라.'

확신이 서지 않는다면 모두와 친구가 되려고 노력하는 것이 나중에 어떤 결과를 가져올지 생각해보라. '우리는 아이가 연인을 사귈 때가 되어서야 선택의 중요성을 처음으로 깨닫게 되길 원치 않습니다. 아이들에게 주고 싶은 메시지는 지혜롭게 선택해야 된다는 것이죠. 친구 관계가 그렇게 특별한 이유는 선택하는 관계이기 때문입니다.'

딸을 반사회적이거나 의도적으로 스스로를 소외시키는 사람으로 키워야 한다는 말은 아니다. 우리는 딸들에게 모두와 친구가 되어야 한다고 말하지 않고도 여전히 타인을 존중하며 친절하게 행동하도록 지도할 수 있다. 어른들이 인간관계에 적용하는 규칙을 아이들의 친구 관계에도 똑같이 적용해야 한다. 어른인 우리는 모두와 친구가 되기를 기대하지 않는다. 모든 지인과 동료들을 존중하고 예의 바르게 대하려고 노력은 하지만, 그 모든 사람들과 비밀을 공유하거나 생일 파티에 초대하고 싶어 하지는 않는다. 우리는 아이들에게 친구의 수에 연연하기보다 좋은 친구를 사귀는 것이 훨씬 더 중요하다는 것을 가르쳐야만 한다.

### 어떤 친구가 좋은 친구일까?

아이들은 건강한 친구 관계와 그렇지 못한 친구 관계를 구분하기 어렵다. 가끔은 어른들에게도 어려운 것이 사실이다. 다른 정보가 없다면 아이들도 어른과 비슷하게 행동한다. 확신이 없는 상황이라면 어떻게 해야 할지 결정할 때 다른 사람들이 어떻게 행동하는지 지켜볼 것이다. 즉 다른 이들이 하는 걸 지켜보다가 그대로 말하고 행동한다는 뜻이다. 이것을 친구 관계에 적용해보면, 인기가 많은 아이들은 좋은 친구라고 간주한다는 의미이다. 결국 인기 있는 아이들은 그럴 만한 이유가 분명히 있을 것이라 생각한다.

물론 항상 그런 가정이 옳은 것은 아니다. 인기 있는 아이들은 여러모로 장점이 많을 것임이 분명하다. 하지만 여자아이들의 경우 인기 많은 아이들 틈새에서 진정한 자신으로 생활하기 힘든 경우가 많다. 그렇지 않다 해도 어쨌든 환영받지 못한다는 느낌을 받게 된다.

오드리 몬키Audrey Monke 는 심리학자이자 사회성 전문가로, 인기 많은 아이들에게 맞추려고 노력하면 일방적이고 불만족스러운 교우관계를 형성하게 될 수 있다고 설명한다. 맞추려고 노력하는 아이만 그 교우 관계를 중요하게 생각할 가능성이 크다는 것이다.

'아이들이 자신이 환영받지 못하는 친구 관계나 그룹에 억지로 들어가기 위해 노력하기보다는 진짜 친구 집단을 찾도록 도와야 합니다. 친구 집단이 커야 할 필요는 없습니다. 마음 맞는 한두 명으로도 충분하죠'라고 몬키는 말한다.

아이들에게는 아직 이런 말이 어렵기만 할 것이다. 그 나이 때는 인기 많은 게 전부인 것처럼 보일 것이기 때문이다. 다음의 어린이용 체크리스트는 당신의 딸과 좋은 친구에 대해 이야기할 수 있는 계기를 제공할 것이다.

**좋은 친구는:**

- 함께 있으면 재미있다.
- 날 행복하게 하고 내가 좋은 사람이라는 생각이 들게 해준다.
- 나에게 친절하다.
- 나를 존중한다.
- 믿을 수 있다.
- 비밀을 지켜준다.
- 서로에게 공평하다.
- 내 말을 경청하고 내 기분에 신경 쓴다.
- 내 편을 들어준다.
- 나의 있는 모습 그대로를 좋아한다.

이 리스트는 아이들이 또래 집단에서 진정한 친구를 알아볼 수 있는 좋은 척도가 되어 줄 것이다. 또한 누가 좋은 친구가 아닌지 알아보는 데에도 유용하게 활용할 수 있다.

우리 딸들이 성장하면서 소셜 미디어의 세계에 진입하게 됨에 따라 좋은 친구의 중요성을 깨닫는 일은 점점 더 중요해질 것이다. 주의하지 않는다면 아이들은 수천 명의 '팔로워'와 '친구들'을 축적하는 데 엄청난 시간과 에너지를 소비하게 될 것이다. 그러고도 여전히 인생에서 가족 외에 믿을 수 있고 그들을 있는 그대로 진정으로 알아주는 단 한 사람의 친구도 갖지 못하게 될지도 모른다.

## 이젠 너랑 안 놀아!

만약 당신이 어느 정도 아이들과 함께 지내봤다면 아이들이 '이젠 너랑 안 놀아!'라고 외치는 것을 한 번쯤 들어봤을 것이다. 이런 말을 하는 아이는 진정한 친구 관계가 작은 의견 차이나 다툼보다 더 단단하다는 사실을 아직 배우지 못한 것이다. 단 한 번의 실수나 의견 충돌로 우정이 끝났다면 당신은 얼마나 많은 친구들을 떠나보냈겠는가? 이것이 바로 딸에게 친구들과 항상 친하게 지내지 않아도 된다고 말해두는 것이 좋은 이유이다. 가끔은 친구들이 딸아이를 언짢게 할 때도 있을 것이고 또 가끔은 딸아이가 친구들을 언짢게 할 때도 있을 것이다. 그래도 괜찮다. 중요한 것은 딸아이나 딸아이의 친구가 기분이 상한 후 어떻게 대처하는가이다. 친구 관계에서 생겨나는 어려움들을 잘 해결하는 것은 아이에게 평생 동안 도움이 될 중요한 기술이다.

우리 부부는 두 사람 모두, 다른 아이가 우리 아이의 뼈를 부러뜨리거나 피가 나게 하지 않는 한 그들의 나쁜 행동을 무시하라고 가르치는 집안에서 자랐다. 하지만 되돌아보면 이렇게 대처하는 방식은 아이들의 힘을 약화시킨다. 다른 이들이 아이에게 나쁘게 대할 수 있고 그걸 그냥 감내해야 한다는 메시지를 전달하고 있기 때문이다.

딸아이에게 심술을 부리는 사람을 그냥 무시하고 상대하지 말라고 말하기보다는 나쁜 행동에 생산적인 방식으로 대처하는 기술을 가르치는 것이 더 효과적이다. 커포드는 이 기술을 '재빠른 응수'라고 부른다. 기본적인 생각은 누군가가 의도적으로 심술궂은 행동을 하거나 말을 하면 딸은 단호하고 분명하면서도 예의를 갖춘 태도로 즉각 반응할 수 있어야 한다는 것이다. 재빠른 응수의 예는 다음과 같다.

- 그건 안 돼.
- 정말 나쁘구나.
- 난 그거 싫어.
- 이게 무슨 짓이니?
- 그만해.

제대로 된 전달이 결과를 좌우한다. 효과를 높이려면 힘 있는 말투로 재빨리 응수하는 것이 중요하다. 아동청소년 감정 및 행동 건강 전문가이자《학교 폭력을 막는 8가지 방법 8 Keys to End Bullying》의 저자인 시그네 윗슨Signe Whitson 은 딸이 상대를 두려워하지 않으며 동등한 위치에 있다는 메시지를 전달할 수 있도록 그 사람의 이름을 부르는 것을 권장한다. 중요한 것은 재빠른 응수가 단호해야 하며 비난조가 아니어야 하고 상대를 자극해서는 안 된다는 것이다. 당신의 딸이 형편없는 행동에 대해 똑같이 형편없는 행동으로 응수하기를 원치는 않을 것이다. 미셸 오바마의 유명한 말을 빌자면, 다른 아이가 수준 낮게 행동할 때 당신의 딸은 '재빠른 응수'를 이용해 수준을 높일 수 있다. 당신의 딸은 그렇게 상대에게 의사를 전달한 후 충돌이 번지기 전에 재빨리 그 자리를 벗어나야 한다.

우리 대다수는 '이렇게 응수했더라면 좋았을 텐데' 하는 생각이 10분 뒤쯤 떠오르거나 그다음 날 샤워하면서 생각나기도 한다. 당신의 딸도 그럴 것이다. 따라서 재빨리 응수하기 위해서는 리허설이 중요하다. 딸과 함께 그 문장을 말하는 것을 연습하라. 그러면 아이는 따로 생각해볼 필요도 없이 즉각 말할 준비가 될 것이다. 이 역할 연습을 복잡하게 할 필요는 없다. 딸이 학교에서 있었던 안 좋은 사건에 대해 이야기했을 때 아이가 뭐라고 말했는지, 뭐라고 말할 수 있었는지, 그리고 앞으로 비슷한 일이 또 발생했을 때 뭐라고 말할지 생각해보도록 유도하면서 진행할 수 있다.

너무 간단하게 들리겠지만 제때 제대로 응수하는 것만으로도 상대를 저지할 수 있다. 그 상대는 당신의 딸이 그들이 한 짓을 그냥 참고 넘어가지 않을 것임을 알게 되어 그런 일이 다시 발생할 가능성을 줄일 수 있다. 연구 조사에 따르면 재빠른 응수 기술을 사용하는 아이들은 다른 아이들보다 놀림을 덜 받으며 받더라도 가볍게 받는 것으로 나타났다.

## 갈등을 해결해주는 마법의 말

여성들은 어려서부터 어떻게 해서든 충돌을 피하는 게 좋다고 배운다. 누군가가 그들에게 반대하거나 상처를 줄 때, 여자아이들은 아무 일도 없었던 것처럼 가장하거나 자신의 반응을 축소하거나 불신하도록 교육받는다. 그것이 마음처럼 잘 안 되면 그들은 자신의 기분을 풀기 위해 상대를 뒤에서 비방하고 싶은 충동을 느끼게 된다. 평지풍파를 일으키지 않는 편이 조용히 넘어가는 길이겠지만 그렇게 충돌을 무조건 피하려고 함으로써 여자아이들과 여성들은 친구들과의, 혹은 다른 누군가와의 갈등을 해결하는 능력을 영영 개발하지 못하는 것이다.

여성들이 아무런 설명도 없이 친구 관계를 갑자기 끝내거나 잠수를 타는 현상을 보면 그들이 얼마나 충돌을 싫어하는지 알 수 있다. 마찰을 해결할 능력이 없을 때에는 설사 몇 년 동안 사귄 친구라 하더라도 문제를 꺼내놓고 대화하고 해결을 위해 노력하는 것보다 친구 관계를 완전히 끊는 것이 덜 고통스러운 것이다.

그러나 방법만 알면 갈등은 아주 쉽고 간단하게 해결할 수 있다. 데이나 커포드는 갈등을 해결해주는 다음의 표현을 가르친다. '네가 ○○ 할 때 내 기분은 ○○ 해.'

'네가'와 '기분은' 다음에는 상황에 맞는 단어를 채워 넣어야 한다. 하지만 이 공식은 어떤 갈등이든 해결의 실마리를 제공해준다. 딸은 친구가 한 어떤 행동이 자신을 언짢게 했고 그래서 기분이 어떤지 침착하게 설명할 수 있다. 예를 들면, '내가 캠프에 장난감을 가지고 간다고 해서 나를 애기라고 부르면 기분이 아주 나빠'라고 말하거나 '공놀이 게임에서 왕의 자리는 항상 네가 차지하고 다른 사람들은 왕을 못 하게 하는 건 불공평해. 난 그런 게임은 하고 싶지 않아'라고 말할 수 있을 것이다.

다음 단계는 딸이 말을 멈추고 친구가 하는 말을 경청하도록 돕는 것이다. 가장 좋은 결과는 이 대화가 생산적인 방식으로 갈등 상황에 대해 논의의 장을 열어주는 것이다. 물론 이상적인 이야기다. 모든 일은 계획대로 되지 않을 때가 많다. 딸의 친구는 친구들과의 문제를 해결해본 경험이 별로 없거나 아예 없을지도 모른다. 딸의 친구가 마음의 문을 닫아버리거나 딸을 비난한다면 그에 대해서도 간단한 대응 방법이 있다. '네가 지금은 이것에 대해 이야기할 준비가 안 된 것 같구나. 준비가 되면 알려줘'라고 말하면 된다.

딸의 친구는 다시 돌아와서 대화를 하지 않을 수도 있다. 갈등이 발생했을 때 해피엔딩은 보장되어 있지 않다. 하지만 적어도 당신의 딸이 오해를 풀고 친구 관계를 개선하려고 노력은 한 것이다. 그리고 상처가 되는 행동을 참지 않음으로써 자신을 존중했을 뿐만 아니라 충돌 상황이 악화되도록 내버려 두기보다는 그것을 해결하려고 나서면서 친구 관계 또한 존중한 것이다. 결과와 상관없이 자신이 문제를 해결하기 위해 노력했다는 사실 자체만으로도 스스로 힘이 생겼다고 느낄 것이다.

이 기술은 아주 어린 딸에게 활용하기에는 너무 어렵다. 일부 부모는 더 연령대가 높은 딸들에게조차도 너무 수준 높고 어른스러운 방식이라고 생각할 것이다. 그러나 우리는 이 기술을 실제로 활용하는 것을 본 적이 있다. 커포드의 워크숍에서 이 대본을 역할극으로 연습한 아이들은 집에서 부모와 연습한 후 실제로 학교 운동장에서 그것을 성공적으로 적용했다. 우리 큰딸은 이 갈등 해결 기술을 일곱 살 때 배워서 친구들과의 다툼을 해결하는 데 활용하고 있다. 이제는 심지어 우리에게도 이 접근법을 활용한다!

## 아이들과 친구와의 문제에 끼어들어야 할까요?

당신이 UN의 협상팀이라도 된 것처럼 느껴질 때가 있을 것이다. 다른 아이들의 부모에게 평화 회담을 제의하고 싶을 때도 있을 것이고, 아이를 대신해 놀이 금지 구역을 협의하자는 요청을 받을 때도 있을 것이다. 이에 대한 우리의 조언은 그것을 거부하라는 것이다. 만일 당신이 설득당하는 입장이라면 단호히 거절하라. 그렇게 해서 좋을 게 하나도 없다. 다른 부모들에게 전화하거나 학교로 달려가 개입을 요구하는 것은 보통 득보다 실이 더 많다.

딸이 원치 않을 때 당신이 문제에 개입할 거라고 생각하면 딸은 더 이상 당신에게 속마음을 털어놓지 않을 것이다. 설사 딸이 당신이 대신 싸워주길 원한다 해도 그렇게 하면 딸의 독립성을 약화시키게 될 것이다. 딸의 문제를 해결하기 위해 우리가 끼어들 때마다 우리는 아이가 스스로 문제를 해결할 능력이 없다는 메시지를 사실상 아이에게 전달하고 있는 셈이다. 또한 딸이 사회성 기술을 연습하고 회복 탄력성을 기를 기회를 박탈하고 있는 것이기도 하다. 딸의 인간관계와 관련해 협상가로 나서기보다는 옆에서 딸을 지원해주고 코치하라.

그 과정의 첫 번째 단계는 경청이다. 듣는 것이 아주 쉬워 보이겠지만 그래서 간과할 때가 더 많다. 어른들이 그렇듯이 당신의 딸도 자신의 문제를 이야기할 때는 상대방이 귀 기울여 들어주고 인정해주고 이해해주기를 원한다. 이때 우리에게 작아 보이는 일이 딸의 눈에는 아주 크게 보일 수 있다는 사실을 스스로 상기해야 한다.

두 번째 단계는 아이에게 물어보는 것이다. '그래서 맞서서 대응했니?' 이 말을 통해 당신이 딸이 충돌 상황과 나쁜 행동을 무시하거나 그것에서 도망치는 것이 아니라 적극적으로 맞서길 기대한다는 뜻을 분명히 전달할 수 있다. 만약 딸이 맞서서 대응하지 않았다면 이것이 앞서 다룬 '재빠른 응수'의 단계와 갈등 해결 기술에 대해 이야기하고 역할극 연습도 해볼 수 있는 좋은 기회가 될 수 있다.

또한 상황을 해결하기 위해 후속 조치를 취할 필요가 있다면 딸에게 도움이 될 만한 질문들을 던지고 앞으로 이런 일이 발생했을 때 어떻게 해결하면 좋을지에 대해 이야기해보면 좋을 것이다. 예를 들면, '친구가 의도적으로 심술궂게 행동한 거니, 아니면 실수로 그랬다고 생각하니?' 혹은 '친구도 네가 그걸 싫어한다는 걸 알고 있었니, 아니면 그 친구한테 싫어한다는 걸 이야기해주어야 할까?' 혹은 '그 후에는 무슨 일이 있었지?' 혹은 '다음에 그 애를 만나면 뭐라고 말하면 좋을까?'와 같은 질문을 던지는 것이다. 그리고 난 뒤, 훌륭한 코치들이 그러듯이 뒤로 한 발짝 물러나 옆에서 응원하며 이렇게 말해 준다. '넌 이미 해결책을 알고 있어.'

## 그렇다면 학교 폭력의 경우는 어떨까?

이 모든 조언들은 흔히 발생하는 보통의 갈등 상황에서는 유용하다. 하지만 학교 폭력의 경우에는 다른 접근이 필요할 것이다. 딸아이 혼자 처리하기에는 사안이 너무 크고 심각할 때가 많기 때문이다.

먼저 어떤 게 학교 폭력이고 어떤 게 학교 폭력이 아닌지 명확히 구분해둘 필요가 있다. '학교 폭력'이라는 단어는 오용되는 경우가 많다. 학교 폭력이 아닌 상황과 행동일지라도 바람직하지 못한 경우라면 '학교 폭력'이라고 뭉뚱그려 부르고 있는 것이다. 어떤 아이가 점심시간에 당신의 딸과 놀고 싶어 하지 않는 것은 학교 폭력이 아니다. 어떤 아이가 딸의 연필을 가지고 가는 것도 학교 폭력이 아니다. 복도에서 실수로 딸과 부딪힌 것 역시 학교 폭력이 아니다. 이런 상황들은 유쾌하진 않지만 학교 폭력이 아니며 당신의 지원과 격려가 있다면 딸이 혼자서도 처리할 수 있을 가능성이 높다.

**학교 폭력은 어떤 아이가 고의적이고 반복적으로 딸에게 해를 입히거나 위협하거나 강요하는 행위이다. 당신의 딸이 '재빠른 응수'와 갈등 해결 전략을 시도했음에도 상대가 계속 고의로 피해를 준다면 그때는 어른이 개입해야 한다. 부모에게는 자녀가 안전함을 느끼고 지원군이 있다고 느끼게 해줄 책임이 있다. 학교나 유치원 등의 교육 기관에서는 책임자에게 말해 당신과 딸이 편안한 방안을 마련해야 할 것이다. 교육 기관 밖에서의 상황이라면 딸이 위험에 처하지 않도록 특정 친구들을 더 이상 만나지 못하게 해야 한다.**

이는 딸이 더 폭넓은 친구 네트워크를 구축해야 한다는 뜻이기도 하다. 시그네 윗슨은 부모가 학교 폭력의 피해를 최소화하기 위해 활용할 수 있는 가장 강력하고도 손쉬운 보호 전략 중 하나는 아이가 학교 밖에서 긍정적인 또래 관계를 형성할 수 있는 기회를 찾아주는 것이라고 말한다. 과외 활동이나 스포츠팀, 혹은 친한 가족이나 친척을 통해서도 찾을 수 있을 것이다. 중요한 것은 이러한 친구 관계가 학교나 유치원 환경 밖에 존재하기 때문에 딸이 학교나 유치원에서 소외감을 느낀다 할지라도 혼자라고 느끼지는 않을 것이라는 점이다. 아이는 자신이 인정받는다고 느끼는 지원 네트워크를 갖게 되는 것이다. 의도적으로 학교와 유치원 밖의 친구 관계를 권장하고 조성해줄 필요가 있다. 딸이 다시는 거부당했다거나 혼자라는 생각을 하지 않게 된다면 시간과 노력을 투자한 보람이 충분히 있을 것이다.

## 당신의 아이가 학교 폭력 가해자라면?

우리는 수년 동안 괴롭힘을 당하는 아이들의 이야기를 수도 없이 많이 들었다. 하지만 부모가 우리에게 자신의 자녀가 다른 아이들을 괴롭혔다고 말하는 경우는 손에 꼽을 정도로 적었다. 딸의 담임교사에게서 자신의 딸이 다른 아이들을 괴롭힌다는 말을 들은 한 친구는 그 소식에 완전히 충격을 받았다. 그녀는 창피하고 실망스러워서 어쩔 줄 몰라 했다.

대부분의 부모들은 그런 건 생각도 하기 싫겠지만 우리의 아이들 중 일부는 다른 아이들을 괴롭힐 것이다.

만약 당신의 딸이 생일 파티나 어떤 모임에 초대받지 못하거나 친구 앞에서 독점적이고 지배적인 태도를 보이거나 진정한 친구가 거의 없다면 다른 아이를 괴롭히고 있다는 경고 신호일지도 모른다. 데이나 커포드는 "자녀가 과도한 자신감을 가지고 있다거나 마치 '천하를 호령하는 왕'과도 같은 분위기를 풍기는 가면을 쓰고 있거나, 불만족스러울 때 인간관계에서 공격성이나 폭력성을 보인다면 다른 아이를 괴롭히고 있는 건 아닌지 의심해볼 필요가 있습니다"라고 권고한다. 커포드는 이런 행동을 못하게 하는 가장 좋은 방법은 다른 아이들이 나쁜 행동을 참지 않고 괴롭힘에 당당히 맞서 스스로 그런 행동을 통제하는 것이라고 말한다. 그러나 여전히 부모와 교사들은 그 추이를 살펴야 할 필요가 있다.

아이에게 단순히 사과를 강요하는 것만으로는 충분하지 못하다. 관심받고 싶어 하는 아이는 그런 상황을 오히려 즐길 것이기 때문이다. 따라서 아이가 그런 행동을 다시는 하지 못하도록 만들 처벌을 부모가 선택하는 것이 중요하다. 즉각적이면서도 그 행동에 상응하는 처벌을 해야하며, 생일 파티나 모임에 초대받지 못하는 것 또한 무례한 행동에 대한 자연스러운 대가로 받아들이게 된다. 가슴 아플 때도 있겠지만 아이가 자신의 행동에 대해 그에 상응한 처벌이 따른다는 사실을 깨닫게 해야만 나쁜 행동 패턴을 바꿀 수 있는 것이다.

부모 또한 그 행동의 근본 원인을 알아내야 한다. 어떤 아이도 하루아침에 학교 폭력 가해자가 되겠다고 마음먹는 것은 아니기 때문이다. 아마도 여러 경험이 누적된 결과 어떤 일이 일어나 부적절한 행동을 하게 된 것일 가능성이 높다.

'폭발적인 감정을 다스려야 하는 아이들은 그들을 차분하게 만들어 줄 전략을 찾을 수 있도록 지도와 지원이 필요합니다. 아이가 공기로 가득 채워진 풍선처럼 불안을 느끼기 시작했을 때 부모가 이를 알아차리는 것이 가장 중요하죠'라고 커포드는 말한다. '목표는 아이에게 아주 실질적이고 단계적인 감정 해소법을 알려주어 풍선이

터지지 않도록 돕는 것입니다.'

딸의 공감 능력을 키워주는 것도 하나의 방법이 될 수 있다. 다른 이들의 감정에 공감하는 것도 연습을 통해 가능하다. '아이들에 따라 자신의 외부로 눈을 돌리는 데 오랜 시간이 걸리기도 합니다. 아이가 그들의 행동이 타인에게 어떤 영향을 미치는지 그 연관성을 이해하게 함으로써 공감 능력을 키우는 것을 도울 수 있어요'라고 커포드는 설명한다. "아이들에게 '네가 친구에게 애기같다고 말했을 때 그 애는 어떤 느낌이었을까? 누군가가 네게 애기라고 하면 어떻겠니? 기분이 어떨 것 같아?'라고 질문함으로써 그들의 공감 근육을 강화시킬 수 있습니다."

딸의 가해 행동을 모르는 척하고 싶거나 의도적으로 나쁜 행동을 했다는 사실을 믿고 싶지 않을 수도 있다. 그러나 내면이 강한 딸로 키우기를 원하고 그러기 위해 필요한 돈독하고 의미 있는 친구 관계를 발전시켜주려면 부정은 금물이다. 당신의 딸이 다른 아이들을 괴롭힌다는 사실을 인정할 때에야 비로소 그 원인을 찾고 아이에게 친구를 사귀는 데 필요한 공감 기술과 사회성 기술을 가르쳐 문제 행동을 개선할 수 있는 것이다.

## 신뢰할 수 있는 어른들과의 관계 강화하기

딸이 어릴 때는 당신에게 모든 것을 털어놓을 것이다. 당신은 아이가 제일 믿고 따르는 사람이다. 하지만 항상 그럴 것이라 기대해선 안 된다. 딸이 성장하고 자신의 정체성을 찾아감에 따라 반항하고 스스로 부모에게서 분리되려고 하는 것은 자연스러운 일이다. 실제로 아이가 부모 말은 절대로 듣지 않는 시기가 오게 될 것이다. 또한 그들이 부모에게 속마음을 털어놓고 싶어도 그럴 수 없다고 느끼는 때도 올 것이다. 조사에 따르면 10대 여자아이들은 부모가 너무 바쁘거나 편견에 사로잡혀 있어 말이 잘 안 통한다고 생각한다.

앞으로 우리 딸들이 그 이유가 어찌 되었든 우리와 대화하고 싶어 하지 않는 혹은 대화할 수 없다고 느끼는 시기를 겪게 될 때 우리는 그들이 신뢰할 수 있는 다른 어른과 대화했으면 하고 바란다. 아이들이 믿고 따르는 이가 아이들보다 더 현명하고 나이가 많으며 우리와 비슷한 가치관을 가지고 있고 우리 딸들의 편이 되어 줄 수 있는 사람이길 바란다. 아이들의 말을 경청하고 지지해주고 좋은 조언을 해주는 사람이었으면 좋겠다. 믿을 수 있는 이 어른은 당신의 딸이 영감을 얻고 지도를 받을 수 있는 바람직한 역할 모델이 되어 줄 수 있다.

당신의 삶에 존재하는 어른들을 주의 깊게 떠올려 보고 그들 중 누가 당신의 딸에게 신뢰할 수 있는 좋은 친구가 되어줄 수 있을지 생각해보라. 오랜 시간 곁에 있어줄 수 있는 사람들 중에 고르는 것이 좋다. 그 어른은 안정적이고 지속적으로 딸아이 인생의 일부로서 존재할 수 있어야 한다. 할머니나 이모, 대모가 해주던 역할을 코치나 이웃, 친한 친구가 대신해줄 수 있다.

그런 중요한 관계를 운에만 맡기고 싶지는 않을 것이다. 그렇다면 신뢰할 수 있는 어른 찾기를 공식화해라. 당신이 생각한 후보 인물들에게 당신 딸의 삶에서 그런 역할을 해줄 의향이 있는지 물어보라. 딸이 어른으로 자라는 동안 아이를 지도하고 지원하는 것을 도와주길 원한다고 부탁하고 믿을 수 있는 어른의 역할이 영광스럽고 책임 있는 자리라는 것을 알게 하라. 딸이 위기 상황에서 신뢰할 수 있는 어른에게 도움을 요청할 수 있는 가능성을 높이기 위해 아이가 그 어른과의 유대감을 가급적 빨리 형성하도록 유도하라. 우리는 신뢰할 수 있는 어른과의 관계를 일종의 보험처럼 여긴다. 딸들이 어릴 때그 관계가 필수적이지 않은 시기에 우리가 관계를 잘 형성해놓는다면 딸들이 커서 그 어른에게 의지하기가 더 쉬울 것이다.

많은 여자아이들이 소셜 미디어에서 성공적이고 이상적인 여성상을 찾고 있는 세상에서 바람직한 역할 모델에 대한 요구는 최고조에 달해 있다. 자녀 교육서 저술가인 매기 덴트는 신뢰할 수 있는 어른으로서의 자신의 역할을 아주 진지하게 받아들이고 있다. 그녀는 '어린 소녀들은 자신이 본 적이 없는 것은 될 수 없어요. 그래서 새로운 것을 말로 알려주는 블로거와 연예인들보다는 이모들이 아이들의 비전을 확장해줄 수 있는 겁니다'라고 말한다.

## 신뢰할 수 있는 어른과의 비밀

신뢰할 수 있는 어른의 가장 중요한 역할 중 하나는 당신의 딸이 완전히 믿고 말할 수 있는 사람이 되어 주는 것이다. 신뢰할 수 있는 어른으로서 딸이 요청하면 비밀을 지켜줄 수 있어야 한다는 뜻이다. 물론 당신에게도 그 비밀은 말해줄 수 없다. 사실은 특히 당신에게 비밀을 발설하지 않는 것이 중요하다.

아이들은 여러 다양한 이유에서 부모에게 숨긴다. 혼날까 봐 두려워서 말을 안 할 때도 있다. 이럴 때 당신의 딸이 신뢰하는 어른에게 털어놓지 못하게 만드는 가장 큰 걸림돌은 그 어른이 당신에게 말할지도 모른다는 두려움이다. 더 걱정스러운 다른 경우는온라인과 오프라인을 막론하고 범죄자들이 흔히 사용하는 수법으로 아이들에게 겁을 줘서 부모에게 아무 이야기도 하지 못하게 만드는 것이다. 가해자가 아이에게 부모에게 말하지 말라고 했기 때문에 성적, 감정적, 정신적 학대가 수년 동안 이어지는 경우도 빈번하다.

우리는 아이들이 부모에게 말하지 말라는 말에 얼마나 쉽게 겁먹을 수 있는지 직접 경험한 적이 있다. 큰딸이 4학년 캠프에 갔을 때 아이의 친구들은 온라인상에서 유명한 '모모귀신' 이야기를 했다. 모모귀신은 일본 만화에나 나옴직한 캐릭터로 뒤틀린 새의 몸을 한 기괴한 외모를 가지고 있으며, 마력이 있어 아이들을 채가거나 죽이는 것으로 알려져 있다. 딸의 반 친구의 말에 따르면 모모귀신은 최면을 거는 능력이 있어 아이들의 벽장에 숨어 있다가 아이들이 나쁜 짓을 하게 만든다는 것이다. 그래서 아이가 부모에게 모모귀신에 대한 이야기를 하면 부모를 죽인다고도 했다.

딸의 학교 캠프에 온 대부분의 아이들은 모모귀신 동영상을 본 적이 없었다. 유튜브상에서 모모귀신 이야기의 파급력은 과장되어 있었다. 하지만 이 아이들에게 그런 것은 중요하지 않았다. 그 이야기를 듣는 것만으로도 아이들은 충분히 겁먹어 있었다. 큰딸의 반에서 어떤 아이들은 캠프에서 돌아와 괴로워했지만 부모에게 그 이유는 말할 수 없었다. 아이들은 그 이야기를 하면 모모귀신이 엄마를 죽인다는 말을 정말 믿었기 때문이다.

모모귀신은 이 아이들에게 실제로 위험을 가하지는 않았지만 이 8~9세의 아이들이 부모에게 비밀로 하라는 말에 얼마나 쉽게 속아 넘어가는지 보여주는 놀라운 사례라 할 수 있다. 다른 부모들도 우리가 수도 없이 그러는 것처럼 자녀들에게 무엇이든 숨김없이 말하라고 할 것이다. 하지만 자녀를 안심시키는 그 모든 말들은 한순간에 의미가 없어졌다. 그 말들은 첫 번째 장애물을 넘지 못하고 실패한 것이다.

딸은 결국 우리에게 모모귀신 이야기를 했다. 우리는 아이가 용기를 내어 말해준 것을 칭찬하고 고마워했다. 그리고 그 상황을 계기 삼아 신뢰할 수 있는 어른들 중 한 사람에게 언제든 말할 수 있다는 사실을 상기시켜주었다. 그리고 아이가 요구한다면 그들은 우리에게 말하지 않을 거라고도 덧붙였다.

물론 우리는 아는 것이 더 좋다. 우리가 모르는 심각한 문제로 딸들이 힘들어한다는 건 생각만 해도 말할 수 없이 두렵다. 하지만 그 사실을 모르고 있는 우리보다 더 힘든 건 건전한 가치관을 가진 어른에게서 필요한 도움과 지원을 받지 못하고 있는 우리 딸들일 것이다.

우리는 이 전략이 완벽한 방어막이 되어줄 것이라는 환상을 가지고 있지는 않다. 우리가 딸들을 보호하기 위해 사용할 수 있는 또 하나의 방편으로 생각할 뿐이다. 우리는 이 조치가 딸들이 큰 문제를 혼자 해결해야 한다고 느끼기보다는 신뢰할 수 있는 어른에게 이야기할 수 있는 용기를 줄 수 있게 되기를 희망한다. 적어도 삶이 혹은 부모가 벅찰 때 누군가 기댈 수 있는 의지처가 되어줄 것이다.

## 딸과의 관계 강화하기

신경과학자 사라 멕케이 박사는 그녀의 명저《여성들의 두뇌 책 The Women's Brain Book》에서 아주 많은 연구가 딸의 현재와 평생의 건강한 삶을 좌우하는 것은 다름 아닌 인간관계와 사랑, 애착이라는 결과를 보여준다고 말한다. 이는 딸과의 관계에도 적용된다. 딸에게 많은 물질을 주는 것은 일시적으로 기분 좋게 해줄 뿐이다. 딸이 간절히 원하는 것은 부모와의 의미 있고도 깊은 연결성이다.

부모들은 바쁘다. 바쁜 하루를 마감하면서 우리는 피곤한 나머지 딸들과 하는 상호작용이라고는 '양치해라, 신발을 신발장에 넣어라, 동생/언니와 싸우지 마라'와 같은 잔소리뿐이다. 하지만 딸들은 매 순간 숨을 쉬어야 하는 것만큼이나 우리와의 연결성을 느끼고 싶어 한다. 좋은 소식은 당신이 시간에 쫓기고 지쳐 있더라도 딸과의 유대감을 강화할 수 있는 방법이 있다는 것이다. 견고하고 행복한 관계를 형성하고 유지하는 데 있어 관건은 좋은 일이 있을 때 축하해주는 것이라고 한다.

캘리포니아 대학교 심리학과 교수인 셸리 게이블Shelly Gable 은 싸우고 갈등을 해결하는 방식보다 축하하는 방식이 좋은 관계를 유지하는 데 더 중요하게 작용할 수 있다는 사실을 발견했다. 적절한 질문을 적절한 방식으로 적절한기분 좋은 때에 하는 것이 핵심이라 할 수 있다.

실례를 통해 살펴보자. 당신의 딸이 좋은 소식이나 어떤 성과물을 가지고 왔을 때는 하던 일을 멈추고, 웃으며 안아주고 그것에 대해 물어보라. 그렇게 하면 된다. 그것이면 충분하다. 아주 간단하다.

게이블과 같은 사회 과학자들은 이것을 '적극적이고 건설적인' 반응이라는 거창한 용어로 부른다. 적극적이고 건설적인 반응에는 세 가지 구성 요소가 필요하다. 그것은 '진실될 것', '열성적일 것', '지지해줄 것'이다. 휴대폰이나 TV를 보면서 '훌륭해. 잘했어'와 같은 말을 하는 '수동적이고 건설적인' 반응과는 상반된 반응이라 볼 수 있다.

파괴적인 방식의 반응도 있다. 예를 들면 딸이 반장이 되었다는 소식에 '적극적이고 파괴적인' 반응을 보이는 부모는 '책임이 무겁겠구나. 잘 해낼 수 있겠니? 친구들이 네가 이래라저래라하면 좋아할까?'라고 묻곤 한다. 마지막으로 '수동적이고 파괴적인' 반응은 스마트폰이나 컴퓨터 화면을 바라보면서 '엄마는 지금 바쁘단다. 세상일이 네 맘처럼 그렇게 호락호락한 게 아니야'라고 말하는 것이다.

딸에게 적극적이고 건설적인 반응을 보이는 데에는 5분도 채 걸리지 않는다. 스마트폰을 내려놓고, 당근 썰기를 중단하고, 딸의 눈을 들여다보며 몇 가지 질문을 던져 보라. 그러면 부모와 딸 사이에 커다란 신뢰가 쌓이게 될 것이다.

### 아빠들을 위한 행동 지침

하루 휴가를 내어 딸아이의 학교나 유치원 탐방에 나서거나 학부모 교사를 지원하라. 이런 기회를 공식적으로 가질 수 없다면 딸아이의 선생님에게 가서 반 아이들에게 책을 읽어주거나 다른 활동을 도와줄 수 있는지 물어보라.

2018년에 발간된 〈결혼과 가정 저널Journal of Marriage and Family〉에 실린 연구에 따르면, 운동 경기와 같이 조직화된 활동이나 놀이와 같이 비조직화된 활동에 참여하는 아빠를 둔 아이들에 비해, 교육 활동에 많이 참여하는 아빠를 둔 아이들이 인지 발달이 더 빠르다는 결과가 나왔다. 무엇보다도 중요한 사실은 이것이 부모의 학업적 성취와는 무관하다는 사실이다.

하루 휴가를 내어 딸의 교육에 참여하는 것은 학업 성취에만 영향을 미치는 것이 아니다. 하루 동안 당신은 딸의 모든 친구들을 만날 수 있고 딸이 그들과 어떻게 상호작용하고 있는지 직접 볼 수 있게 된다. 아이가 사회성 기술을 기르는 데 도움이 필요하다고 판단되면 도움을 줄 수 있다. 아이의 친구들을 알아 두면 아이와 친구 관계에 대한 이야기를 나누는 기회를 만들 수 있다. 언젠가 딸이 친구 문제로 조언을 구하러 오게 되면 당신은 딸이 누구에 대해 이야기하고 있는지 단번에 알 수 있다.

아울러 학교에서 딸과 함께 시간을 보냄으로써 딸의 담당 교사와 일대일 대화를 나눌 수 있게 된다. 이 또한 당신이 딸의 일상에 관심을 두고 있다는 것을 보여주는 일이 된다.

요약

- 견고하고 의미 있는 인간관계를 맺는 아이들은 육체적, 감정적으로 더 건강하며 행복한 삶이 무엇인지 직관적으로 더 잘 이해하고 있다. 학교생활도 더 모범적이며 회복 탄력성도 높고 자신의 의견도 자신 있게 말할 수 있으며 성장해서 직업적으로도 더 성공한다.

- 사회성 기술과 교우 관계 기술이 자연스럽게 개발될 거라는 생각은 근거 없는 착각이다. 시선을 맞추는 법이나 대화의 기술, 좋은 친구 고르기와 생산적인 방식으로 갈등 해결하는 법에 관해 상세히 지도하고 연습할 수 있도록 돕자.

- 딸의 지원군을 구축하는 데 서둘러 시간과 노력을 투자하라. 당신과 가치관이 비슷한 신뢰할 수 있는 어른 몇 명을 선발해 당신의 딸이 믿고 의지할 수 있는 어른의 역할을 맡아 달라고 부탁하라.

- 딸은 당신과 깊은 유대감을 형성하기를 간절히 바란다. 실질적인 유대감을 높이는 전략으로는 딸에게 기쁜 소식이 있을 때 하던 일을 멈추고 온전히 집중해서 축하해주고 딸의 성공에 관심을 보이는 것 등이 있다. 딸이 가장 우선이라는 사실을 인식시킨다.

# 7장 내면이 강한 아이는 자기 자신으로 살아간다

## 대리석 육아 vs 씨앗 육아

요즘 대중 매체에서는 새로운 육아 방식들을 보여주기에 바쁘다. 호랑이 부모, 헬리콥터 부모, 제설기 부모, 잔디 깎기 부모 등이 그것이다. 이미 이렇게 다양한 육아 방식들이 존재하지만 여기에 두 개 더 보태고자 한다. 그것은 대리석 육아와 씨앗 육아이다.

대리석 육아와 씨앗 육아는 부모가 자녀 양육을 바라보는 시각과 관련이 있다. 대리석 육아는 자녀를 귀중한 대리석 기둥처럼 생각한다. 이 접근 방식에서 부모의 역할은 대리석을 조금씩 깎아 형상을 만들어 자녀를 걸작으로 탄생시키는 것이다. 대리석 부모는 아이가 특정 자질을 지니고 있지만 어떤 모양과 방향으로 발현될지는 부모가 결정해야 한다고 믿고 있다. 어떤 부모들은 아이를 자신과 판박이인 '미니미mini-me'로 만들고 싶어 하는가 하면 또 어떤 부모는 자신과 완전히 반대되는 모습으로 키우기를 원한다. 어느 쪽이 되었든 조각칼을 들고 있는 것은 부모다.

이와는 반대로 씨앗 부모는 짐작하듯, 자녀를 보살피고 성장시켜야 하는 씨앗으로 여기는 부모들이다. 이 부모들은 씨앗이 싹을 틔워 꽃을 피울 수 있는 가능한 최적의 환경을 제공하는 것이 그들의 역할이라고 생각한다. 그들은 기름진 토양과 자양분, 그리고 아이가 의지해서 자랄 수 있는 지지대를 제공한다. 하지만 기본적으로는 어린나무가 자신의 속도와 방식으로 성장하도록 놔둔다. 부모가 제공하는 환경이 과정과 결과에 영향을 미치는 것은 사실이지만 궁극적으로 어떤 형태로 어느 방향으로 성장할지는 아이가 결정한다.

대리석 부모와 씨앗 부모 모두 사랑을 기반으로 하고 있으며 딸에게 가장 좋은 것을 주기를 원한다. 차이점이라면 대리석 부모는 아이에게 가장 바람직한 결과가 부모와 조부모, 학교, 코치, 사회적 기대, 전통, 혹은 그것들의 조합으로 나타나는 외부적 영향에서 온다고 생각한다는 것이다. 반면 씨앗 부모는 성장을 더 자연스럽고 본질적인 과정으로 바라본다. 그들은 딸이 성장할 때가 되면 자신의 방식으로 성장할 것이라 신뢰한다.

우리 대다수의 교육관은 몇 가지 접근법이 섞여 있는 경우가 많다. 혹은 어떨 때는 대리석 육아에 더 가깝고 다른 경우에는 씨앗 육아에 더 의지하기도 한다. 그래도 어떤 한 가지 양육 방식이 다른 것보다 확실히 우세한 경향을 보일 것이다.

우리는 우리도 모르는 사이 대리석 부모로 육아를 시작했다. 발달 단계에 대한 모든 책과 안내 책자를 읽었고 딸의 발달 상황을 평균적인 수치와 비교해서 보여주는 차트를 꼼꼼히 학습했다. 우리는 가능한 아이가 더 멀리 더 빨리 나아가도록 몰아세우는 것이 '좋은' 부모로서의 역할이라고 생각했다. 우리는 당연히 딸아이에게 최선의 것을 주고 싶어 했고 우리의 접근 방식이 옳다고 생각했다.

하지만 시간이 흐르면서 우리는 부모라는 역할을 더 잘 알게 되었고 큰딸이 고유한 개성을 지닌 훌륭한 존재임을 깨달았다. 아이에게 우리가 원하는 비전을 강요하려고 한다면 아이 스스로 진정한 자신을 찾을 기회를 빼앗는 것이다. 우리는 그때부터 내면이 강한 아이는 스스로 원하는 자신의 모습으로 성장하도록 내버려 둬야 한다는 사실을 배웠다. 아무리 선의라 해도 다른 누군가가 아이를 위해 선택해준 모습을 따라가게 할 필요가 없는 것이다. 그래서 이제 우리는 대리석 육아 성향을 억제하려고 노력한다. 우리는 조각칼을 내려놓고 물뿌리개를 집어 들기 위해 최선을 다한다.

이번 장에서는 딸이 진정한 자신을 발견하고 개발하고 좋아하게 만드는 방법을 살펴보려 한다. 딸이 평생 발전할 수 있도록 양육하는 방법들을 알아보자.

## 아이의 강점이 꽃을 피우게 하라

'따님의 강점은 무엇인가요?'라고 3학년 큰딸의 담임 교사가 우리에게 물었다.

당시 우리는 교실의 작은 플라스틱 의자의 높이에 맞추느라 몸을 낮춰 구부정하게 앉아 있었다. 희미하지만 예나 지금이나 변함없는 점심 급식 냄새가 풍겨왔다. 학부모들이 자녀의 담임 교사를 만나 10분 동안 대화할 수 있는 이런 만남의 시간에는 자녀가 배석하지 않은 상태에서 새 학년과 관련해 어떤 문제에 대해서든 논의할 수 있었다. 우리는 수학과 영어 교육 과정에서부터 친구 문제와 감정 및 행동 문제에 이르기까지 다양한 부분에 대해 상담할 것을 기대했다. 하지만 아이의 강점에 대해 물어볼 것이라고는 전혀 예상하지 못했다. 사실 8년 동안 자녀를 키우면서 그런 질문을 받은 것은 처음이었다. 전혀 예상치 못했던 질문이라서 우리는 잠시 생각을 해야만 했다.

나중에 알고 보니 선생님의 돌발 질문에 말문이 막힌 부모는 우리만은 아니었다. 나중에 몇몇 친구들은 우리에게 이 자리에서 아무 말도 하지 못했다고 말해주었다. 잠깐의 어색한 침묵 뒤에도 그들은 아이의 강점을 한 가지도 생각해내지 못했던 것이다.

심리학과 교수인 리 워터스Lea Waters 는 부모들이 자녀의 강점을 생각해내는 데 어려움을 겪는 것은 흔한 일이라고 말한다. 강점 기반의 육아 워크숍을 진행하고 있는 워터스 교수는 이 워크숍에서 항상 아이의 약점을 교정하려고 노력하기보다는 강점에 초점을 맞추는 것이 더 이로운 점이 많다고 강조한다. 그녀는 워크숍에 참석한 부모들이 자녀의 강점을 몇 가지 이상 생각해내는 걸 어려워한다는 사실을 발견했다. 그들의 자녀가 강점이 없어서 그런 것이 아니다. 분명 강점이 있다. 부모들이 그것을 잘 알아보지 못할 뿐이다.

왜 많은 부모가 딸의 약점과 문제는 쉽게 나열하면서 아이가 잘하는 것을 이야기하라고 하면 당황하는 것일까? 그에 대한 부분적인 답변은 우리 부모들이 양육된 방식에 있다. 과거에는 일반적인 양육 방식이 '교정 육아'였다. 부모들은 자녀의 약점을 고쳐주는 것을 중요한 역할로 여겼다. 그들이 봤을 때 아이가 성공적인 성인으로 자라는 데 걸림돌이 될 것이라 판단되는 부분을 끌로 깎아내고 사실상 '교정하려고' 노력했다.

또 다른 이유는 우리의 자녀가 뒤처지는 부분이 있을까 봐 너무 집중한 나머지 무엇을 잘하는지 또는 어떤 부분이 훌륭한지 잘 알아채지 못한다는 것이다. '우리가 자녀를 아무리 사랑할지라도 우리의 두뇌는 생물학적으로, 무엇이 잘 되어가고 있는지를 인식하기에 앞서 문제 발생을 방지하기 위해 긴장한 상태에 놓여 있습니다'라고 《똑똑한 엄마는 강점 스위치를 켠다The Strength Switch》의 저자인 워터스 교수는 설명한다. '그래서 우리는 자녀가 학교에서 다른 아이들보다 앞서가는 과목보다는 고전하고 있는 과목들이 먼저 눈에 띄게 되는 거죠. 혹은 자녀가 예의 바르게 행동했을 때는 알아보지 못하고 칭찬해주는 경우는 거의 없고 무례하게 행동했을 때만 보고 질책하기도 합니다.'

하지만 부모가 딸에게 어떤 문제가 있는지 신경 쓰고 잘못을 '고치는' 데에만 모든 노력을 기울이며 부모의 기준에 맞춰 아이를 바꾸는 데 급급하다 보면, 아이의 특별한 재능과 특성을 알아보고 키워 줄 여유가 없을 것이다.

이러한 접근은 딸이 스스로를 어떻게 인식하고 느끼는가에 영향을 미칠 수 있다. 당신이 딸아이의 약점에 너무 집중하면 아이는 끊임없이 자신이 부족하다는 생각을 하며 자랄 것이다. 자신이 할 수 있는 일보다 할 수 없는 일로 자신을 정의하려 할지도 모른다. 만약 자신이 항상 실패하고 있다고 느끼는 아이라면 자기 스스로를 좋아하기 힘들 것이다.

'우리는 아이들의 모든 약점을 제거하는 것이 아이들을 낙천적이고 회복 탄력성을 높게 만드는 방법이라 오해하고 있습니다'라고 워터스 교수는 지적한다. '하지만 강점 기반의 연구에 따르면 그 반대가 맞습니다. 약점을 줄이는 데 집중했던 관심을 강점을 확장하는 데로 돌리는 것이 훨씬 더 효과적입니다.'

## 딸의 강점

우리는 당신과 당신의 딸에 대해 아는 것이 없다. 그래도 당신의 딸에게 강점이 있다는 것만큼은 100퍼센트 장담할 수 있다. 실제로 강점이 아주 많을 것이다. 딸의 일부 강점은 일상적으로 늘 보는 모습들에 가려져 잘 안 보였을지도 모른다. 50년 동안 청소년 개발 분야를 연구해온 심리학자 피터 벤슨Peter Benson은 모든 아이는 자신을 진정으로 즐겁게 해줄 뿐만 아니라 세상에 도움을 주는 재능과 관심을 타고난다고 말한다. 그는 이것을 '스파크'라고 부른다. 당신의 딸의 스파크는 아이의 심장을 요동치게 하는 활동이며 스스로를 좋아하게 만드는 성격이다. 딸의 스파크는 딸이 가지고 있는 자질이나, 불평하는 일 없이 선천적으로 잘하고 아이의 열정을 북돋우고 기쁘게 해주는 활동을 말한다.

벤슨의 연구 결과에 따르면 스파크를 찾아서 키워주는 것이 딸에게 목적의식을 부여할 수 있는 길이라고 한다. 딸이 자신의 강점을 발휘하며 어떤 활동을 하고 있다면 세상이 요구하는 모습이 아닌 진정한 자신과 교감하고 있는 것이다. 당연하게도 여기엔 다른 이점도 많이 따라온다. 아이가 자신의 강점을 발휘하도록 용기를 북돋움으로써 학교에서의 행복 지수와 참여 수준, 삶의 만족도, 자존심, 학업 성취도, 자신감, 회복 탄력성을 높일 수 있다. 딸의 강점을 알아보고 육성함으로써 아이를 성장시키고, 잔소리나 강요 없이 아이가 자신의 잠재력을 최대한 발휘할 수 있도록 도울 수 있다.

씨앗 부모의 역할은 딸이 자신의 강점을 찾아내어 그것을 키우고 때가 되었을 때 활짝 꽃피우도록 돕는 것이다.

## 강점 찾기

당신의 딸에게 어떤 강점이 있는지 잘 모르겠다면 아이에게 물어보라. 딸이 가장 좋아하는 일은 무엇인가? 무엇에 가장 흥분하는가? 한 번 이야기를 꺼내면 멈추지 못하는 주제가 있는가, 있다면 그 주제의 어떤 부분에 그리 열정적인가? 딸이 자신의 강점이 무엇인지 모르고 말하기 힘들어한다면 아이를 관찰해보라. 그러면 아이의 강점이 스스로 모습을 드러낼 것이다. 딸이 어려서부터 잘하는 일이 무엇인지, 그리고 굳이 강요하거나 유도하지 않아도 스스로 하려고 하며 아이에게 힘을 주는 일이 무엇인지 생각해보라.

리 워터스 교수는 부모들이 강점과 기술을 혼동해서는 안 된다고 경고한다. 피아노를 치면서 전혀 즐거워하지 않는 사람을 생각해보라. 세 살 때부터 매일 피아노 연습을 하도록 강요받은 소녀가 있다면, 그 아이는 피아노를 능숙하게 잘 치겠지만 피아노 치는 일이 그렇게 즐겁거나 행복하지는 않을 것이다. 만약 부모가 허락한다면, 혹은 다음 음악 시험에서 최고 성적을 거두지 못하더라도 그게 실패가 아니라는 사실을 배우지 못했다면 그 아이는 내일이라도 당장 피아노 치기를 그만둘 것이다.

아직도 딸의 강점을 찾기 힘들어하는 부모들을 위해 이 책의 말미에 아이들의 자질 목록을 부록으로 수록했다. 그 목록을 살펴보면 당신의 딸에게 해당되는 강점을 많이 찾을 수 있을 것이다.

### 딸의 강점 키워주기

딸의 강점이 무엇인지 찾았다면 그다음 단계는 그 강점을 키워주고 강화하는 것이다. 딸이 강점을 발휘할 때마다 그걸 인정해주는 것만으로도 강점을 강화해줄 수 있다. '만일 당신의 자녀들이 사이좋게 나눠 먹는다면 당신은 그들의 행동에 고마움을 표시하며 그런 좋은 자질을 발현하는 모습이 훌륭하다고 말해줄 수 있어요'라고 워터스 교수는 말한다. 예를 들면, '여동생과 나눠 먹어줘서 고마워. 정말 착하구나'라고 칭찬해줄 수 있다. 또한 당신의 아들이 시험공부를 할 동기를 잃어버렸을 때 아들에게 '이제 네 인내심을 발휘해야 할 시간이 된 것 같구나'라고 상기시킬 수 있을 것이다.

딸의 강점에 초점을 맞추게 되면 부모로서의 역할이 더 재미있어지는 것은 말할 것도 없고 좀 더 쉬워진다는 부수적인 이점도 누릴 수 있다. **딸을 최고의 딸로 성장시키는 최고의 부모가 되어야 한다는 강박이 있으면 자녀를 양육하면서 모든 측면에서 당신이 부족하다는 생각에 사로잡히게 되기 십상이다. 하지만 딸의 강점에 집중하면서 당신이 키우고 있는 아름답고 특별한 아이를 바라보고 있노라면 당신이 어쨌든 부모로서의 역할을 잘 해내고 있다는 사실을 깨닫게 될 것이다.**

### 강점 찾기는 그저 평범함에 대한 변명이 아닐까?

딸의 강점에 집중하라는 말은 이론적으로는 아주 훌륭하게 들리지만, 실제로 그게 가능할까? 딸이 어려워하거나 다른 아이들에 비해 뒤처지는 중요한 부분은 간과한 채 딸이 잘하는 것에만 집중한다면 결국 딸을 낙관적인 시각으로만 바라보기에 그치는 것은 아닐까? 일례로, 만약 딸이 읽기를 어려워한다면 정말 딸의 긍정적인 면에만 집중하는 사치를 부릴 수 있을까?

'아이가 잘 읽을 줄 모른다는 사실을 무시하라는 것이 아닙니다' 라고 워터스 교수는 설명한다. '아이가 도움이 필요한 부분은 도움을 주지만 그것을 아이가 가지고 있는 수많은 자질 중 하나의 약점으로만 봐야 한다는 것이죠.' 모순적으로 들리겠지만 딸의 강점에 집중함으로써 딸이 약한 부분을 더 잘 극복할 수 있도록 도울 수 있다. "아이가 자신의 부족한 부분으로 스스로를 한정하지 않을 때 그들은 '저는 책을 잘 못 읽어서 별도의 도움을 받고 있긴 하지만 농구는 잘해요혹은, 창조적이에요. 혹은, 컴퓨터를 잘해요'와 같이 말할 수 있게 되는 거죠." 당신의 딸이 자신을 계속 실패만 하는 사람으로 여긴다면 약점을 극복하는 것은 아주 어려워진다. 반면 딸이 타고난 좋은 자질을 발현하고 개발하도록 돕는다면 자신이 소질이 없는 기술을 배울 때 더 강하고 끈기 있는 사람이 될 것이다.

## 칭찬은 비판을 상쇄하지 못한다

딸이 못하고 있는 일보다 잘하고 있는 일에 더 주목하고 그에 대해 언급하는 데 더 많은 시간을 할애하라. 심리학과 교수인 수니야 루타르Suniya Luthar는 부모들은 자신이 아무리 아이의 잘못을 지적한다 해도 아이의 성과를 칭찬하고 많은 사랑을 줌으로써 그 균형을 맞출 수 있다고 생각하는 오류를 자주 범한다고 말한다. 그 충격과 오래 가는 정도를 봤을 때 항상 비판은 칭찬을 능가한다. '칭찬은 비판을 상쇄하지 못한다'라고 루타르 교수는 말한다. '심리학자들은 폄하 발언이나 태도가 적어도 세 가지 측면에서 칭찬의 말보다 훨씬 더 강력한 영향을 미친다고 판단했어요.'

비판받을 때 기분이 어떤가? 기분이 썩 좋지 않다. 비판이 동기를 유발하는가? 사랑과 인정을 받고 있다고 느껴지며 영감을 받는가? 당신이 대부분의 사람들과 동일하게 느낀다면 대답은 '아니오'일 것이다. 어른들의 경우 상황을 더 객관적인 시각에서 비교 평가할 수 있기 때문에 어떤 비판을 받았을 때 그다지 큰 타격을 받지 않을 수 있다. 그러나 아이들은 부모에게 혼났을 때 그렇게 할 수가 없다. 물론 우리는 자녀를 올바른 길로 인도하고 잘못된 행동은 고쳐줘야 한다. 하지만 비판으로 그들의 마음에 상처를 주지 않고도 그렇게 할 수 있다. 조각칼이 아닌 지지대가 되도록 노력하라.

## 착한 아이 증후군

강점에 관한 이야기를 하면서 확실히 밝혀둬야 할 것이 있다. 딸의 강점은 육성하고 개발해야 할 필요가 있긴 하지만 그 강점은 이미 아이 안에 존재하고 있다는 사실이다. 그것은 딸의 진정한 자아의 일부이다. 아이는 당신이나 세상 사람들이 되어야 한다고 생각하는 모습이어야 할 필요가 없다.

소녀들과 여성들은 친절함과 부드러움, 순응적인 태도, 예쁜 외모, 그리고 끊임없이 자신을 희생하는 자질을 보였을 때 칭찬받아온 오랜 역사를 가지고 있다. 이 자질들 중 일부는 딸이 타고난 강점아이에게 힘과 기쁨을 주는 일 수도 있겠지만 그 자질을 개발하는 일은 자신보다는 다른 사람들에게 혜택을 주는 경우가 훨씬 더 많다. 이것이 바로 딸의 강점을 개발하는 것과 딸을 '착한 아이'가 되도록 의도적으로 이끄는 것의 차이이다.

**'착한 아이가 되는 것이 뭐가 그리 나쁜가?' 하고 당신은 의아해할 것이다. 한마디로 대답하자면 '모든 것'이 나쁘다. '착한 아이가 되는 것'은 '자기 자신으로 사는 것'과는 정확히 반대되는 말이기 때문이다.** 말도 안 되는 궤변이라는 생각에 이 책을 덮어 방구석으로 집어 던지고 싶다면 그 전에 몇 가지 질문에 답해보자.

1. 누군가를 만났을 때 당신은 '내가 저 사람을 좋아할 수 있을까?'라고 생각하기에 앞서 '저 사람이 날 좋아할까?'라고 생각하는가?
2. 누군가의 의견에 반대할 때 그 사람이 더 이상 당신을 좋아하지 않을까 봐 걱정하는가?
3. 당신은 진실을 말하고 반감을 사느니 거짓말로 호감을 사려 하는가?
4. 누군가가 '차 드시겠어요?'라고 물어보면 당신은 '아 네, 괜찮긴 한데 드실 거면 저도 한 잔 주세요'와 같이 말하는 편인가?
5. 누군가가 당신의 딸을 학교에서 데려와 주겠다고 제안하면 '아니오, 괜찮아요. 괜히 불편 끼치고 싶지 않아요'와 같이 말하는 편인가?
6. 누군가가 당신에게 마지막 한 조각 남은 케이크를 주려고 하면 당신은 사양하면서 남겨 뒀다가 다른 사람에게 주라고 말하는가?

이 질문들 중 몇 가지에 해당된다면 당신은 착한 아이 증후군의 성향을 가지고 있는 것이다. 그리고 대부분의 질문에 대해 격하게 공감하며 고개를 끄덕였다면 착한 아이 증후군 증세가 심각한 것이다.

착한 아이는 어떤 대우를 받든 자아가 없이, 한결같이 다른 이들에게 맞춰주며 잘 지내야 한다고 생각하는 굴종적인 사람을 말한다. 아이는 언제나 착하고, 누군가를 불편하게 만드느니 하고 싶은 말을 하지 않고 참는다. 슬플 때도 미소 지으며 화가 날 때도 웃고, 원하는 것을 직접적으로 요구하는 대신 의향을 슬쩍 비춘다. 자신의 편의를 위해 다른 이에게 폐를 끼치지 않으려 한다.

착한 아이가 되는 것이 좋은 사람이 되는 것은 아니다. 사실 착한 아이가 되는 것은 '착한' 것과는 전혀 상관이 없다. 순응적이고 복종적이고 다른 이가 만들어 놓은 불가능한 이상에 맞추려고 노력하는 것이다. 착한 아이 증후군은 소녀와 여성들에게 친절함과 쾌활함의 구속복을 입히고, 그들은 그 구속복 속에서 자신의 요구를 무시하고 감정을 억누른다. 여성들은 다른 이들을 위해 일하고 숨 막히는 기대에 부응하고 자신의 요구보다 다른 이들의 요구를 우선시한다. 착한 아이들은 한 마디로 자기 자신이 아니다.

착한 아이로 키우는 것은 극단적인 형태의 대리석 육아이다. 딸의 진정한 자아는 어디론가 자취를 감추어 버리고 남아 있는 것이라곤 친절함과 다정함뿐이다. 착한 아이들에게는 질투나 분노의 감정이 허용되지 않는다. 스스로에게 그런 감정을 느끼는 것을 허락하지 않는다. 또한 비판적이거나 자기중심적인 것도 허용되지 않는다.

레이첼 시몬스Rachel Simmons는 그의 저서 《착한 아이의 저주The Curse of the Good Girl》에서 다음과 같이 말한다. '착한 아이가 되어야 한다는 부담감은 딸아이의 감성 지능에 타격을 준다. 여자아이들이 모든 종류의 감정을 느끼고 표현하고 수용할 수 없을 때 그들은 자기 자신과의 연결성, 그리고 관계와의 중요한 연결성을 잃어버린다.' 시몬스는 착한 아이 모델이 만들어 놓은 불가능한 기준에 자신을 맞추려는 여자아이들은 자신을 혹독하게 대한다고 말한다. 그들은 작은 실수 하나에도 무너질 수 있으며 다른 이들의 피드백에도 아주 민감하게 반응할 수 있다.

착한 아이가 되어야 한다는 압박은 양의 탈을 쓴 늑대가 우리 딸들을 통째로 삼켜버리려 하는 것과도 같다. 타고난 성격이 얼마나 친절한지와 상관없이 항상 모든 이들을 만족시킨다는 것은 누구에게라도 불가능한 일이다. 착한 아이들은 갈등이 아닌 평화를 선택함으로써 감정을 분출시키지 못하고 억압받게 되고, 이것이 곪으면 자기파괴적인 행동으로 이어질 수 있다.

'정신 건강 문제와 폭음, 섭식 장애, 학교 폭력이 증가하는 것만 보더라도 어린 소녀들의 고통을 분명히 알 수 있다'라고 《나쁜 십대 The Terrible Teens》의 저자인 케이트 피지스Kate Figes 는 그의 책에서 말한다. '요즘 여자아이들은 모든 면에서 뛰어날 것을 요구받고 있다. 매력적이고 날씬하고 착하고 성공적이며 행복하고 친절하고 사랑스럽고 독립할 수 있는 경제력도 있어야만 한다. 요컨대 완벽해야 되는 것이다.'

자신의 요구를 우선시하지 못하는 착한 아이의 성향은 아주 사소한 행동차를 사양하는 것과 같은 을 뛰어넘어 여러 부분에 폭넓은 영향을 미치며 성인이 되어서까지 그 영향력은 아주 오래 지속된다. 그것은 친구 관계와 연인 관계, 직업적 성공에도 영향을 미친다. 시몬스는 **'착한 아이의 저주는 심리적 유리 천장을 만들어 어린 시절부터 파괴적인 영향력을 행사하기 시작해 강한 여성이 되는 데 필수적인 능력과 습관의 성장을 방해하며 평생 동안 그 영향력을 이어갑니다'**라고 강조한다.

이는 여성들이 하는 일부 변덕스러운 행동을 말하는 것이 아니다.

여자아이들은 어린아이였을 때부터 착한 아이여야지만 상을 받았고 착한 아이의 모델에 조금이라도 어긋나는 행동을 하면 꾸중을 들어야만 했다. 솔직하게 자신의 생각을 말하는 여성을 묘사하는 단어는 사전을 가득 채우고도 남을 정도로 많다. '우두머리 행세를 하는', '독선적인', '이기적인', '까다로운', '공격적인', '여우 같은' 외에도 더 심한 표현들도 있으며, 그 표현들 모두 자기 의견을 솔직하게 이야기하는 여자들을 묘사하는 말이다.

오해하지는 마시라. 착한 아이로 키우는 것을 반대하는 것이, 천방지축 행동을 허용하고 나쁜 행동을 변명해주라는 뜻은 아니다. 부모들이 규율과 기준이 없어야 한다는 뜻도 아니다. 당연히 규율과 기준은 있어야 할 것이다. 우리는 확실한 경계선과 높은 기대치가 꼭 필요하다고 생각하는 사람들이다. 우리가 지지하는 방향은 딸을 다른 사람들에게 맞추며 일하는 개성 없는 1차원적 인간이 아니라 완전히 균형 잡힌 인간으로 성장시키는 것이다. 우리의 목표는 착한 아이로 성장시키기보다는 진정한 자신으로 성장시키는 것이다.

## 진정한 자신으로 키우는 법

**요구하면 얻게 될 것이다. 하지만 속내를 슬쩍 내비치는 것으로는 원하는 걸 얻을 수 없다.**

'강자의 관점' 장에서 우리는 딸들이 속내를 슬쩍 내비치기보다는 직접적으로 요구하도록 독려하는 것의 중요성에 대해 언급한 바 있다. 속내를 슬쩍 내비치는 행동은 아이들을 수동적으로 만들고 스스로 삶을 책임지지 못하게 하기 때문이다. 여성들이 자신이 원하는 바를 요구하지 못하고 주저하는 것 또한 착한 아이 증후군의 주요 증상이다. 자신의 필요와 요구를 우선시할 권리가 있다고 생각하기보다는 착한 아이들은 원하는 것을 넌지시 알려주고 다른 사람들이 그것을 알아주기를 바라거나 알아주지 않으면 자신이 원하는 것을 얻을 기회를 완전히 잃어버리고 만다.

많은 성인 여성이 자신이 원하는 것을 요구하는 것을 어려워한다. 아직 결혼을 하지 않은 친구들 중에는 제아무리 21세기여도 '여자가 너무 나댄다'고 여겨질 것이 두려워 절대로 남자에게 먼저 데이트 신청을 하지 않는 친구도 있다. 마케팅 분야에서 일하는 또 다른 친구는 그녀가 30대 여성들을 대상으로 진행한 포커스 그룹 인터뷰에 대해 이야기해주었다. 포커스 그룹 인터뷰였기에 인터뷰의 목표는 모인 여성들의 선호도와 의견을 알아보는 것이었다. 하지만 여기에서조차 여성들은 자신의 선호도를 자녀나 배우자를 통해 표현하는 데 그쳤다. 자신이 좋아하는 것을 말하기보다는 '우리 아들은 이걸 좋아할 거예요' 혹은 '제 남편은 저걸 즐길 거예요'라고 답변하는 식이었다.

이 여성들은 모두 착한 아이의 대본을 따르고 있었다. 그들은 이기적이거나 여성답지 못하게 보일까 봐 두려워 자신이 생각하는 바를 표현할 줄 몰랐고 자신이 원하는 것을 확실히 말하지 못했다. 하지만 우리 시대의 여성들에게 있어 원하는 것을 요구하는 행동은 키우고 육성해야 하는 기술이다. 딸이 이 기술을 개발할 수 있도록 아이에게 자신이 원하는 것을 적극적으로 요구하게 해야 한다. 이는 실제로 그것을 말하고 소유하는 것을 의미한다. 우리는 딸들에게 '네가 요구하지 않으면 얻을 수 없어'라고 말한다.

### '괜찮아요'보다는 '좋아요'라고 말하라

우리는 딸에게 '싫다'고 말해도 괜찮다고 가르치는 것의 중요성에 대해 자주 이야기한다. 학교 폭력 가해자에게, 원치 않는 스킨십 시도에 대해, 군림하려고 하거나 물건 취급하려 들거나 착취하려는 사람들에게 확실히 '싫다'고 말해야 한다고 가르친다. 그렇다면 '좋아요'라고 말하는 것은 가르칠 필요가 없을까? 착한 아이들은 다른 이에게 부담을 주고 싶지 않아서 '좋아요'라는 말을 하는 것을 어려워하는 경우가 많다. 그러나 만약 여자아이들이 '좋아요'라는 말을 하는 걸 연습하지 않는다면, 일생을 살아가면서 수많은 기회를 놓치게 될 것이다.

우리 이웃과의 대화를 통해 우리는 우리 딸에게 '좋아요!'라고 말해도 괜찮다는 것을 분명히 가르쳐야겠다는 생각을 하게 되었다. 그러지 않으면 아이들은 절대로 거절하는 법을 배우지 못할 것이다.

큰딸이 여섯 살 때 특별한 책을 사고 싶어 돈을 모으고 있었다. 하루는 우리 이웃이 딸의 동전함에 동전 몇 닢을 넣어주려고 했다고 한다. 우리 이웃은 딸이 돈을 모으고 있다는 사실을 알고는 그렇게 함으로써 아이의 독서를 응원하고 싶었던 것이다. 그런데 딸은 돈을 받으려 하지 않고 '괜찮습니다'라고 말했다고 한다.

그 후에 우리는 딸에게 이웃이 주려고 했던 돈을 사실은 원했는지 물어보았다. 물론 원했다! 아이가 그걸 원하지 않을 이유가 없지 않은가. 우리가 아이에게 왜 그 돈을 받지 않았는지 묻자 아이는 어깨를 으쓱하고는 모르겠다고 답했다.

하지만 우리는 알고 있었다. 우리 딸도 우리 집안의 모든 여자들이 하는 걸 보고 배운 것이었다. 누군가 뭔가를 주려고 할 때 그것이 크든 작든 필요한 것이든 하찮은 것이든 그들은 우선 사양하고 본다. 착한 아이들은 어려서부터 욕심을 부리거나 이기적이어서는 안 된다고 배운다. 또한 다른 사람에게 부담이나 불편을 주어서도 안 된다고 배운다. '주는 사람'이 아니라 '받는 사람'이 되는 것은 여자답지 못하다고 배운다.

**도움이나 선물, 칭찬, 인정과 같은 것들을 받지 않으려 한다면 그것은 여성의 경제적 안정과 삶의 질에 심대한 영향을 미칠 수 있다.**

우리는 딸에게 무례하다는 것은 배려심이 없거나 의도적으로 남에게 상처를 주는 것이라고 말해주었다. 자신의 필요와 요구를 우선시하는 행동은 무례한 것이 아니라고 말이다. 만약 아이가 좋아할 만한 제안을 받았다면, 그 사람의 눈을 바라보며 '네, 감사합니다'라고 말하면 된다.



### 화가 난 상태를 최대한 활용하라

착한 아이는 자신이 항상 밝고 다정해야 한다고 생각한다. 화를 내거나 질투하거나 짜증 내거나 경쟁심을 표현해서는 안 된다고 생각한다. 하지만 이러한 것들이 자연스러운 인간의 감정임을 감안했을 때 당신의 딸 역시 이 감정들을 경험하게 될 수밖에 없다. 만약 아이가 이런 정상적인 감정들이 잘못된 것이고 억제해야 한다고 믿으며 성장한다면 그런 감정을 느낄 때마다 스스로를 수치스러워할 가능성이 높다. 그렇게 되면 아이가 자신을 좋아하기란 어려워진다. 딸이 이런 힘들지만 솔직한 감정을 느끼는 것을 막으려고 하기보다는 그 감정들을 느끼도록 허용해주어 딸이 감정을 처리하는 방법을 경험을 통해 터득하게 하는 것이 더 바람직하다. 아이가 짜증을 내는 상황도 감정을 처리하는 방법을 터득하게 하기 위한 훌륭한 훈련장이 될 수 있다.

초보 부모였을 때 우리는 아이가 짜증을 부릴 때 주의를 다른 데로 돌리는 것이 최선의 전략이라고 의사, 교사, 다른 부모들 등 수많은 '전문가들'로부터 조언을 받았다. 예를 들어, 우리 딸들 중 한 명이 부서진 장난감 때문에 짜증을 낼 때 아이가 안 좋은 기분을 잊고 새 장난감을 가지고 놀도록 하려면 아이 앞에서 새 장난감을 흔들어 보여야 한다. 다른 아이나 상황 때문에 기분이 언짢다면 부정적인 감정에서 벗어나 긍정적인 감정으로 초점을 옮겨갈 수 있도록 노래하고 춤추고 얼러야 한다.

아이들이 고통받는 모습을 지켜보는 것은 힘들다. 특히 고통을 덜어주려면 어떻게 해야 하는지 알고 있을 때는 가슴이 찢어지듯 아프다. 주의 분산 기법은 그럴듯해 보인다. 아이가 감정을 분출하면 당신의 육아 능력을 평가받는 것 같고 당혹스러워서 가능한 빨리 수습해버리고 싶을 때가 있을 것이다. 이럴 때는 주의 분산이 가장 좋은 방법이 될 수 있다. 하지만 일반적으로 딸의 주의를 다른 데로 돌리는 전략은 부모와 아이 모두를 실패로 이끄는 길이다.

주의 분산 기법은 대리석 육아의 한 예이다. 자녀가 느껴야 하고 느끼지 말아야 할 감정을 사실상 부모가 결정하고 있기 때문이다. 또한 딸들이 실망, 분노, 좌절과 같은 감정에 대처하고 해소하는 방법을 배울 기회를 차단한다.《아직도 내 아이를 모른다The Whole-brain Child》의 저자인 대니얼 시겔Daniel Siegel과 티나 페인 브라이슨Tina Payne Bryson은 주의 분산 기법이 아이를 혼란스럽게 만들 수 있다고 말한다. '아이는 아직도 무섭고 벅찬 감정에 사로잡혀 있는데도 그 감정을 스스로 처리하도록 허락해주지 않는 거죠.'

이럴 때 더 나은 방법은 딸이 자신의 감정을 경험하게 하고 필요에 따라 공감

해주고 아이가 원한다면 힘든 감정을 울면서 해소하는 동안 안아주는 것이다. 이렇게 함으로써 당신은 아이의 감정과 그 감정을 느낄 권리를 인정해줄 수 있다. 감정을 있는 그대로 인정하고 흘러가도록 놔두어 실컷 울고 난 뒤에 어떤 느낌이었는지 한번 생각해보라. 훨씬 기분이 좋아지지 않았는가? 부정적인 감정에 대처하는 것도 여러 단계로 이루어져 있는 하나의 과정이다. 고통을 느끼고 표현하고울고 친구에게 전화하고 산책하고 해소하고 나면 기분이 나아지는 것이다. 우리가 끼어들어 딸이 자신의 솔직한 감정을 느끼지 못하게 한다면 감정 처리의 전 과정을 경험하고 난 뒤 찾아오는 안도를 느낄 기회를 빼앗는 것이다. 또한 아이에게 의도치 않게 이런 감정들이 잘못된 것이라고 가르치고 있는 것이다.

당신은 아이들이 이런 부정적인 감정을 처리하기에는 너무 어리다고 생각할 것이다. 하지만 생각해보라. 몇 살이 되어야 아이들이 자신의 감정을 스스로 처리하기에 적합한 나이인 걸까? 어느 시점이 되어야 부모로서의 지원을 중단할 수 있을까? 그리고 당신이 지원을 중단했을 때 그들이 당신의 지원 속에서 감정을 처리하는 연습을 해본 적이 없다면 혼자 힘으로 얼마나 감정을 잘 처리할 수 있을까? 우리가 곁에 있고 딸들이 아직 힘든 감정으로 고통받을 일이 별로 없을 때 대처 능력을 기르도록 도와주는 것이 더 낫지 않을까?

## 때와 장소를 가리게 하라

이것이 아이들에게 별난 행동을 칭찬하고, 좋을 대로 고함치고 소리지르는 자기중심적인 감정주의자로 자라는 것을 허용하는 히피의 기본 육아 지침으로 들릴지도 모르겠다. 만약 그렇다면 아이의 감정 표현이 모두의 시간과 관심, 에너지를 빼앗아도 좋다는 면죄부는 아니라는 사실을 명심해야 한다. 당신은 딸이 모두의 관심을 받기 위한 수단으로서가 아니라 순수한 의도로 감정을 드러내도록 지도할 수 있다. 특히 딸이 몇 살 더 나이를 먹어 자신의 감정을 스스로 더 잘 조절할 수 있게 되면 그렇게 하기가 더 쉬워진다.

그에 못지않게 중요한 것은 딸의 기분이 좋아졌을 때 다시 다른 가족들에게 합류해 환영받고 사랑받는 느낌을 받을 수 있게 하는 것이다. 우리 딸들이 화가 났을 때 우리는 그들의 주의를 다른 데로 돌리거나 그에 응수하지 않는다. 먼저 상황의 심각성과 감정의 유형과 정도에 따라 우리가 얼마나 위로해주어야 하는지 판단한다. 예를 들면 아이들이 정말 화가 나 있는지 아니면 자신의 생각대로 하기 위해 전략적으로 화난 척하는 것인지 살펴본다. 그리고 우리는 침착하게 그들에게 자기 방에 가서 실컷 성질을 부리고 난 뒤 기분이 나아지면 다시 나오라고 말한다. 아이들이 다시 나오면 우리는 스스로 감정을 처리하고 기분을 푼 것이 대견해 환하게 미소 지으며 안아준다. 이런 반응을 통해 딸들이 힘든 감정을 오롯이 경험하고 안전한 환경에서 대처 능력을 스스로 기를 수 있게 해줄 뿐만 아니라 그들이 어떤 감정을 느끼든 혹은 무슨 말을 하거나 행동을 해도 가족에게 거절당하지 않을 것이라는 메시지를 전달하는 것이다.

## 조건 없는 사랑

우리는 부모로서 솔직하게 자문해볼 필요가 있다. 우리가 딸들에게 착하기만 할 것을 요구하고 있는 건 아닌지 말이다. 당신의 가정에서는 순종하지 않는 것에 대한 처벌이 얼마나 큰가? 딸이 당신을 실망시켰을 때 당신은 사랑을 철회하는가? 아이가 반항하면 침묵으로 일관하거나 수치감을 느끼게 하거나 거부하는가? 딸들이 부모에게 반기를 들거나 부모를 실망시키는 것을 극도로 두려워한다면 그들이 학교 폭력이나 성폭력 가해자, 혹은 동료나 상사의 부적절한 행동이나 그들의 노동력을 착취하려는 회사에 어떻게 용기를 내어 당당히 맞설 수 있겠는가? 회복 탄력성과 자기개발 교육 단체인 '더스쿨오브라이프The School of Life'에서 출간한 《삶의 책The Book of Life》에서는 다음과 같이 언급하고 있다. '착한 아이들의 병은 다른 사람들이 그들의 나쁜 행동을 참아주는 경험을 해본 적이 없다는 것이다. 그들은 건강한 아이들에게 부여되는 중요한 특권을 놓치고 있다. 질투, 욕심, 자기중심주의를 내보였음에도 불구하고 그것이 용납되고

사랑받을 수 있는 특권이다.'

자기 자신으로 살아가는 딸로 키운다는 것은 딸이 자신의 요구와 감정에 우선순위를 두도록 가르치는 것을 의미한다. 우리는 딸들이 주변 사람들을 기쁘게 해주는 것이 삶에서 그들의 역할이라는 믿음에서 벗어나도록 도와야 한다. 이는 딸이 아주 화가 나 있을 때나 그들의 행동이 우리를 실망시키거나 아주 화나게 할 때도 예외가 아니다. 이럴 때 아이가 여전히 사랑받고 받아들여진다는 사실을 분명히 인식하는 것이 아주 중요하다. 딸이 우리가 좋아하지 않는 행동을 할 때조차도 우리는 아이를 사랑한다는 것을 아이에게 가르쳐야 한다. 아이는 우리가 자랑스러워할 일을 할 필요도 없고 사랑을 받기 위해 우리에게 순응할 필요도 없다.

가정 정신 건강 전문가인 클레어 오렌지는 육아의 가장 초기 단계에서부터 부모는 아이와 아이의 행동을 분리해서 생각하고 항상 아이에게 무조건 사랑한다는 확신을 줄 필요가 있다고 말한다. "아이의 행동이 용납되지 않을 때 부모는 이렇게 말해야 합니다. '네 행동은 나쁜 행동이지만 엄마는 널 사랑해. 이 문제를 함께 해결해보자.' 반대로 아이에게 수치심을 주거나 아이의 말을 묵살하거나 '넌 정말 대책 없는 말썽꾸러기야'라고 말하거나 '너 그렇게 행동하면 아무도 너 안 좋아한다'라고 말하는 것은 아이를 함부로 판단하는 행위입니다."

우리가 딸의 나쁜 행동을 용서할 때는 그런 행동에도 불구하고 아이를 사랑한다는 것을 보여줘야 한다. 한 현명한 친구는 아들에게 시시때때로 '네가 하는 어떤 일도 용서 못 할 일이 없단다'라고 말한다고 한다. 이 말은 엄마와 아이 사이에 대화 창구를 열어줄 뿐만 아니라 아들에게 삶을 긍정하는 무조건적인 사랑이라는 선물을 주는 것이기도 하다. 용서가 힘들 때도 있다. 특히 아이들이 우리를 당혹스럽게 하거나 실망시키거나 상처를 줄 때 그렇다. 그들의 말과 행동은 우리에게 깊은 상처를 준다. 하지만 가장 고통스러운 순간에도 우리는 어른이고 아이들은 여전히 자신에 대해, 그리고 우리가 살아가고 있는 이 복잡한 세상에 대해 배워가는 중이라는 사실을 기억하는 것이 현명하다.

## 당당하게 말하기

'괜찮아요' 혹은 '신경 쓰지 마세요'라는 말을 들어본 적이 있는가? 이 말은 보통 눈을 쳐다보지 않은 채 이를 악물고 웃으며 하는 말이다. 이런 말들은 착한 아이들이 잘하는 말로 다음의 의미를 내포하고 있다. '당신은 나를 나쁘게 대했지만 난 당신에게 화낼 마음도, 소동을 일으키거나 내 요구를 내세울 마음도 없기 때문에 거짓말을 하는 거예요.' 항상 남을 우선시하는 태도는 육체적 감정적으로 타격을 주어 당신의 영혼을 갉아먹고 있을 가능성이 크다. 하지만 그런 고통에도 불구하고 착한 아이는 분명히 괜찮지 않을 때 이렇게 자주 말한다. '괜찮아요.' 다른 무슨 말을 해야 할지 모르기 때문이다. 누군가가 그들의 경계선을 침범할 때 자신을 방어하기 위해 무슨 말을 어떻게 해야 하는지 연습한 적이 없기 때문이다.

우리는 딸들에게 이런 상황에서 다르게 반응하는 법을 가르쳤다. 사실은 두 아이 모두 유치원에서 배워왔지만 우리가 집에서 다시 훈련시켰다. '그만하세요, 그만해. 싫어요, 싫어'라고 말하는 것이다. 훌륭한 유치원 선생님들이 우리 딸들에게 누군가 그들을 불편하게 하면 똑바로 서서어깨를 펴고 머리를 똑바로 들고 '최대한 크게 어른 같은 목소리'로 이 말을 하도록 가르쳤다. 이 말을 한 번씩 할 때마다 아이들이 얼마나 더 강해질지 쉽게 짐작할 수 있다.

다른 아이가 딸의 장난감을 빼앗으려 하거나 쌓아 올린 블록 탑을 무너뜨리려 하거나 그네에서 밀치려 할 때 유용하게 활용할 수 있는 말이기도 하다. 어린 여자아이가 무례하거나 공격적이지 않으면서도 자기 주장을 하는 법을 배우기에 최적의 표현이다. 이 간단한 말을 통해 아이에게, 그들에게는 자신을 옹호할 권리가 있으며 나쁜 행동을 참거나 회피하지 않아도 된다는 것을 가르칠 수 있다. 우리 큰딸은 이제 많이 컸기 때문에 '그만하세요. 싫어요'라는 문장은 아이의 나이에 더 적합한 다른 문장으로 바뀌었다. 하지만 스스로를 위해 당당히 말해야 한다는 가르침은 확실히 가슴에 새기고 있다.

## 다른 사람과 공감하고 나누기

다른 부모들처럼 우리도 딸들이 다른 사람들과 나누도록 가르치는 것을 아주 중요시한다. 아이들이 친절하고 공감할 줄 알고 사려 깊은 사람이 되기를 원하기 때문이다. 하지만 아이들이 타인을 항상 우선시해야 한다고 믿으며 자라는 것은 원치 않는다. 착한 아이들은 보통 그렇게 하도록 배운다. 딸에게 공유하는 법을 가르칠 때 그들이 다른 사람을 위해 너무 많은 것을 포기해야 한다고 느끼지 않도록 주의해야 한다. 그래서 우리는 딸들이 다른 이들과 공유하고 싶지 않은 것을 고를 수 있도록 허용함으로써 공유할 것과 공유하지 않을 것을 구분한다.

예를 들면 아이들이 가장 아끼는 인형들은 공유하지 않아도 된다. 딸들이 더 어렸을 때는 다른 아이들이 딸들이 가장 좋아하는 장난감을 가지고 놀려고 하면 우리가 끼어들어 그건 아이들의 특별한 장난감이라서 같이 가지고 놀 수 없다고 설명해주었다. 우리 딸들은 이제 스스로 이런 말을 할 줄 알게 되었다. 또한 다른 장난감도 공유하기를 원치 않으면 공유하지 않아도 괜찮지만 그럼 유치원이나 학교에 가지고 가지 말 것이며 친구들이 놀러 오기 전에 보이지 않는 곳에 치워두어야 한다고 말한다.

딸들 중 한 명이 생일 파티에서 사탕 주머니를 받아오면 동생이나 언니와 사탕을 나누어 먹을지 말지에 관한 결정은 각자에게 맡긴다. 우리는 아이에게 동생과 사탕을 나누어 먹으면 동생이 생일 파티에서 사탕 주머니를 받아왔을 때도 언니와 같이 나누어 먹을 것이라고 말해준다.

### 당신이 원하는 아이가 아니라 당신의 아이를 양육하라

진정한 자신의 모습으로 살아가는 딸로 키워야 한다는 이론에는 이의가 없겠지만 만약 당신의 딸이 당신이 원하는 것과 아주 다른 성향의 아이라는 사실을 알게 된다면 어떻겠는가? 딸에게 힘이 되는 강점과 관심사, 활동들이 당신의 바라는 것과 완전히 정반대라면 어떻겠는가? 당신은 타고난 운동선수라서 딸도 그럴 것이라 기대했지만 딸은 운동에는 전혀 관심이 없을 수도 있다. 아니면 당신은 책을 엄청나게 좋아해서 집과 도서관에서 책만 보는 책벌레인 것에 반해 딸은 책이라면 1~2분 정도 눈길을 주다가도 어느새 몸을 움직이는, 잠시도 가만히 있지 못하는 아이일 수도 있다. 당신은 수많은 친구들과 어울리기를 좋아하지만 딸은 친구 몇 명과만 친밀하게 지내는 것을 더 좋아하는 내성적인 아이일 수도 있다. 당신은 딸이 돈이 되고 직업 안정성이 높은 수학이나 과학 계열을 전공하기를 원했지만 미술에 관심이 많을 수도 있다. 아니면 딸이 당신과 완전히 다르기를 바랐는데 이미 당신의 모든 습관과 특성을 배워버렸을지도 모른다. 이런 경우 당신은 조각칼을 들고 싶은 유혹을 받을 것이다. 아이의 타고난 강점이나 스파크를 무시하거나 당신이 원하는 모습의 아이로 만들기 위해 노력할지도 모른다.

이것이 내면이 강한 딸로 키우는 가장 좋은 방식이라고 생각하지는 않지만 이와 같은 생각이 드는 것은 지극히 정상적이다. 클레어 오렌지는 자신이 원치 않는 성향의 아이를 키우는 것은 많은 부모들에게 아주 실망스러운 일이라고 말한다. 일부 부모들이 다른 사람들 앞에서 인정하지 않으려 하는 작은 비밀은 부모됨의 기쁨과 경이로움 속에는 슬픔도 존재한다는 것이다.

**당신의 딸이 온전히 자기답게 자라고 스스로를 사랑하게 되기를 원한다면 당신 먼저 솔직해져야 할 필요가 있다. 비통함으로 고통받고 있다면 당신만 그런 것이 아님을 알아야 한다. 그리고 그렇다고 해서 당신이 나쁜 사람이나 부족한 부모가 되는 것도 아니다. 중요한 것은 이런 감정을 경험하는 것이 아니라 어떻게 대처하는가이다.** 비통함을 직시하고 앞으로 나아갈 수 있도록 당신의 진짜 감정을 인정해야 한다. 비통함과 실망을 스스로 극복하지 못한다면 전문가의 도움을 받아야 한다. 그러면 부모로서의 삶이 더 즐거워질 뿐만 아니라 자녀를 조건 없이 수용하고 사랑할 수 있게 될 것이다.

당신이 비통한 감정을 해결하지 못한다면 당신과 자녀는 단순히 잠깐이 아니라 지속적으로 순탄치 못한 관계를 이어가게 될 것이다. 우리에게는 여학교 교사 친구가 있다. 매년 졸업반 학생들이 원하는 대학 전공을 접수할 시기가 되면 여학생들이 교무실로 찾아와 눈물로 호소하며 도움을 요청한다고 한다. 학생들의 부모들은 부모 입장에서 볼 때 아이에게 가장 도움이 될 전공을 선택하도록 강요하고 있지만 학생들은 그걸 하고 싶지 않은 것이다. 한 여학생은 유치원 교사가 되고 싶은데 법대 진학을 강요받고 있었다. 법조계의 직업이 유아 교육보다 소득도 높고 사회적 지위도 높다는 데에는 누구도 이의를 제기하지 못한다. 그러나 불행한 변호사보다 만족스러운 삶을 사는 교사를 키우는 것이 더 나은 것만은 확실하다.

강점의 몇 퍼센트가 타고나는 것이고 몇 퍼센트가 환경의 영향인지 확실히 말할 수는 없다. 일부 전문가들은 아마 50대 50일 거라고 말한다. 어떤 이들은 70퍼센트가 유전적이고 30퍼센트는 환경적이라고 주장하기도 한다. 그러나 모든 이들이 동의하는 부분은 아이의 강점은 유전자와 환경의 조합이라는 사실이다. 부모로서 우리가 자연스러운 방식으로 그들을 양육한다면 자신을 사랑하는 딸로 성장할 가능성이 분명 더 커질 것이다. 어떤 사람이 될지, 무엇을 할지, 이 세상에서의 목적은 무엇인지 결정하는 것은 딸들의 몫이다.

## 아빠들을 위한 행동 지침

당신이 좋아하는 활동이 아니라 딸이 좋아하는 활동을 딸과 함께 하라.

어떤 아빠들은 딸의 활동이 우연히 그들도 즐기는 활동인 경우에만 관심을 갖거나 참석한다. 당신이 딸에게 가장 좋다고 생각하는 것이 아이의 강점이 되는 것이 아니라는 사실을 명심하라. 그것은 당신이나 다른 누군가가 권하지 않아도 딸이 스스로 하겠다고 선택하고 기쁨을 얻는 활동이다.

딸의 삶에서 당신이 좋아하는 부분에만 참여한다면 당신은 딸이 진정한 자신으로 살아갈 때 사랑과 관심을 받을 자격이 없다는 메시지를 전달하고 있는 셈이다. 당신의 관심과 사랑을 받기 위해서는 딸이 자신다워야 하기보다는 더 당신을 닮아야 한다는 뜻이 되는 것이다.

당신은 딸이 진정한 자신이 되는 것과 당신의 사랑과 관심을 얻기 위해 자신이 아닌 누군가인 척하는 것 사이에서 갈등하게 만들고 싶지 않을 것이다. 이는 두 가지 결과를 가져올 수 있는데 둘 다 바람직하지 못하다. 딸이 거짓된 모습을 보이거나, 당신에게 받기를 원하는 인정과 수용을 다른 곳에서 구하게 될 것이다.

딸에게 우연히 같은 활동을 좋아해서가 아니라 딸을 사랑하기 때문에 함께 시간을 보내기를 원한다고 말하라.

요약

- 양육 방식은 대리석 육아와 씨앗 육아, 이렇게 두 개의 범주로 나눌 수 있다. 대리석 양육은, 딸을 끌로 갈고 조각해서 부모가 원하는 모습으로 만들 수 있는 소중한 대리석이라 여긴다. 그와는 반대로 씨앗 양육은, 딸을 잠재력이 가득한 씨앗으로 본다. 그들은 씨앗이 성장하고 번성할 수 있도록 최적의 환경을 조성해주는 것이 부모의 역할이라고 생각한다. 씨앗 부모는 딸의 발전을 옆에서 돕지만 궁극적으로 그들의 딸이 스스로 가장 좋은 모습으로 성장할 것을 믿는다. 두 양육 방식 모두 사랑을 기반으로 하고 있지만 내면이 강한 딸로 키우기 위해서는 언제 어떤 사람이 되고 싶은지 아이 스스로 결정할 수 있어야만 한다.

- 일상적인 육아 활동에서는 딸의 결점을 고치는 것에 너무 집중한 나머지 딸의 강점을 알아보고 길러 주는 데 소홀해질 수 있다. 강점은 당신의 딸이 천부적인 소질이 있고 하고 싶어 하며 기쁨과 만족감을 주는 자질이나 행동, 활동을 말한다. 모든 딸들은 자신만의 여러 가지 특별한 강점들을 가지고 있다. 자신의 강점을 인지하고 약점보다 강점에 더 많은 관심을 기울이는 아이들은 약점으로 자신을 정의하는 아이들에 비해 거의 모든 면에서 더 우수하다.

- 딸을 착한 아이항상 다정하고 기꺼이 남을 도와주는 자기희생적인 여자아이 로 키운다면 지금 당장은 삶이 더 쉬워질지 몰라도 서서히 아이의 자아존중감을 갉아먹게 된다. 자신을 사랑하는 아이로 키우기 위해서는 진정한 자신으로 존재할 수 있어야 한다. 진정한 자신으로 존재한다는 것은 모든 종류의 감정을 경험하고 표현하며 자신의 생각을 당당히 말할 수 있고 스스로를 보호할 수 있으며, 사랑받기 위해 항상 모든 이들을 기쁘게 해주어야 한다고 생각하지 않는 것이다.

- 당신의 딸은 아마도 당신의 기대와는 많이 다를 것이다. 딸이 항상 당신의 희망과 꿈, 기대에 미치지 못해 실망스러운 것은 지극히 자연스럽고 정상적인 일이다. 실망감을 느낀다고 해서 당신이 나쁜 사람이거나 나쁜 부모인 것은 아니다. 그러나 당신의 아름답고 훌륭하고 특별한 딸을 더 잘 사랑하고 보살필 수 있도록 당신은 그 실망감을 극복해야만 한다.

우리의 딸들을 자기를 사랑하는 내면이 강한 사람으로 키우는 것이 정말 가능한 일일까? 여자아이들에게 너무나 자주 주입되는 자기 혐오와 자기 회의에서 구원할 수 있을까?

세상을 둘러보면 많은 사람들이 딸을 내면이 강한 사람으로 키워 내기 어렵다고 믿는 것 같다. 물론 가능성은 낮다. 우리의 통제에서 벗어나 있는 유해한 영향들이 너무나 많기 때문이다. 하지만 우리는 싸워보지도 않고 패배를 인정하는 짓은 하고 싶지 않다.

모든 부모들은 자신의 딸을 대하는 태도를 결정할 수 있는 권한을 갖고 있다. 딸들이 세상에서 무슨 일을 겪든 우리는 딸들이 얼마나 훌륭하고 특별하게 이 세상에 태어났는지 깨달을 수 있도록 인도하면서 딸들의 안전한 피난처이자 신호등이 되어줄 수 있다.

우리의 영향과 지원으로 딸들은 그들이 있는 모습 그대로 충분히 훌륭하다는 사실을 인식하면서 성장할 수 있다. 우리는 딸들이 이룬 성취나 입는 옷이나 몸무게 때문에 그들을 사랑하는 것이 아니다. 그들의 있는 모습 그대로를 사랑한다. 우리는 딸들이 실수를 저지르고 다양한 정체성을 탐색하고 감정을 표현하고 진정한 자신이 될 자유를 줄 수 있다. 우리는 언제나 그들을 지지할 것이라는 확신을 줄 수 있다.

부모는 딸을 그냥 그 자체로 사랑할 것이다. 이 말을 당신의 딸에게 해주어라. 한 번 더 해주어라. 그리고 무엇보다도 그것을 실천하고 계속 생활 속에서 보여주어라. 그것이 그 무엇보다도 중요하다.

# 우리 딸 강점 목록

딸의 강점을 말로 표현하기란 쉽지 않다. 자연스럽게 접하게 되면서도 그것을 강점이라 인지하기가 어려운 것이다. 그래서 그 강점들을 칭찬하고 키워주기도 어려워진다. 오히려 딸의 약점과 단점에 집중하게 되기도 한다.

다음은 '강점 프로필'과 앤절라 더크워스Angela Duckworth의 저서《그릿》, 그리고 'VIA 강점 목록Values in Action Inventory of Strengths'을 참고로 수집하고 정리해서 만든 '강점 목록'이다.

다음을 목록을 보면서 당신의 딸이 가진 아름답고 특별한 강점을 찾아낼 수 있길 바란다.

1. 타인에게 영감을 주고 동기 부여 하는 능력
2. 적응력
3. 대안적 관점
4. 미적 감각
5. 예술적 표현
6. 독창성
7. 탄력성
8. 용감함
9. 조심성
10. 동정심
11. 경쟁심

12. 자신감
13. 양심적임
14. 용기
15. 창조성
16. 호기심
17. 신뢰성
18. 도움을 주고 싶어 하는 마음
19. 꼼꼼함
20. 투지
21. 추진력
22. 정서 인식력
23. 공감
24. 인내력
25. 설명 능력
26. 마무리 능력
27. 용서
28. 좋은 판단력
29. 감사
30. 솔직함
31. 희망
32. 인간애
33. 겸손
34. 유머
35. 친절
36. 리더십
37. 경청 능력
38. 사랑
39. 공부를 좋아함
40. 절제
41. 겸허함
42. 도덕성
43. 낙천적임
44. 끈기
45. 책임감
46. 균형감
47. 설득
48. 기획 및 조직 능력
49. 자부심
50. 문제 해결 능력
51. 신중함
52. 회복 탄력성
53. 자기 인식
54. 자기 신뢰
55. 자기 통제
56. 자기 표현
57. 모험심
58. 평등 정신
59. 공평함
60. 혁신 정신
61. 서비스 정신
62. 사회적 연결성
63. 사회 지능
64. 영성
65. 참을성
66. 스토리텔링 능력
67. 전략적 인식
68. 팀워크 능력
69. 시간 관리 능력
70. 비전
71. 지혜
72. 직업의식
73. 삶에 대한 열정

# 감사의 글

첫째 딸이 태어나기 전에 우리 부부는 육아에 관해서는 전혀 배운 바가 없는 문외한이었다. 경험이 없고 무지한 두 사람이 딸을 키우는 중책을 맡는 것은 말도 안되는 일이었다. 우리가 이토록 절실히 도움을 필요로 할 때 조언과 지지와 친절을 아끼지 않았던 이는 다른 부모들이었다. 우리는 이 책을 집필하기 위해 다양한 분야의 수많은 전문가들에게 조언을 구하기도 했지만, 우리가 되고 싶은 형태의 부모들을 직접 만나서 보고 그들의 이야기를 들으며 배우기도 했다. 우리는 이 책이 같은 처지에 놓여 있는 부모들에게 우리가 과거에 받았던 것을 되돌려 주고 모두와 공유할 수 있는 기회가 되기를 희망한다.

기쁠 때나 슬플 때나 한결같이 지원하고 우리를 위해 싸워준 놀라운 능력의 소유자인 우리의 에이전트 셀와 앤서니와 린다 앤서니에게 감사의 말을 전하고 싶다. 이 책을 펭귄 랜덤 하우스에서 출간하게 되어 아주 기쁘고 영광스럽게 생각한다. 담당 편집자인 페이 헬펜바움과 캐서린 힐, 멜리사 레인, 그리고 감수자인 벡 바우어트의 훌륭한 조언에 감사드린다. 아울러 열정과 통찰, 훌륭한 전략을 보여준 홍보 담당자인 벨라 아노트-호어에게도 감사의 마음을 전한다.

우리에게는 운이 좋게도 우리를 지지해줄 뿐만 아니라 잔인할 만큼 솔직하게 우리를 좋아해주는 가족과 친구들이 있다. 바네사 알포드, 소냐 에블스, 잰 에드워즈, 케이트 에드워즈, 마이클 에드워즈, 케이트 홀, 엘리스 제임스, 레베카 로우스, 피오나 맥캐이, 캐롤린 멘지스, 알리슨 오섀네시, 조 로젠버그, 프랭크 스캔론, 밸러리 스캔론, 메그 스위니, 웬디 투히, 그리고 루이스 화이트에게 진심 어린 감사의 마음을 전하고 싶다.

마지막으로 우리의 사랑하는 두 딸, 바이올렛과 아이비에게:
아이들은 종종 부모에게 충분히 만족스러운 아이가 되기 위해 노력하며 자라기도 한다. 우리는 너희들이 자라서 유년 시절을 돌아보았을 때 우리를 충분히 만족스러운 부모로 평가하게 되길 바란다.

# 내면이 강한 딸

앞으로의 부모 수업

**초판 1쇄 인쇄** 2021년 7월 16일
**초판 1쇄 발행** 2021년 8월 9일

**지은이** 케이시 에드워즈, 크리스토퍼 스캔론
**옮긴이** 강성실
**펴낸이** 정주안

**기획편집** 유인경, 이정은
**마케팅** 양아람
**제작** 김소영
**경영지원** 곽차영, 정회천

**디자인** ALL designgroup

**펴낸곳** ㈜좋은생각사람들
**주소** 서울시 마포구 월드컵북로22 영준빌딩 2층
**이메일** ryui@positive.co.kr
**팩스** 02-330-0329
**홈페이지** www.positive.co.kr
**인스타그램** @positivebook_insta
**출판등록** 2004년 8월 4일 제2004-000184호

ISBN 979-11-87033-57-8 13370